Contents محتويات الكتاب

| How to use this book | كيفية استعمال الكتاب | V |

1 Home — بيت

1. Homes	البيت	1
1. Inside Homes	محتويات البيت	3
1.1. Living Room	غرفة الاستقبال	6
1.2. Dining Room	غرفة الطعام	18
1.3. Kitchen	مطبخ	20
1.4. Bedroom	غرفة النوم	27
1.5. Baby Room	غرفة الطفل	32
1.6. Bathroom	الحمام	34
1.7. Laundry Room	غرفة الغسيل	39
1.8. Family Room	إيوان/ ديوان/ هول	40
1.9. Office	مكتب	42
1.10. Yard	حديقة	45
1.11. Garage	كراج/ مرآب	48

2 The Family — الأسرة

| 2. The Family | الأسرة | 57 |

3 Grocery Shopping — تسوق المواد المنزلية

3. Grocery Shopping	تسوق المواد المنزلية	61
3.1. Meats	لحوم	62
3.2. Produce	منتجات زراعية	64
3.3. Dairy Products	ألبان	77
3.4. Frozen Food	مأكولات مُجمدة	79
3.5. Nuts	مكسرات كالجوز والبندق، الخ	80
3.6. Dried Food	مأكولات مجففة	82
3.7. Spices & Herbs	بهارات وأعشاب	83
3.8. Condiments	مقبلات	85

I

86	حاجيات أخرى	3.9. Other Goods
89	مطهرات	3.10. Detergents
90	منتجات ورقية	3.11. Paper Products

4 The Mall — سوق الملابس

99	سوق الملابس	4. The Mall

5 The Restaurant — المطعم

105	المطعم	5. The Restaurant

6 Basic Body Parts — أعضاء الجسم الرئيسة

113	أعضاء الجسم الرئيسة	6. Basic Body Parts

7 Colors & Other Adjectives — الألوان وصفات أخرى

123	الألوان وصفات أخرى	7. Colors & Other Adjectives

8 The Holidays — العطل الرسمية والأعياد

133	العطل الرسمية والأعياد	8. The Holidays

9 The Time — الوقت

137	الوقت	9. The Time

10 The Weather — المناخ

141	المناخ	10. The Weather

11 The Animals — الحيوانات

145	الحيوانات	11. The Animals

12 The Wedding — العرس

12. The Wedding	157	العرس

13 The Doctor — الطبيب

13. The Doctor	161	الطبيب
13.1. Doctors' Specialties	162	اختصاصات الأطباء
13.2. Medical Concepts	164	مصطلحات طبية
13.3. Pediatrician	176	طبيب أطفال

14 The Legal System — الأمور القانونية

14. The Legal System	193	الأمور القانونية

15 In the U.S. — في أمريكا

15. In the U. S.	203	في أمريكا

16 College — كلية / معهد سنتين

16. College/ Junior College	219	كلية / معهد سنتين

17 Professions — الاختصاصات المهنية

17. Professions	225	الاختصاصات المهنية

18 The Outdoors — الخروج للنزهة

18. The Outdoors	233	الخروج للنزهة

19 Mathematics — الرياضيات

19. Mathematics/ Math	243	الرياضيات

20 Asking Questions كيف تسأل السؤال

20. Asking Questions	كيف تسأل السؤال	253

21 Pronunciation Rules قواعد في اللفظ لمتكلمي العربية

21. Pronunciation Rules for Arabic Speakers	قواعد في اللفظ لمتكلمي العربية	269
21.1. All the silent letters	كافة الحروف الصامتة في فصل واحد	271
21.2. Pronunciations of **R**	كيفية تلفظ صوت **R** لمتكلمي العربية	281
21.3. Pronunciations of **T**	كيفية تلفظ صوت **T** لمتكلمي العربية	285
21.4. Pronunciations of **D**	كيفية تلفظ صوت **D**	287
21.5. Pronunciations of **S**	كيفية تلفظ صوت **S**	288
21.6. **Double** Letters	كيفية تلفظ الحروف المتكررة	288
21.7. Pronunciations of **K** or **G**	تميز تلفظ صوت **K** عن صوت **G** لمتكلمي العربية	289
21.8. Pronunciations of **B** or **P**	تميز تلفظ صوت **B** عن صوت **P** لمتكلمي العربية	290
21.9. Pronunciations of **F** or **V**	تميز تلفظ صوت **F** عن صوت **V** لمتكلمي العربية	291
21.10. Pronunciations of **Plurals**	كيفية تلفظ كلمات **الجمع** لمتكلمي العربية	292
21.11. Pronunciations of **U**	كيفية تلفظ صوت **U**	292
21.12. Pronunciations of **G**	كيفية تلفظ صوت **G**	293
21.13. Pronunciations of **e** in **ed**	كيفية تلفظ **e** في **ed**	294
21.14. Pronunciations of **Y**	كيفية تلفظ صوت **Y**	296
21.15. Difference between **it's** and **its**	الفرق بين **its** و **it's**	298
21.16. Pronunciations of **ve**	كيفية تلفظ **ve**	299
21.17. Pronunciations of Letters	تلفظ **أسماء** الحروف الإنكليزية لمتكلمي العربية	300
21.18. Pronunciations of a **Vowel**	كيفية تلفظ حرف العلة لمتكلمي العربية	301
21.19. Pronunciations of a **Consonant**	كيفية تلفظ الحرف الصحيح لمتكلمي العربية	302
21.20. Pronunciations of **Vowels**	كيفية تلفظ حرف العلة الطويل والقصير	304
21.21. Pronunciations of words like (l**u**nch, l**au**nch)	مقارنة كلمات ذات لفظ متشابه	309
Final Test	امتحان نهائي	315
Illiteracy statistics, testimonials, about the author	الخاتمة	319
Series of books by Camilia Sadik	نبذة عن سلسلة الكتب الأربعة للمؤلفة كاميليا صادق	329
How to order books by Camilia Sadik	كيفية طلب كتب المؤلفة كاميليا صادق	330
Why Camilia's Comprehensive Program?	لماذا **برنامج كاميليا**TM الشامل؟	331
Sample spelling rule by Camilia Sadik	مائة قاعدة للتهجي مثل هذه	332
A list of English sounds translated to Arabic	جدول الصوت الإنكليزي والرمز العربي له	333

IV

كيفية استعمال الكتاب

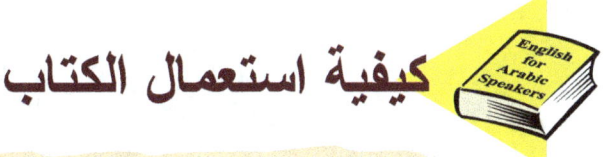

خطوات أولية وجوهرية للطالب، وللمُدَرِّس أيضا أثناء تدريسه لـ كاميليا

أولاً - إشكالية تهجي الصوت الإنكليزي الواحد بعدة طرق

لأنك مُدرس، ابدأ بشرح المشكلة الآتية للطلبة: في العربية مثلا، عندما نسمع صوتا كصوت الياء في (أمي) نكتبه بطريقة واحدة لا غير هي حرف الياء. أما في الإنكليزية، فصوت الياء كالذي في (أمي) يُكتب بطرق عشرة هي:

1 e كما في me
2 ee كما في meet
3 ea كما في meat
4 ei كما في receive
5 ie كما في believe
6 i كما في ski
7 y كما في lucky
8 ey كما في monkey
9 e-e كما في complete
10 i-e كما في elite

ومثال آخر هو أن صوت k الواحد يكتب بخمسة طرق هي:
q, x, ch, c, k كما في queen, maximum, chemistry, cold, keep. وتبقى الأمثلة على تهجي الصوت الإنكليزي الواحد في عدة طرق هي الكثيرة. إذ أن 13 من 26 حرفا إنكليزيا فيها إشكالات من هذا النوع. فحال تشخيصك لهذه الإشكالية وشرحها للطالب، يفهم الطالب أن العيب ليس في قدرته على التَعَلّم، بل العيب هو في اللغة الإنكليزية نفسها، لكننا وجدنا الحلول.

ثانياً - مقارنة بين حروف العلة العربية وحروف العلة الإنكليزية

إن تعلم أية لغة جديدة يستوجب تعلم بعض المصطلحات اللغوية كحروف العلة، والحروف الصحيحة، وعدد المقاطع في الكلمة، الخ. ففهم تركيبة الكلمة الإنكليزية يقتضي البدء بالمقارنة بين حروف العلة العربية وحروف العلة الإنكليزية (ڤـاوِلـزْ) vowels.

حروف العلة العربية الطويلة هي الألف -وأيضا الألف المقصورة والمَدَّة- والواو والياء، أما حروف العلة العربية القصيرة فهي الفتحة والضمة والكسرة أي الحركات. بينما حروف العلة الإنكليزية الخمسة ابتداءً من a ومنتهية بِـ u، هي a - e - i - o - u، وتكون هذه الحروف الخمسة نفسها طويلة أحيانا وقصيرة في أحايين أخرى. وتتحكم هذه الحروف الخمسة في طريقة لفظ الكلمة الإنكليزية وفي صوتها وتهجيها. ويجب حفظ حروف العلة الإنكليزية vowels عن ظهر غيب وبالتسلسل، ابتداء من a. كما يجب معرفة أن حرف العلة في اللغتين يتميز عن الحرف الصحيح كونه مليء بالصوت وكونه يمنح الصوت للكلمة.

في العربية هناك ثلاثة حروف علة طويلة وثلاثة قصيرة وكلها واضحة. أما في الإنكليزية، فنفس حرف العلة يكون طويلا تارة وقصيرا تارة أخرى معتمدا على ما يتبعه من حروف أخرى. مثلا نفس الحرف e يكون صوته قصيرا حينا كما في (مَت) met لأنه متبوع بـ t، وطويلا حينا آخر كما في (ميـيت) meat لأنه متبوع بـ a، إذ يعتمد صوت حرف العلة الإنكليزي على الحرف الواحد وأحيانا على الحرفين اللذين يتبعانه.

ثالثاً - الحروف الصحيحة الإنكليزية هي بقية الحروف وتسمى consonants

الحـــروف الصحيحـــة هي بقية الحـــروف مثل **t, p, d, b, k** وتسمـــى هـــذه الحـــروف (كَـنْسِنَنْتس) consonants. والحرف الصحيح في اللغتين هو حرف صامت، والطريقة الوحيدة لسماع الحرف الصحيح هي أثناء لفظ حرف علة معه.

رابعاً - عن رموز وحروف مستخدَمة في هذا الكتاب

نبه الطالب بدءا إلى ما يأتي:

إن الحرف الإنكليزي المائل ***italic*** في هذا الكتاب يدل على أنه حرف صامت أي غير ملفوظ. مثلا حرف **k** المائل في ***k***nife هو حرف صامت، وحرف **p** المائل في recei*p*t هو أيضا حرف صامت.

إن العلامة التي تشبه النقطة داخل الكلمة الإنكليزية، كما هي داخل كلمة **win·dow** تدل على انقسام الكلمة إلى مقاطع syllables.

إن ضرورة الدقة في ترجمة الصوت من الإنكليزية إلى العربية ألزمت المؤلفة باستخدام حروف بطريقة قد تبدو غير مألوفة للقارئ من أول وهلة. مثلا، الألف المقصورة داخل كلمة (كْلـىـك) clock أو في بداية كلمة مثل كلمة (ىَكْشِن) auction هي الحالة غير المألوفة في اللغة العربية.

وأيضا هناك خمسة أصوات إنكليزية ليس لها ما يناظرها من حروف في اللغة العربية. ولذلك استعرنا خمسة حروف من الفارسية:

1 **پ** كي نرمز لصوت حرف **p**.

2 **ڤ** كي نرمز لصوت حرف **v**.

3 **گـ** كي نرمز لصوت حرف **g** الصلب كما في (گـو) go.

4 **چ** كي نرمز لصوت كصوت حرفي **ch** في (چِپْس) chips.

5 **ژ** كي نرمز لصوت كصوت **si** في (تَـلَـڤِـژِن) televi**si**on.

خامساً - معنى كلمة مقطع ويسمى syllable

شرح لطلبتك معنى كلمة مقطع (سِلَبِل) syl·la·ble: تتكون الكلمات العربية إما من مقطع واحد كما في كلمة (حُب) أو من مقاطع عدة كما في كلمة (بَـغْـداد). إذ تتكون كلمة (بَـغْداد) من مقطعين، وهما (بَغْ) و(داد). وتتكون كلمة (مُهِمّات) من ثلاثة مقاطع، وهي (مُـ) (ـهِمْ) (مـات). وتتكون كلمة (السعوديَّةُ) من ستة مقاطع، وهي (الـ) (سَـ) (ـعو) (دِ) (يَـ) (ـةُ). وتتكون كلمة (أمي) من مقطعين، وهما (أم) و(ي). لذا يجب أن يحتوي كل مقطع على **صوت** واحد فقط لأحد حروف العلة العربية الستة حرف العلة الصامت لا يحتسب وجوده بالمقطع. فلاحظ أن الضمة فوق الألف هي حرف العلة ذو الصوت في مقطع (أم) الألف هي حرف علة صامت، وحرف العلة الصامت لا يحتسب وجوده كصوت في المقطع. ولاحظ -أيضا- انخفاض فكك لأسفل مع تلفظك لكل مقطع.

كذلك حال الكلمات الإنكليزية، فهي أيضا تتكون إما من مقطع واحد كما في كلمة **me** أو من عدة مقاطع كما في m**e**·d**i**·**a**. تتكون كلمة w**i**n·d**o**w من مقطعين وهما (d**o**w) و (w**i**n). وتتكون كلمة **i**·d**e**·**a** من ثلاثة مقاطع هي (**a**) (d**e**) (**i**). تتكون كلمة c**o**n·t**i**n·**ue** من ثلاثة مقاطع وهي (**ue**) (t**i**n) (c**o**n). وتتكون كلمة c**o**n·tr**o**·v**e**r·si**a**l من أربعة مقاطع هي (si**a**l) (v**e**r) (tr**o**) (c**o**n).

يجب أن يحتوي المقطع، سواء كان في العربية أم في الإنكليزية، على صوت واحد فقط من أصوات حروف العلة، لا أكثر. ومن الممكن أن يحتوي المقطع على أكثر من حرف علة إلا أنه لا يجوز أن يحتوي المقطع في اللغتين على أكثر من **صوت** واحد لحرف علة، وحرف العلة **الصامت لا يحسب وجوده** كصوت في المقطع.

يحتوي المقطع أحيانا على أكثر من حرف علة، لكن صوت، عدة حروف علة مجتمعة في هكذا حالة، هو **صوت واحد فقط.** مثلا يحتوي، مقطع beau في كلمة beau·ti·ful على ثلاثة حروف علة لكن الصوت هو صوت **u** الواحد في bea**u** لان *ea* صامتان، وحرف العلة الصامت لا يُحسب وجوده كصوت في المقطع. وكذا لا تُحسب حروف العلة الصامتة لأنها لا تُسمع ووجودها في المقطع هو لأسباب متعددة سيتم ذكرها لاحقا. والآن قارن حرف العلة الصامت *e* في آخر كلمة cak*e* مع حرف العلة الصامت (الألف) في بداية كلمة (أم).

سادساً - معنى كلمة الأصوات وتسمى phonics

اشرح للطالب معنى كلمة الأصوات (فـﻯنِكـْس) phon·ics: فهناك 26 حرفاً في اللغة الإنكليزية وأكثر من 180 صوتاً ناتجا عن اندماج هذه الحروف الـ 26. تُعَرِّف المؤلفة (الصوت) phonic على أنه صوت واحد ناتج عن اندماج حرفين أو أكثر. مثلا، اندماج حرف **s** مع حرف **h** ينتج صوتا **واحدا** هو صوت (ش) **sh** كما في **sh**ip.

الصوت الواحد **sh** ناتج عن اندماج حرفين صحيحين. وهناك أصوات ناتجة عن اندماج حروف العلة، كالصوت الواحد الناتج عن اندماج **a** و **u** والذي يمثله الصوت الواحد للألف المقصورة في العربية كما في بداية كلمة (ىٰـثـَر) **au**·thor وأخيرا، فهناك صوت واحد ينتج عن مزيج من الحروف الصحيحة وحروف العلة، كما في صوت (شِن) **cian** في نهاية كلمة (مْيـــووزِشِن) .mu·si·**cian**

إن كلاً من هذه الأصوات الـ 180 هو بمثابة حرف جديد كان يجب أن يُضاف لقائمة الحروف الإنكليزية الـ 26. ويستوجب تدريس هذه الأصوات phonics أثناء تدريس الحروف الإنكليزية. وبدون تدريس الأصوات يبقى الطالب متعثرا في تعلمه لقراءة اللغة الإنكليزية وكتابتها. وهذا ما يفسر وجود هذه النسبة العالية من الأمية في أمريكا وإنكلترا. (راجع ص 319 عن إحصائيات الأمية).

سابعاً - متكلم الإنكليزية يبتلع الحروف الصحيحة أما متكلم العربية فيبتلع حروف العلة

غالبا ما يتشكى متكلم العربية من كون متكلم الإنكليزية يبتلع الحروف، أي لا يلفظها، والواقع هو أن متكلم الإنكليزية لا يبتلع حروف العلة بل يبتلع معظم الحروف الصحيحة. أما متكلم العربية فيبتلع حروف العلة الإنكليزية أو يلفظها عجلاً ويبترها كي يصل -بسرعة- إلى لفظ الحرف الصحيح الذي يأتي بعد حرف العلة، وهو يفعل ذلك لأن الحرف الصحيح هو الأهم عنده معتادا على ذلك في اللغة العربية. وعلى عكس ما هي الحال في العربية، تُثمِّن اللغة الإنكليزية حروف العلة بينما لا تعير أهمية تستحق الذكر للفظ الحروف الصحيحة. لذلك يُركِز قُراء الإنكليزية عيونهم على حروف العلة في حين يصبح الحرف الصحيح شبه مُهمَل وكأنه مبتور لاسيما في آخر الكلمة وفي نهاية المقطع.

فما على الطالب إلا أن يتدرب على الاستمرار بتلفظ حرف العلة الإنكليزي لفترة طويلة قبلما يبدأ بنطق الحرف الصحيح الذي يتبعه. أي عليه أن جدا يخفف من لفظ الحرف الصحيح الذي يأتي بعد حرف العلة. فحين يطيـــــــــــل في لفظ حرف العلة، يتضاءل تلقائيا صوت الحرف الصحيح الذي **بعده** إلى أن يخفت. مثلا حاول الاستمرار فترة طويلة في لفظ **a** في كلمة (مـــــــــان) man قبلما تبدأ بنطق **n**، فبذلك يخفت صوت **n** ويصبح شبه صامت. أي أن متكلم الإنكليزية يستمر آخذا وقتا طويلا (يُطيـــــــل) أثناء لفظه لحرف العلة مهملا لفظ الحرف الصحيح.

ثامناً - أهمية تطبيق برنامج كاميليا للتكلم بالإنكليزية فورا

باستمرار ذكّر الطالب بالأهمية البالغة لإتباع خطوات هذا الكتاب وتعليماته بحذافيرها. لإن إتباع تعليمات هذا الكتاب بحذافيرها هو أهم خطوة في هذا البرنامج التعليمي بأكمله. فحينما يجد أي طالب صعوبات في فهم الطريقة، عليه الأخذ بإرشادات المعلم وتطبيقها.

إن من يدرس تعليمات وخطوات هذا الكتاب ويفهمها ثم يتبعها، سيتكلم الإنكليزية منذ الدرس الأول. وقد يستوجب دراسة وفهم هذا البرنامج الفريد من نوعه وتطبيق خطواته، الاعتياد -في البداية- على ما هو غير مألوف كي تصبح الطريقة مألوفة فيما بعد. المهم هو إتباع التعليمات منذ البداية وعدم التشكيك بفوائدها لأن المتلقي سيجد نفسه في النهاية مصرا على التمسك بهذه التعليمات. والآن جرِب الطريقة لمدة يوم واحد وستكتشف النتائج المذهلة بنفسك.

تعتمد هذه الطريقة:

1. الرجوع إلى خطوات الطفولة.
2. استخدام الحواس وقنوات متعددة لتوصيل المعلومة إلى الدماغ.
3. حفظ نماذج patterns من الجمل وتكرارها.
4. التركيز فقط على الجمل البسيطة، بينما الجمل المركبة تأتي تلقائيا.
5. مسامحة الطالب لو أخطأ أثناء الكلام كي يتعلم من أخطائه ويصحح بنفسه لنفسه.
6. فهم المادة قبل حفظها.
7. النطق بالجمل شفويا وترديدها.
8. تنمية قدرات الطالب السمعية وقدراته في القراءة وفي التهجي.

تاسعاً - الرجوع إلى خطوات الطفولة

تبدأ خطوات اكتساب اللغة للبالغين بمراحل عدة مثل خطوات اكتساب الطفل للغة. فالطفل ينطق ثم يتكلم **لوحده** ومن ثم يصل إلى مرحلة التحدث مع الآخر. لاحظ إنه لا يمكن إجبار الطفل على القفز من مرحلة النطق بمفرده إلى مرحلة المحادثة مع الآخر. إذ يجب أن يمر الطفل بمرحلة التكلم بمفرده (مرحلة الدندنة) ويجب أن يُسمح له أن يخطأ كي يتعلم من أخطائه وهو الذي سيصحح لنفسه بنفسه إلى أن يتحدث مع الآخرين بسهولة تامة وتأتيه الجمل المركبة -حين يتحدث مع الآخر- من حيث لا يدري. أي لا يفكر الطفل بتكوين جمل مركبة حين يتحدث مع الآخرين، بل تأتيه هكذا جمل كنتيجة تلقائية بعد تراكم عددا من الجمل البسيطة في ذهنه. ولا يتحدث الطفل، مع الآخر، إلا بعد أن يمر بهذه المراحل وبعد أن يمارس اللغة بفمه وأذنيه وعينيه قبل أن يكتبها بيده.

إن خطوات الوصول إلى المحادثة باللغة الإنكليزية للكبار مشابهة للخطوات التي يمر بها الطفل ولا يجوز إلغاء خطوة ما من هذه الخطوات. كما وأن الدخول المباشر في المحادثة مع الآخر معقد ومستحيل في البداية، لأنه يعني التفوه بمزيج من الجمل المركبة التي تختلط فيها الأفعال بالأسماء والصفات والظروف وأنواع الجمل التي تتطلب ممارسة مسبقة لقواعد لا تحصى في اللغة. في حين يتمكن الطالب المتكلم لوحده، بـ برنامج كاميليا، من تدريب نفسه على نماذج جمل الأفعال وجمل الأسماء وجمل الصفات وجمل الظروف وجمل بقية أقسام الكلام، كلا على انفراد.

ويأتي الوصول إلى مرحلة التحدث بجمل مركبة مع الآخرين كعملية تلقائية ناتجة عن مزيج من الجمل البسيطة. ولا يمكن القفز إلى مرحلة المحادثة بجمل مركبة دون التكلم لوحدك بجمل بسيطة أولا. والدليل على ذلك هو **أن أولئك الذين يحاولون القفز وإلغاء خطوة معينة من هذه الخطوات والبدء في المحادثة، مباشرة، لا يفلحون بل يتكلمون قليلا ثم يبقون ساكتين.** أي، ركز على النطق والتكلم لوحدك بجمل بسيطة كبساطة جمل الطفل، وتجنب المحادثة مع الآخر في البداية، وستأتيك القدرة التلقائية للتحدث مع الجميع من حيث لا تدري. إن المحادثة هي الهدف المنشود، لكن الواقع يقول إن أسرع الطرق للوصول إلى المحادثة هو بالابتعاد عنها وقت البداية.

عاشراً - استخدام ثلاث حواس في آنٍ واحد من أجل الحفظ الفوري

فسّر للطالب أهمية الحواس في عملية الحفظ: إن الطريقة الوحيدة التي تكتسب فيها المعلومات هي من خلال الحواس الخمس. لنفترض أن هناك طفلا ما قد وُلِد وهو كامل الدماغ، إلا انه فاقد للبصر وللسمع وللحس وللذوق وللشم. ولو قام احدنا بسكِب الشاي في قدح أمام هذا الطفل، فكيف سيعرف هذا الطفل معنى الشاي وهو لا يراه، ولا يسمع صوته حين نسكبه، ولا يحس به أو بحرارته أثناء شربه له، ولا يتذوقه، ولا يشم رائحته؟ إن هكذا طفل لا يستطيع أن يتعلم أي شيء عن الشاي لأنه دون حواسه. هذا يعني أن الطريقة الوحيدة لاكتسابنا للمعلومات هي من خلال الحواس فقط، لا غير. كما ويعني أنه كلما ازداد استخدامنا لحواسنا، ازدادت قدرتنا على اكتساب المعلومات. وتزداد قدرتنا على اكتساب المعلومات فيما لو استخدمنا اكبر عدد ممكن من حواسنا **سوية** وفي آنٍ simultaneously.

أما بالنسبة لمسألة اكتساب اللغة، فعندما ننطق الكلمة التي نقرأها نكون قد رأينا الكلمة (حاسة البصر)، وسمعناها أثناء تلفظها (حاسة السمع)، ونوعاً ما نكون قد تحسسنا الحروف في فمنا أثناء لفظها شفويا (حاسة اللمس في الفم). إذاً النطق أو القراءة الشفوية بصوت عال يعني **استخدام ثلاث حواس في آنٍ واحد.** لذا يجب أن نُذكر الطلبة بضرورة استمرارهم بالنطق وترديد الكلمات وبالقراءة الشفوية بصوت عال سوية في الصف، أو كُلاً على انفراد. فأفضل الطرق هو أن يقرأ الطلبة سوية وفي نغمة موسيقية واحدة. لأن تكرار القراءة الشفوية (النطق) خمس مرات يعني تكرار استخدام ثلاث حواس في آنٍ واحد، لذلك يبقى تكرار النطق أيسر الطرق وأسرعها للوصول إلى السلاسة في اللغة.

أحد عشر - أهمية تكرار النطق خمس مرات أو أكثر لكل كلمة أو جملة

عزيزي المدرس أكّد للطلبة على أهمية ترديد الكلمة بصوت عال خمس مرات لحفظ معناها ولفظها وأيضا على أهمية ترديد الجملة خمس مرات **لحفظ نموذج الجملة المعينة sentence pattern وليس الجملة نفسها**: من البديهي أنه حين يتكرر النطق يتكرر استخدام الحواس وتزداد القدرة على الحفظ التلقائي. لذلك على الطالب أن يتخلى عن قلمه أثناء المحاضرة ويعتمد على تكرار النطق للحفظ أثناء وجوده في الصف. إن عملية الاعتماد على القلم في تسجيل الملاحظات هي عملية كسول لأنها تحاول تأجيل عملية الحفظ إلى وقت آخر. وهي في معظم الحالات، عملية غير مجدية لحفظ اللغة. فكما يكتسب **الطفل** اللغة، كذا يستوجب علينا تكرار ممارسة اللغة في الفم والأذن والعين قبل كتابتها باليد.

بدءاً، قد يواجه المُدرِّس اعتراضاً من الطالب المدمن على تدوين كل شيء قبل أن يسمح لنفسه بالحفظ. لكن حالما يصر المُدرس على ترك القلم وإحلال تكرار النطق محله في تمرين واحد أو في تمرينين، يكتشف الطالب أهمية تكرار النطق خمس مرات أو أكثر فيستجيب لطلب المعلم وهو ممتن له. وفيما بعد سيصر على النطق والقراءة بصوت عال في الصف وفي البيت وفي كل مكان إلى أن يتقن الإنكليزية.

لاحظ أن وقت الحصة قد لا يكفي لكل طالب أن ينطق ويكرر النطق في الصف لان العدد الكبير للطلبة لا يسمح بذلك. والحل في هذه الحال أن يقرأ كل الطلبة سوية وفي نغمة واحدة. أما أثناء الكلام فيقوم المعلم بتقسيم الطلبة إلى مجموعات groups متكونة من طالبين في كل مجموعة. فكل طالب سيأخذ دوره في السمع ثم في التكلم، حينها يكون في الصف عدد كبير من المتكلمين في آن وعلى أن تكون أصواتهم عالية.

اثنا عشر - تنمية قدرة الطالب على فهم المتحدث بالإنكليزية (قدرة الطالب السمعية)

في الصف، يمكن أن يعرض المعلم فلما اجتماعيا فيه حوار كثير بالإنكليزية أو يطلب من الطلبة أن يشاهدوا الفلم نفسه في البيت ويقرأوا الترجمة ويفهموا الفلم جيدا. وبعد فهم الطالب للفلم، يعرض المعلم نفس الفلم مرات عديدة (خمس مرات أو أكثر) ومنذ المرة الثانية يتوقف الطالب عن قراءة الترجمة ويعتمد فقط على سماع الحوار بين الأشخاص في الفلم. المطلوب من الطالب هو فهم الفكرة العامة في الفلم أولا ومن ثم التقاط ما يمكنه من الجمل من الفلم ثم محاولته ترديد ما يستطيع ترديده من هذه الجمل. بالطبع، سوف تزداد قدرة الطالب على سماع ثم فهم بعض الجمل مع ازدياد عدد المرات التي يشاهد بها الفلم.

تذكرّ أن المطلوب في هذا التمرين هو تطوير قدرة الطالب على سماع المتحدث ثم التقاطه للفكرة العامة لموضوع الحوار في الفلم، ومن ثم محاولة الطالب لترديد بعض ما يقال في الفلم. إذا كان الطالب في مرحلة متقدمة فمن الممكن أن يردد (يقلد) الكثير من الجمل الواردة في الفلم. لكن يجب أن يتجنب المعلم محاسبة الطالب المبتدئ ومطالبته بأن يردد جملاً كثيرة وتفاصيل الفلم. إن الطالب المبتدئ غير مهيأ للتحدث بهذا النوع من الجمل المركبة، إلا إنه من الممكن محاسبته على مقدار فهمه للفلم لاسيما أنه قد قرأ الترجمة مسبقا. لو أراد الطالب أن يطور قدرته السمعية أكثر، فما عليه إلا اقتناء مزيد من الأفلام الاجتماعية التي فيها حوار ثم تكرار نفس العملية في البيت مع كل فلم. أي على الطالب أن يركز على تطوير قدرته على السمع، ومن ثم عليه أن يحاول فهم الفكرة العامة للحوار في الفلم، ومن ثم ترديد ما أمكنه من تلك الجمل أو العبارات.

ثلاثة عشر - ماذا قيلَ؟ أهم من، كيف قيل الكلام؟

لا تركز على صحة القواعد الإنكليزية أثناء الكلام، لان التفكير بصحة القواعد **يسحبك** من الكلام نفسه إلى **التفكير** في صحة الكلام، وهذا التشتت في التفكير هو ما يسبب السكوت. لا تركز على صحة الكلام لان الطفل لا يركز على صحة الكلام ونفهم قصده. لا تسكت لان الطفل لا يسكت حين يخطئ لأننا نفهم قصده ونسامحه، والمهم هو أن يفهم الآخر قصدك والاهم هو أن تستمر في الكلام. في البداية لا يهم **كيف** قيلت العبارة أو الجملة بل ما يهم هو **ماذا** قيل، أي الذي يقصده المتحدث مثلا، لو كنت مسافرا وسألت صاحب الفندق:
.I taxi go museum سيفهم قصدك، ولست مضطرا كمبتدئ أن تفكر في صحة القواعد وتقول:
I need a taxi to go to the museum ويجب ألا تسمح لأحد أن يصحح لك القواعد الإنكليزية أثناء الكلام، لأنك ستفقد الثقة بنفسك ثم تسكت. ولو اقتضت الحال قلّ للذي يصحح لك بأنه إذا فهم قصدك، فلا مبرر للتصحيح. ومن الأفضل أن لا يُشجع المعلم الطالب الذي يستخدم الجمل المركبة أمام بقية الطلبة لان ذلك يُربكهم ويجبرهم على افتعال السرعة، بدلا من الوصول إليها بالطريقة الطبيعية.

لا تسمح لأحد أن يقاطعك ليصحح لك أثناء الكلام، حتى لو كان هذا الشخص هو معلمك. فهذا البرنامج يرفض فيه التصحيح الكلام، ولو اضطر المعلم في بعض الحالات أن ينبه الطالب بان ما يقوله غير مفهوم، فيجب أن يفعل ذلك بشفافية **وبعد** انتهائه من الكلام. ويوصيه أن لا يخجل من الخطأ إذ أنه قد يتعلم من أخطائه، فالأخطاء ربما مفيدة.

أربعة عشر - كيفية تطوير قدرات الطالب على القراءة

في الصف، يجب أن يقرأ سوية كل الطلبة شفويا وفي نغمة واحدة، خمس مرات أو أكثر لكل صفحة أو لكل تمرين. لأن فائدة التكرار الشفوي هي لتحقيق السلاسة في القراءة وأيضا لحفظ المعاني واللفظ والتهجي للصوت المعين. فالقراءة الشفوية السلسة تقود الطالب إلى الكلام السلس وتمنحه الثقة بأنه قادر على أن ينطق ما هو مكتوب.

أما بالنسبة للطالب الذي يرغب في تطوير قراءته، فعليه أن يقرأ شفويا لفترة سنة أو أكثر، ليس في هذا الكتاب فحسب، بل أي كتاب آخر. إن القراءة الشفوية للكتب الإنكليزية تؤدي إلى ممارسة الكلام ثم المحادثة في وقت قصير جدا، فهي السبيل لاختزال الزمن الدراسي من سنوات إلى اشهر أو أسابيع، كل حسب المستوى الذي يبدأ به.

خمسة عشر - كيفية تهجي الكلمات شفويا

في الصف لوحدك أو مع زميلك، تهج الكلمة شفويا خمس مرات أو أكثر، متبعا الطريقة الآتية بحذافيرها:

1. تأكد من إن الكلمة مكتوبة أمامك ومقسمة إلى مقاطع كما في كلمة pic·ture.

2. انظر وركز نظرك على الكلمة (لا تحاول أن تخمن تهجيها غيبا في البداية) الآن قم بتهجيها شفويا وأنت تنظر إليها، مقطعا مقطعا، متوقفا لوهلة بين مقطع وآخر. كرر عملية التهجي الشفوية هذه خمس مرات أو أكثر إلى أن تحس بمرونة لسانك وسلاسته في تهجي الكلمة. لا تحرم نفسك من حرية رؤية الكلمة (استخدم حاسة البصر) وأنت تتهجاها في هذه المرحلة الأولية.

3. توقف عن النظر إلى الكلمة ثم جرب تهجيها غيبا مقطعا تلو مقطع لخمس مرات إلى أن تحفظها. بعد حفظ الكلمة، اكتبها. لاحظ إن مرحلة الكتابة تأتي آخر مرحلة في تعلم التهجي مثل تعلم الطفل للغة، فالطفل يتكلم لمدة خمس سنوات قبل ذهابه إلى المدرسة، وبعد ذلك يدخل المدرسة ليتعلم القراءة ومن ثم الكتابة. من الأفضل أن يؤجل الطالب تهجي الكلمات الإنكليزية التي يرددها إلى أن يستخدم الكتب المتقدمة في هذا البرنامج التعليمي الشامل.

ستة عشر - البدء بنماذج الجمل البسيطة ثم التوصل التلقائي إلى الجمل المركبة

تجنب الضغط على نفسك لتكوين جُمل مركبة وركز على تكرار ترديد نماذج الجمل البسيطة simple sentence patterns لأن الجمل المركبة تأتيك تلقائياً. فالإصرار على البدء بجمل مركبة يسبب التلكؤ فالبطء ثم فقدان الثقة بالنفس ثم السكوت. ارجع للكلام البسيط في البداية حتى لو كنت تتحدث بعض الإنكليزية. تجنب عملية افتعال السرعة وطبق الخطوات المطلوبة منك بحذافيرها، عندها ستسرع بالكلام ثم بالمحادثة مع الآخر تلقائيا.

إن ساعات من النطق وترديد النموذج نفسه من الجُمل البسيطة أهم من شهور من الدراسة الصامتة ومن تسجيل الملاحظات على الورق. الورق الذي ينتهي –عادة– إلى سلة المهملات. أي ركز على النطق، وتكراره لخمس مرات أو أكثر. وركز –كذلك– على الاستمرارية، والسرعة، والجمل البسيطة، وعلى السلاسة في توصيل ما تنوي أن تقوله.

سبعة عشر - كيفية التكلم كمجموعات من الطلبة في الصف

1 **حفظ معاني ولفظ الكلمات الجديدة:** ليبدأ كافة طلبة الصف في بداية كل درس جديد أولاً- بالقراءة الجماعية للكلمات الجديدة سوية وفي نغمة موحدة مع تأكيد المعلم على سلامة لفظ كل كلمة. ثم إعادة القراءة الجماعية الشفوية، خمس مرات أو أكثر، إلى أن يتأكد المعلم بأنه لم يبق طالب في الصف إلا وتعلم **لفظ وقراءة** كل الكلمات. ثم يبدأ الطلبة بحفظ معاني الكلمات الجديدة حيث يقوم المعلم بتقسيم الطلبة إلى مجموعات groups متكونة من طالبين في كل مجموعة، وعلى الطلبة أن ينتقلوا من مقاعدهم لتكوين مجموعاتهم إذا اقتضت الحاجة. سيحفظ الطالب معاني ولفظ هذه الكلمات الجديدة بعد **قراءتها شفويا** بالإنكليزية خمس مرات أو أكثر ثم يراجع الكلمات مع زميله إلى أن يتذكر معانيها. عادة، يتمكن الطالب من حفظ معاني الكلمات الجديدة بعد تركه للقلم وإحلاله القراءة الشفوية، بصوت عال، محل الكتابة.

2 **التناوب بالكلام:** في المجموعة التي تتكون من طالبين، يبدأ الطالب الأول في كل مجموعة بالكلام بينما يكون الآخر ساكتا إلى أن يتلكأ الطالب المتكلم أو يبطئ كثيرا أو ينتهي من ترديد الجمل المطلوبة منه. حين يتلكأ الطالب المُتكلم، يخسر دوره فيستلم الطالب الآخر الكلام تلقائيا وبدون رخصة من أحد وبلا تضييع وقت. وهكذا يتناوب الطالبان إلى أن يحققا السلاسة في عشر جمل لكل نموذج.

على الطالب المبتدئ أن يتجنب المحادثة مع الطالب الآخر وعليه التكلم لوحده. إن التمارين في هذا الكتاب هي تمارين للطالب المتكلم لوحده، وليست تمارين محادثة بين شخصين. الطالب يتكلم لوحده كي يحقق الاستمرارية والسلاسة، دون أن يقاطعه احد ودون المحادثة معه. يوجد فرق بين (الطالب المتكلم لوحده) وبين (الطالب المتحدث مع الآخر). إن البدء في تمارين المحادثة مع الآخر بالية وغير مجدية لأنها تُقيّد المتحدث بالتحدث بنصوص مُثبّتة وجامدة تعتمد على الحفظ الغيبي لعدد صغير من الجمل وتحرمه من حرية ممارسة الكلام السلس بمئات الجمل ومن الاستمرارية ومن السرعة.

أما حين يكون الطالب خارج الصف، فهو حر بين اختيار مستمع محايد لا يصحح له ولا يقاطعه أثناء التمرين وبين التكلم لوحده إلى أن يحقق السلاسة في نموذج معين من الجمل.

ثمانية عشر - عزيزي المدرس دوما ردد ما يأتي لتذكّر الطالب بما هو مهم

أيها الطالب:

- كرر القراءة الشفوية والنطق للكلمة الجديدة خمس مرات كي تحفظ لفظها ومعناها.
- إقرأ التمارين كلها بالإنكليزية بصوت عال إلى أن تحقق السلاسة في القراءة.
- فكر بصوت عال وانطق باللغة الإنكليزية كل ما تفعله وتفكر فيه منذ الصباح حتى المساء.
- ردد شفويا الجُمل المدروسة في نماذج معينة مع مستمع محايد أو بدونه في الصف أو خارجه.
- انطق فستتكلم بسلاسة وستحفظ من حيث لا تدري ومثلما يحفظ الطفل.
- ركز فقط على نمـــاذج الجُمل البسيطـة وستأتيك الجُمـل المركبـة تلقائيــا ومن حيث لا تدري ومثلما تأتي للطفل.
- ركز على السرعة أثناء تمارين الكلام، ولا تركز على صحة قواعد الجُمل التي تقولها.
- لا تسمح لأحد أن يصحح لك أثناء الكلام، لأنك ستفقد الثقة بنفسك فتسكت.
- انطق وإذا اضطررت، كرر نطق الجمل نفسها التي قلتها كي تحافظ على **الاستمرارية** عندك وكي لا تتلكأ أو تبطئ.
- لا تسمح لأحد أن يقاطع الاستمرارية عندك ليساعدك أو ليصحح لك لأن التصحيح أثناء الكلام مرفوض لكنه مقبول أثناء الكتابة.
- لا تجبر نفسك على الحفظ، لان الحفظ الإجباري هو قسري وقاس على الدماغ، وتؤدي -أي القسوة- إلى بطء وصول الأوكسجين إلى الدماغ، ومن ثم إلى بطء في الاستيعاب، فمن الأفضل أن تسترخي قليلا لتسمح للدماغ القيام بعمله.

تسعة عشر - خطوات برنامج كاميليا™ للتكلم بالإنكليزية فوراً

1 اكتب ثم اقرأ العبارات شفويا: اكتب عشرين كلمة، أو أكثر، لأسماء أشياء تعرفها ولتكن الأسماء مفردة كالآتي:

door, window, floor, chair, table, radio, television, telephone, computer, book, pen, car, taxi, bus, house, tree, hospital, school, *k*nife, fork, spoon, oven, apple, orange, egg

اقرأ الكلمات التي كتبتها أعلاه، بصوت عال (قراءة شفوية)، خمس مرات أو أكثر إلى أن تحقِق السرعة والسلاسة في قراءتها.

اكتب a أو an قبل الكلمات نفسها كالآتي:

a door, a window, a floor, a chair, a table, a radio, a television, a telephone, a computer, a book, a pen, a car, a taxi, a bus, a house, a tree, a hospital, a school, a *k*nife, a fork, a spoon, an oven, an apple, an orange, an egg

اقرأ كافة العبارات التي كتبتها أعلاه، بصوت عال (قراءة شفوية)، خمس مرات أو أكثر إلى أن تحقق السرعة والسلاســة في قراءتهـــا.

2 **اكتب ثم اقرأ الجُمل شفويا:** اكتب عشرين جملة بسيطة simple sentence pattern مستخدماً نموذجا واحدا بسيطا لجملة كأن تضع This is قبل الأسماء نفسها التي درستها أعلاه، ولا مانع من إضافة أسماء أخرى قد تتذكرها أثناء التمرين. واكتب نموذج This is في جمل بسيطة كالآتية:

This is a door.
This is a chair.
This is a television.
This is a book.
This is a taxi.
This is a tree.
This is a *k*nife.
This is an oven.
This is an egg.

This is a window.
This is a table.
This is a telephone.
This is a pen.
This is a bus.
This is a hospital.
This is a fork.
This is an apple.

This is a floor.
This is a radio.
This is a computer.
This is a car.
This is a house.
This is a school.
This is a spoon.
This is an orange.

3 **اقرأ** الجمل التي كتبتها أعلاه قراءة شفوية وانطقها بصوت عال، ثم كرر قراءة نفس الجمل خمس مرات أو أكثر إلى أن تسرع وتشعر بالسلاسة والثقة التامة في قراءة وتكرار نفس نموذج الجُمل المتكونة من This is.

4 **ردد عشرة جمل في نفس النموذج:** دَعْ الدفتر جانباً وانطق كل ما تتذكره من الجمل التي كتبتها بصوت عال. كرر عملية ترديد نفس النموذج pattern خمس مرات أو أكثر، إلى أن تتمكن من قول نفس النموذج في عشر جمل أو أكثر باستمرارية وبسرعة وتشعر بالسلاسة والثقة التامة في ترديد أي جملة فيها نموذج This is.

في الصف: إن كنت في صف مدرسي، ليردد كل طالب الجُمل العشر أو أكثر لنموذج This is لزميله الذي يسمعه دون مقاطعة. وعلى الزميل أن يشجع الآخر، ويسكت ويصغي للآخر والآخر إليه دون أن يتدخل أحدهما في شؤون الآخر. حين يستمر الطالب بالنطق إلى أن يحقق السرعة والسلاسة في عشرة جمل للنموذج نفسه ومن دون تلكؤ، يُخزن النموذج المعين كنموذج This is في موقع الذاكرة في الدماغ، وسيتذكر الطالب استعماله مدى الحياة. وهكذا يستمر الطالب في خزن نماذج أخرى، ودون أن يدري سيجد نفسه متحدثا بكافة هذه النماذج المخزونة وعملية حفظ النماذج هذه تشبه عملية بناء البيت حجرا فوق حجر. ففي البداية، ابدأ بالتكلم، وفي المستقبل القريب جدا سوف تنتقل إلى المحادثة مع الآخرين تلقائيا.

إن حفظ النموذج يختلف عن حفظ الجمل. والفرق هو أن حفظ الجملة محدود بحفظ جملة واحدة مثل This is a door. في حين حفظ النموذج يعني حفظ مئات من الجمل التي بها نموذج This is.

لوحدك: أما إذا لم تكن في صف مدرسي، فانطق وردد الجُمل لوحدك لان المتكلم لا يتحدث مع احد وهو، في الواقع، ليس بحاجة إلى مستمع.

5 الشروط اللازمة لتحقيق السلاسة والسرعة هي:

1 بالإنكليزية فقط: على الطالب أن يبقى في الإنكليزية ولا ينطق أية كلمة بالعربية **أثناء** التمرين.

2 عدم التوقف: ولا يتوقف الطالب عن الكلام ليسأل (كيف أقول كذا أو كذا)، ولا يتلكأ، ولا يتوقف طويلا. إذا اضطر الطالب للتوقف أو تلكأ، فعليه أن يعيد التمرين من البداية ويستمر إلى أن يحقق السلاسة والسرعة والاستمرارية في تكرار النموذج المعين في عشر جمل أو أكثر.

3 عدم المزج: وعليه تجنب مزج نموذج مع آخر أثناء التمرين والتركيز على نموذج واحد فقط في كل تمرين. كل نموذج يتعلمه، يُخزن في الذاكرة كحجر البناء. وعندما يخزن عنده عشرين نموذجا، مثلا، سيتحدث بجميع هذه النماذج العشرين مع الآخرين تلقائياً وبسلاسة تامة. أي أن الجُمل البسيطة سوف تتمازج تلقائيا في الدماغ وتتحول دون عناء إلى جمل مركبة.

4 تعلم مزيدا من النماذج: على الطالب أن يكرر الخطوات الخمس مستخدما نموذجا آخرا جديدا وبسيطا مثل نموذج (That is). ويستمر في تكرار الخطوات الخمس نفسها مستخدما نماذج كثيرة، ويبدأ بالنماذج المنتقاة والموجودة في هذا الكتاب. إن عملية تعلمه للنماذج في اللغة تشبه عملية بناء البيت، حجر فوق حجر. والنموذج الواحد هو بمثابة حجر في عملية بناء البيت. فحين يحقق سلاسة في نموذج معين، يكون قد وضع حجراً لا يتزحزح في الذاكرة. سيتذكر بأنه ليس بحاجة إلى مستمع كي يتدرب ويتكلم بهذه الطريقة. على العكس، فيجب أن يتجنب المحادثة مع الآخرين أثناء ممارسة تمارين النطق هذه.

عشرون - كيفية تقييم الطالب أثناء فترة الامتحانات

في الصف ممكن أن يكون هناك امتحانات شفوية يومية في لفظ الكلمات وتحريرية في المعاني الجديدة ومن ثم امتحانات أخرى مثل الامتحانات التي تجري في نهاية كل فصل من هذا الكتاب. وهذا نموذج للامتحان التحريري مأخوذ من نهاية الفصل الأول:

امتحان تحريري

اكتب عشر جمل أو أكثر لكل من هذه النماذج من الجُمل المدروسة لحد الآن. أي اكتب ما مجموعه 140 جملة أو أكثر متذكرا بأن تبدأ كل جملة بحرف كبير Capital letter وتنهي هذه الجمل البسيطة بنقطة.

1 This is	2 That is	3 I see	4 I need
5 I want	6 I have	7 I had	8 Thes*e* are
9 Thos*e* are	10 I will own	11 I will buy	12 I saw
13 I lik*e*	14 I don't hav*e*		

امتحان شفوي

ردد عشر جمل أو أكثر لكل من هذه النماذج من الجُمل المكتوبة أعلاه. أي ردد ما مجموعه 140 جملة أو أكثر بصوت عال وواضح. لو لم يسنح الوقت للمعلم أن يستمع لكل الطلبة، فمن الأفضل أن يسجل كل طالب ما يردده على شريط الكاسيت ويعطيه للمعلم لتقييم صوت وسلاسة الطالب وسرعته في ترديد هذه الجمل.

لمن برنامج كاميليا الشامل في تدريس اللغة الإنكليزية؟

بما أن برنامج كاميليا يقدم مواداً مهمة جديدة وتصحيحات لما كان يُدَرس سابقا، لذا يستوجب على كل طالب –مهما كان مستواه– أن يبدأ من الصفر، أي من الكتاب الأول. وهذا يعني أن البرنامج نفسه هو للمبتدئين وللمتقدمين من الطلبة والمعلمين.

فهو يفيد المتقدمين لأنه يوفر لهم حلولا جديدة لصعوبات كانت مستعصية في تعلم اللغة الإنكليزية ومنها حالات الدس لكسيا. ويفيد المعلمين لأنه يختزل زمن التعليم، فبدلا من أن يُدرِّس المعلمون وأساتذة الجامعات اللغة الإنكليزية في ستة عشر عاما في المدارس الابتدائية والثانوية وفي الجامعات، يمكنهم الآن أن يُدرِّسوا 99% من اللغة الإنكليزية المتداولة في عام واحد أو عامين وربما أقل من ذلك، كلٌ حسب قدرته على الاستيعاب.

من الممكن أن يُعَمَّم هذا البرنامج في المدارس الابتدائية والثانوية وفي الجامعات. ومن الممكن أن يَدرُسه الطالب المتقدم من دون معلم، أي –فقط– من خلال قراءة التعليمات واستيعابها وتطبيقها بحذافيرها.

المؤلفة

الفصل الأول
محتويات البيت
Inside Homes

ألفـــاظ ومعـــان - واستخـــدام 400 اسمـــا لأمتعـــة البيـــت

محتويات الفصل

Home	بيت	3
1.1. Living Room	غرفة الاستقبال	6
1.2. Dining Room	غرفة الطعام	18
1.3. Kitchen	مطبخ	20
1.4. Bedroom	غرفة النوم	27
1.5. Baby Room	غرفة الطفل	32
1.6. Bathroom	الحمام	34
1.7. Laundry Room	غرفة الغسيل	39
1.8. Family Room	إيوان	40
1.9. Office	مكتب	42
1.10. Yard	حديقة	45
1.11. Garage	مرآب	48

ملاحظات

1 الحرف الإنكليزي المائل في هذا الكتاب يدل على أنه حرف صامت، مثلا حرف *k* في *k*nife هو مائل لأنه حرف صامت.

2 حرف **r** الذي يتبعه حرف علة يلفظ مثل حرفي **wr** سوية كما في **r**oom تلفظ (وْروم) **wr**oom. إن لفظ (و) قبل **r** هنا يؤكد على حدوث صوت **r** بين الشفتين وليس في اللسان ولا بداخل الفم ويؤكد أيضا على استدارة الشفتين وسحبهم سوية إلى الأمام.

3 لفظ **ar** سوية هو كلفظ ألف مقصورة حتى لو كانا في داخل الكلمة، كما في (يـىٰد) y**ar**d.

4 لا تلفظ **r** في آخر الكلمة كما في doo*r*.

5 لا تلفظ **r** الذي يتبعه حرف صحيح، كما في stai*r*s وكما في wo*r*ld.

6 لا تلفظ **r** الذي يتبعه كلمة تبدأ بحرف صحيح، كما في fo*r* me.

7 لا تلفظ **re** في آخر الكلمة، كما في mo*re*.

8 لفظ حرفي **au** سوية هو كلفظ ألف مقصورة، كما في (لـىٰنْدْ وْريي) l**au**ndry.

9 لفظ حرفي **aw** سوية هو كلفظ ألف مقصورة، كما في (لـىٰن) l**aw**n.

10 غالباً حرف **t** في وسط الكلمة يلفظ **d** كما في (لَـيْدَ) la**t**e*r*.

ملاحظة: الفظ **w** قبل **r** حين يتبع **r** حرف علة كما في لفظ **room** كـ **wroom** أي (وْرووم) **wroom**.

الكلمة الإنكليزية	لفظ الكلمة الإنكليزية بالعربية	معنى الكلمة الإنكليزية بالعربية
1. Insid*e* Home*s*	إنْسايْد هــومْز	في داخل البيت
hom*e*	هـــوم	بيت
hous*e*	هـــاوْس	منزل

تجنب ⚠ القراءة الصامتة في هذا الكتاب! ليقرأ كافة طلبة الصف سوية وبنغمة واحدة لحفظ لفظ ومعنى كل كلمة إنكليزية جديدة في هذا الكتاب **انطقها** خمس مرات.

الكلمة الإنكليزية	لفظ الكلمة الإنكليزية بالعربية	معنى الكلمة الإنكليزية بالعربية
doo*r*·bell	دو بـَل	جرس البيت
a·part·ment	أبــىٰتْمَنْت	شقة
a*d*·dress	آدْ وْرَس	عنوان
room	وْرووم	غرفة
liv·ing room	لـِڤـِنْـ وْرووم	غرفة الاستقبال
din·ing room	دايـنِـنْـ وْرووم	غرفة الطعام
bed·room	بـَد وْرووم	غرفة النوم
fam·i·ly room	فامِليي وْرووم	غرفة جلوس العائلة
bath·room	بـاث وْرووم	الحمام
laun·dry room	لـىٰنْدْ وْريي وْرووم	غرفة الغسيل
ki*t*ch·en	كِچـِن	المطبخ

base·ment	بَـــيْسْمَنْت	سرداب
at·tic	آدِك	غرفة علوية/ سَندَرة
ga·rage	گـِ وْر ىٰژ	مرآب
drive·way	جْـ وْر ايْڤ وَي	ممر للسيارة
yard	يـــىٰد	حديقة
back·yard	بـاك يـــىٰد	حديقة خلفية

flow·er gar·den	فْلاوَ گـــىٰدِن	حديقة زهور
porch/ pat·i·o	پـو چ/ پـاديي ءو	شُـرُفة
stairs	سْتَـيـْ ز	عتبات
up·stairs	ءَپ سْتَـيـْ ز	طابق أعلى
down·stairs	داوْن سْتَـيـْ ز	طابق أسفل
lad·der	لادَه/ لادَ	سُلـَم

A Syllable   معنى كلمة المقطع في الكلمة

A syllable is a part of a word that contains only one vowel sound. There are two syllables in "win·dow," "win" and "dow." There are three syllables in "syl·la·ble," "syl," "la," and "ble."

Read Aloud   انطقوا فالنطق هو مفتاح الكلام

If you find yourself studying but not memorizing, it is because you are not reading aloud and you are not following the rest of the directions given to you in this book. This new memorization method works only if all instructions given to you are followed rigorously. If you read silently you will understand, but not memorize the meanings and the sounds. If you have not read aloud, it is not too late. Go back and read again aloud.

1.1. Liv·ing Room	لِـڤِـنـْ وْرووم	غرفة الاستقبال
door	دو	باب
win·dow	وِنْدو	شباك
liv·ing room set	لِـڤِـنـْ وْرووم سَت	طقم غرفة الاستقبال
so·fa/ couch	صوفا/ كاوْچ	أريكة/ قنفة
love·seat	لَـڤ سيـيْت	أريكة/ قنفة تسع شخصين
chair	چَيَ	كرسي
rock·ing chair	وْراكِنْ چَيَ	كرسي هزاز

cof·fee ta·ble	كـَفيي تـَيْبـِل	طاولة
end ta·ble	أنْد تـَيْبـِل	طاولة صغيرة/ طقطوقة
lamp	لامْپ	مصباح/ لمبة/ لمبادير
rug	وْرءَگ	سجادة
car·pet	كـَپـِت	سجادة مثبتة
cur·tains	كِـوْرْتِنْز	ستائر
drapes	جْـوْرَيْپْس	ستائر سميكة
blinds	بْلايْنْدْز	ستائر ألمنيوم
pic·ture	پِـكْچَـ/ پِـكْچَـه	صورة
post·er	پوسْتَـ	ملصق

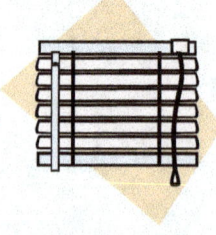

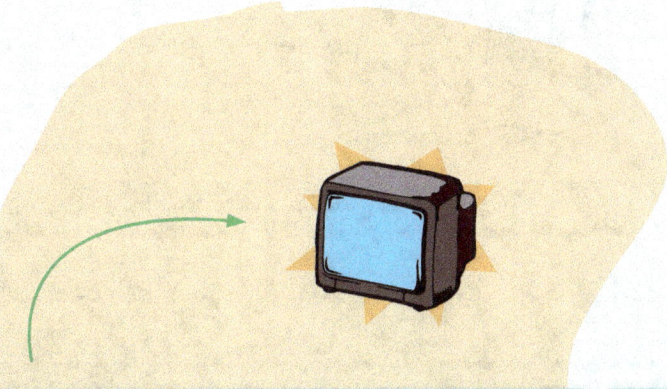

tel·e·vi·sion/ TV	تَـلَـڤِـژِن	تلفزيون/ تلفاز
TV stand	تـيـيْڤـيي سْتانْد	طاولة التلفزيون
ste·re·o sys·tem	سْتيِيْ وْر يـو سِسْتِم	جهاز الستريو
ra·di·o	وْرَيْدِيـو	راديو/ مذيـاع
cas·sette play·er	كَسَت پْلَيَ	مسجل
CD play·er	سيـيديي پْلَيَ	جهاز السي دي
re·mote con·trol	وْرِمـوت كِنْتْوْرول	جهاز سيطرة وتحكم
VCR	ڤيي سيي ىٰ	جهاز الفيديو
vid·e·o/ video·tape	ڤِـدْيـو تَـيْپ	شريط الفيديو
DVD	ديي ڤي ديي	قرص أفلام

speak·*er*s	سْپيي كَ ز	مكبرات صوت
tel·e·phone/ phone	تَلَفون	هاتف
wall	وىْل	حائط
wall clock	وىْل كْلىْك	ساعة حائط
fan	فــان	مروحة
ai*r* con·di·tion·e*r*	أيْ وْرْ كِنْدِشِنَ	مكيف الهواء
heat·e*r*	هـيي دَ	مدفأة

plug	پْلءَگ	مأخذ/ القابس/ بلك
out·let	پْلءَگ/ آوْتْ لِت	بلك
lig*h*t swit*c*h	لايْت سْوِّچ	زر/ سويج
lig*h*t bulb	لايْت بءَلْب	مصباح/ كلوب
vas*e*	ڤـَيْس	مزهرية
keys	كـيي ز	مفاتيح
lock	لــىْك	قفل

fire·place	فـايَ پْلـَـيْس	مدفأة حطب جدارية
book	بُك	كتاب
book·shelf	بُك شَلْف	رفّ الكتب
dic·tion·ar·y	دِكـْشِنـَ وْريي	قاموس
pi·an·o	پـييْآنو	بيانو
vi·o·lin	ڤـايَلِـن	كمان

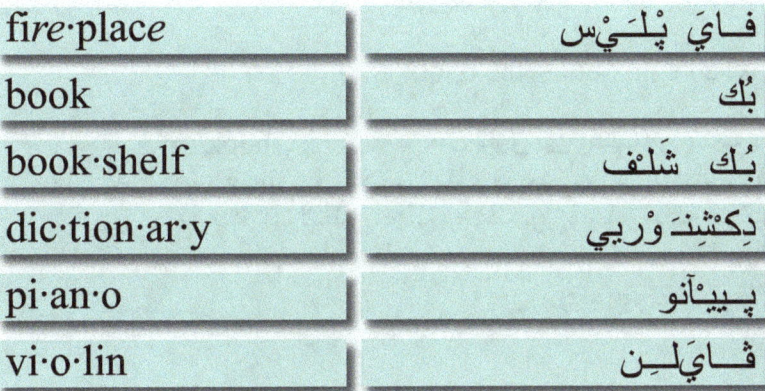

fence	فـَنْس	سِياج
ceil·ing	سييِلِنْ	سقف
roof	وْرووف	سقف
floor	فْلو	أرض داخل بناية
ground	گْ وْر اوْنْد	أرض خارج بناية
tiles	تـــايَلْز	بلاط/ كاشي

ابدأ من الصفر

حتى لو كنت تعرف الإنكليزية لأنها بداية جديدة وصحيحة.

a book, an egg, books, the book

الفرق بين book و a book هو مثل الفرق بين (كتاب) و (كتاب واحد). في العربية اختيار في استعمال كلا الحالتين للتعبير عن الكتاب المفرد الواحد. أما في الإنكليزية فلا يوجد هكذا اختيار ويجب استعمال (الواحد) مع الكتاب للتعبير عن كونه (كتاب). وتنطبق حالة التركيز على ذكر كون الكتاب هو واحد مع ذكر اسمه على كل مفردة إنكليزية نكرة كما في (غرفة واحدة) a room.

◄ اقرأ شفويا وركز على a قبل المفردة النكرة:

أ

a house, a door, a kitch·en, a bed·room, a bath·room
a fam·i·ly room, a liv·ing room, a porch, a pat·i·o

◄ اقرأ شفويا وركز على an قبل المفردة النكرة التي تبدأ بحرف علة:

آن

an a·part·ment, an ad·dress, an at·tic, an ap·ple, an egg
an or·ange, an ov·en, an i·de·a

◄ اقرأ شفويا وركز على s كما في doors بعد كلمة الجمع النكرة:

جمع

doors, rooms, stairs, books, bed·rooms, sets, pens, pins
pills, hills, hats, dogs

◀ اقرأ شفويا وركز على كلمة the قبل الكلمة لتعرفها بـِ the:

the door, the doors, the big door, the pen, the pin

◀ اقرأ شفويا وركز على صوت ذيَ بدلا عن ذَ قبل الكلمة التي تبدأ بحرف علة vowel:

the oven, the ovens, the egg, the a·part·ment
the ad·dress, the at·tic, the ap·ple, the or·ange
the i·de·a

◀ اقرأ شفويا كلا من هذه العبارات خمس مرات، وانطقها - بصوت عال:

the house, the door, the kitch·en, the bed·room
the bath·room, the liv·ing room, the din·ing room
the porch, the pat·i·o, the doors, the rooms, the stairs
the sets, the pens, the pins, the pills, the hills

the a·part·ment, the up·stairs, the ad·dress, the at·tic
the ap·ple, the egg, the or·ange, the ov·en, the i·de·a
the eggs, the or·anges, the ov·ens

نموذج (pattern) رقم 1

اقرأ أو اقرأوا سوياً شفوياً في الصف ناطقين كل جملة خمس مرات وبصوت عال ودائماً ركزوا على النطق:

1. This is: ذِسْ إز/ ذِس ز — هذا هو

اتجاه
القراءة

This is a house.
This is a din·ing room.
This is a bath·room.
This is a yard.
This is a clock.
This is a fan.
This is a lock.
This is a door.
This is a so·fa.
This is a lamp.
This is a rug.
This is a tel·e·vi·sion.
This is a car·pet.
This is a vase.
This is a dic·tion·ar·y.
This is a vi·o·lin.

This is a liv·ing room.
This is a bed·room.
This is a kitch·en.
This is a gar·den.
This is a book.
This is a key.
This is a roof.
This is a win·dow.
This is a chair.
This is a light bulb.
This is a pic·ture.
This is a ra·di·o.
This is a tel·e·phone.
This is a book·shelf.
This is a pi·an·o.

راجع

النقطة التاسعة عشرة من تعليمات هذا الكتاب لتطبيق خطوات كاميليا للتكلم بالإنكليزية فوراً، وطبق الخطوات على نموذج This is. وهذا ملخص الخطوات:

1. اقرأ الجمل أعلاه شفويا خمس مرات.
2. ردد شفويا عشر جمل لنموذج This is.
3. كرر العملية في نماذج أخرى.

الشروط اللازمة لحفظ النماذج السابقة

① استمر بقول الجُمل بالإنكليزية فقط ولا تنطق أية كلمة بالعربية أثناء التمرين.

② لا تسأل "كيف أقول كذا أو كذا" أثناء التمرين، بل قبله أو بعده.

③ لا تتلكأ، ولا تتوقف طويلا، إذا اضطررت للتوقف أو التلكؤ، فعليك إعادة التمرين من البداية وتستمر إلى أن تحقق السلاسة والاستمرارية والسرعة في النموذج المعين في عشرة جمل أو أكثر.

④ لا تمزج نموذجا مع آخر أثناء التمرين، بل ركز على نموذج واحد مثل (This is) فقط في كل تمرين.

⑤ التصحيح مرفوض أثناء التمرين وعلى الزميل أن يشجع الآخر، ويصغي له دون أن يقاطعه أو يصحح له.

⑥ كرر الخطوات نفسها في نموذج جديد وبسيط، ابدأ بالنماذج الموجودة في هذا الكتاب ثم استمر في نماذج أخرى ستسمعها أو تقرؤها في المستقبل.

⑦ تذكر بأنك لست بحاجة إلى مستمع كي تتدرب أو تتكلم بهذه الطريقة، على العكس، يجب أن تتجنب المحادثة مع الآخر أثناء ممارسة تمارين النطق هذه.

نموذج رقم 2

اقرأ أو اقرأوا سوياً شفوياً في الصف ناطقين كل جملة خمس مرات وبصوت عال ودائماً ركزوا على النطق:

2.That is ذات إز/ ذادِز ذلك هو (للبعيد)

That is a house.	**That is** a liv·ing room.
That is a din·ing room.	**That is** a bed·room.
That is a bath·room.	**That is** a kit*ch*·en.
That is a ga·rage.	**That is** a drive·way.
That is a pat·i·o.	**That is** a yard.
That is a gar·den.	**That is** a la*d*·der.

2.That is → That ~~i~~s → That's ذات إز/ ذادِز ذلك هو (للبعيد)

That's a house.	**That's** a liv·ing room.
That's a din·ing room.	**That's** a bed·room.
That's a bath·room.	**That's** a kit*ch*·en.
That's a ga·rage.	**That's** a drive·way.
That's a pat·i·o.	**That's** a yard.
That's a gar·den.	**That's** a la*d*·der.

راجع النقطة التاسعة عشرة من تعليمات هذا الكتاب لتطبيق خطوات كاميليا للتكلم بالإنكليزية فوراً، وطبق الخطوات على نموذج That is الذي قرأته أعلاه.

نموذج رقم 3

اقرأ أو اقرأوا سوياً شفوياً في الصف ناطقين كل جملة خمس مرات وبصوت عال ودائماً ركزوا على النطق:

3. I see: آي سـيـي أنا أرى

I see a house.	I see a liv·ing room.
I see a din·ing room.	I see a bed·room.
I see a bath·room.	I see a kitch·en.
I see a ga·rage.	I see a drive·way.
I see a pat·i·o.	I see a lad·der.

راجع

النقطة التاسعة عشرة من تعليمات هذا الكتاب لتطبيق خطوات كاميليا للتكلم بالإنكليزية فوراً، وطبق الخطوات على نموذج I see الذي قرأته أعلاه.

نموذج رقم 4

اقرأ أو اقرأوا سوياً شفوياً في الصف ناطقين كل جملة خمس مرات وبصوت عال ودائماً ركزوا على النطق:

4. I need: آي نييـد أنا احتاج

I need a clock.	I need a book.
I need a fan.	I need a key.
I need a lock.	I need a roof.
I need a door.	I need a win·dow.
I need a so·fa.	I need a chair.
I need a lamp.	I need a light bulb.
I need a rug.	I need a pic·ture.

راجع

النقطة التاسعة عشرة من تعليمات هذا الكتاب لتطبيق خطوات كاميليا للتكلم بالإنكليزية فوراً، وطبق الخطوات على نموذج I need الذي قرأته أعلاه.

الإنكليزية لمتكلمي العربية 15 للمؤلفة كاميليا صادق

نموذج رقم 5

اقرأ أو اقرأوا سوياً شفوياً في الصف ناطقين كل جملة خمس مرات وبصوت عال ودائماً ركزوا على النطق:

5. I want/ I wan·na أنا أريد آي وَنْت/ وَنا

I want a tel·e·vi·sion.
I want a car·pet.
I want a vase.
I want a dic·tion·ar·y.
I want a vi·o·lin.
I want a ra·di·o.
I want a tel·e·phone.
I want a book·shelf.
I want a pi·an·o.

5. **I wan·na** a tel·e·vi·sion.
I wan·na a car·pet.
I wan·na a vase.
I wan·na a dic·tion·ar·y.
I wan·na a vi·o·lin.
I wan·na a ra·di·o.
I wan·na a tel·e·phone.
I wan·na a book·shelf.
I wan·na a pi·an·o.

راجع

النقطة التاسعة عشرة من تعليمات هذا الكتاب لتطبيق خطوات برنامج كاميليا للتكلم بالإنكليزية فوراً، وطبق الخطوات على نموذج I want الذي قرأته أعلاه.

الإنكليزية لمتكلمي العربية 16 للمؤلفة كاميليا صادق

Inside Homes

مراجعة: اقرأوا **شفويا** وسوية للمراجعة وللتقوية:

1. This is **an** at·tic. This is **an** a·part·ment. This is **an** up·stai*r*s a·part·ment. This is **an** ad·dress. This is **an** air con·di·tion·e*r*.

2. **That is** a hous*e*. **That is** a liv·ing room. **That is** a din·ing room. **That is** a bed·room. **That is** a bath·room. **That is** a ki*tch*·en. **That is** a ga·rag*e*. **That is** a driv*e*·way. **That is** a pat·i·o. **That is** a yard. **That is** a gar·den. **That is** a la*d*·der.

3. **I see** a hous*e*. **I see** a liv·ing room. **I see** a din·ing room. **I see** a bed·room. **I see** a bath·room. **I see** a ki*tch*·en. **I see** a ga·rag*e*. **I see** a driv*e*·way. **I see** a pat·i·o. **I see** a la*d*·der.

4. **I need** a clock. **I need** a book. **I need** a fan. **I need** a key. **I need** a lock. **I need** a roof. **I need** a doo*r*. **I need** a win·dow. **I need** a so·fa. **I need** a chai*r*. **I need** a lamp. **I need** a li*gh*t bulb. **I need** a rug. **I need** a pic·tu*r*e.

5. **I wan*t*** a tel·e·vi·sion. **I wan*t*** a ra·di·o. **I wan*t*** a car·pet. **I wan*t*** a tel·e·phon*e*. **I wan*t*** a vas*e*. **I wan*t*** a book·shelf. **I wan*t*** a dic·tion·ar·y. **I wan*t*** a pi·an·o. **I wan*t*** a vi·o·lin.

5. **I wa*n*·na** a tel·e·vi·sion. **I wa*n*·na** a ra·di·o. **I wa*n*·na** a car·pet. **I wa*n*·na** a tel·e·phon*e*. **I wa*n*·na** a vas*e*. **I wa*n*·na** a book·shelf. **I wa*n*·na** a dic·tion·ar·y. **I wa*n*·na** a pi·an·o. **I wa*n*·na** a vi·o·lin.

1.2. Din·ing Room	دايْنِنْ وْرووم	غرفة الطعام
din·ing room set	دايْنِنْ وْرووم سَت	طقم غرفة الطعام
din·ing ta·ble	دايْنِنْ تَـيْبِل	مائدة الطعام
chai*r*s	چَـي وْرْز	كراسي
table·cloth	تَـيْبِل كْلَـىْث	غطاء المائدة
nap·kins	ناپْكِنْز	مناديل
chan·de·lie*r*	شانْدِلييـ	ثُرية

chi·na cab·in·et	چايْنا كابنِت	دولاب الأواعي/ بوفي
salt shak·e*r*	سـىلْط شَـيْكَ	مملحة
pep·pe*r* shak·e*r*	پَـپَ شَـيْكَ	مملحة الفلفل
can·dles	كـانْدِلْز	شموع
bre*a*d bas·ket	بْـوْرَد بـاسْكِت	سلة الخبز
fru*i*t bow*l*	فْـوْرووت بـو	صحن عميق للفواكه

Inside Homes

نموذج رقم 6

اقرأ أو اقرأوا سوياً شفوياً في الصف ناطقين كل جملة خمس مرات وبصوت عال ودائماً ركزوا على النطق:

6. I have: آي هــاف/ آيْڤ   أنا عندي

I have a din·ing room set.   **I have** a din·ing ta·ble.
I have a table·cloth.   **I have** a salt shak·er.
I have a pep·per shak·er.   **I have** a bread bas·ket.
I have a fru*i*t bow*l*.   **I have** a vas*e*.
I have fou*r* chai*r*s.   **I have** nap·kins.
I have can·dles.

6. I hav*e* → I hav*e* → I've   آي هــاف/ آيْڤ   أنا عندي

I've a din·ing room set.   **I've** a din·ing ta·ble.
I've a table·cloth.   **I've** a salt shak·er.
I've a pep·per shak·er.   **I've** a bread bas·ket.
I've a fru*i*t bow*l*.   **I've** a vas*e*.
I've fou*r* chai*r*s.   **I've** nap·kins.
I've can·dles.

راجع النقطة التاسعة عشرة من تعليمات هذا الكتاب لتطبيق خطوات كاميليا للتكلم بالإنكليزية فوراً، وطبق الخطوات على نموذج I have الذي قرأته أعلاه.

1.3. Kitch·en	كِچِن	مطبخ
re·frig·er·a·to*r*/refrig	وْرِفْ وْرِجِ وْرَيْدَ	ثلاجة/ براد
stov*e*	سْتــوڤ	جهاز للطبخ/ طباخ
ov·en	ءَڤِــن	فرن للشوي/ أوفن
broil·e*r*	بْوْرويِلَ	شواية والنار فوق المادة
mi·cro·wav*e*	مـايْكْ وْرو وَيْڤ	ماكرو وَيف

toast·e*r*	تــوسْتَ	مسخنة خبز
ki*t*ch·en sink	كِچِن سِنْك	مغسلة المطبخ
wa·*t*er fau·cet	وىڑَر فـــىٰسِت	حنفية
gar·bag*e* dis·pos·al	گـىٰبِج دِسْپوزَل	طاحونة زبالة بالمغسلة
dish·wash·e*r*	دِش وىٰشَ	غسالة صحون
cup	كـءَپ	كوب

cup·boards	كـءَبَدْز	دواليب المطبخ
dish·es	دِشِز	صحون
plate	پْلَـيْت	صحن
bowl	بــو	إناء عميق/ طاسه
silver·ware	سِلْـڤَ وَيــْ وِرْ	طقم ملاعق
fork	فـــو ك	شوكة
spoon	سْپـــوون	ملعقة

knife	نـــايْف	سكين
skew·ers	سْكـيـيوَ ز	أسياخ الكباب
dip·per	دِپَـ	مغرفة/ چـمـچـه
glass	گْلاس	قدح
glas·ses	گْلاسِز	أقداح

ket·tle	كـدِل	كتلي
strain·er	سـتْـ وْرَيْنـَ	مصفاة
cut·ting board	كـعَدِنْ بــود	لوح تقطيع
blend·er	بلْـنْـدَ	خفاقة
juic·er	جووسـَ	عصارة

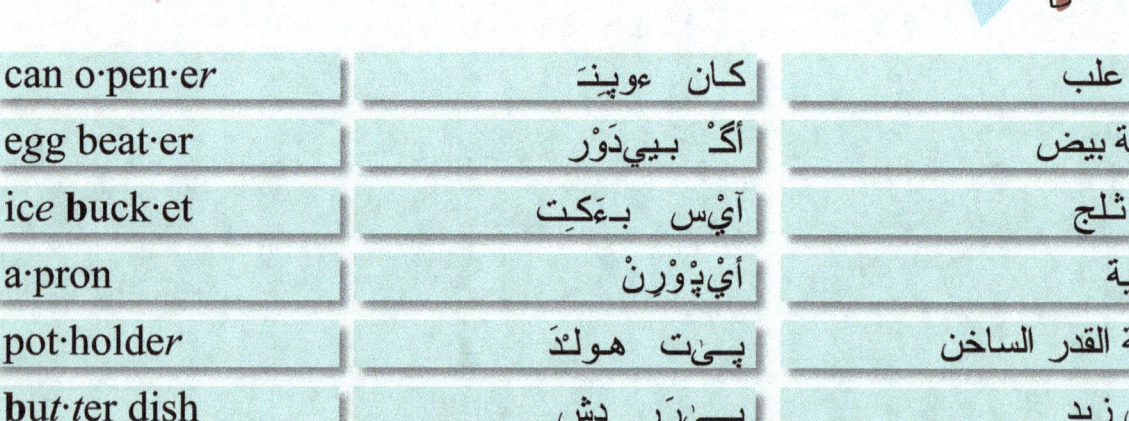

can o·pen·er	كـان عوپـنـَ	فاتحة علب
egg beat·er	أگْ بيي دَوْر	مطرقة بيض
ice buck·et	آيْس بـعَكِت	سطل ثلج
a·pron	أيْپْوْرِنْ	صدرية
pot·holder	پـىٰت هولـدَ	ماسكة القدر الساخن
but·ter dish	بــىٰرَر دِش	صحن زبد
food	فــوود	طعام

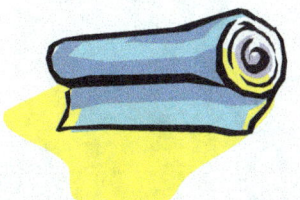

de·ter·gents	دِتِـ وْرْجِنْتْس	مطهرات
trash·can	تْ وْراش كـان	سطل قمامة
dish soap	دِش سـوپ	صابون صحون
pa·*per* tow·el	پـيْپَـ تـاوِل	منديل ورقي
tow·el hold·*er*	تـاوِل هـولْدَ	ماسكة المنديل

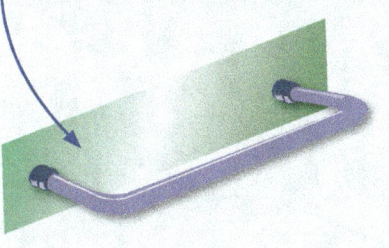

in·doo*r* plants	إن دو پْلانْتْس	نباتات داخلية
ki*t*ch·en coun*t*·*er*	كِچن كاوِنـ	دولاب/ كاونتر المطبخ
ki*t*ch·en·*ette*	كِچِنِت	مطبخ صغير
stool	سْتـوول	كرسي عال
freez·*er*	فْـ وْرييزَ	مُجمِّدة

ألأفعال تحرك اللغة:

الأفعال هي أهم جزء من أجزاء الكلام لأنها تحرك الكلام. فما فائدة الاسم (قلم) مثلا لو لم يقم القلم بفعل الكتابة؟ وما فائدة أن تكون الصفة (لون القلم) (أزرق) والقلم لا يكتب؟ إن فعل الكتابة أهم من لون القلم. لذلك يستوجب التركيز على الأفعال المفيدة وعلى الطرق المتعددة لاستعمال كل فعل مفيد.

احفظ هذه الأفعال الـ **24** المفيدة لأنها مستخدمة يوميا.

I sleep	آي سْلـيـيپ	أنا أنام
I wake up	آي وَيْك عَپ	أنا أستيقظ
I drink	آي دْ وْرِنْك	أنا أشرب
I eat	آي إِيـيـد	أنا آكل
I clean	آي كْلـيـيْن	أنا أنظف
I read	آي وْرييد	أنا أقرأ
I ta*l*k	آي تـــىَك	أنا أتكلم
I **l**o*ve*	آي لَـف	أنا أحب
I wo*r*k	آي وُك	أنا أعمل/ أشتغل

I cook	آي كُك	أنا أطبخ
I make	آي مَــيْك	أنا أصنع/ أسوي
I stud·y	آي صتَدي	أنا أدرس
I play	آي پْلَــي	أنا ألعب
I brush	آي بْـ وْرعَش	أنا أفرش
I cut	آي كـءَت	أنا أقطِع

I freeze	آي فْـ وْرييز	أنا أضع بالمجمدة
I thaw	آي ثــىٰ	أنا أُذوِّب
I bring	آي بْـ وْرِنگ	أنا أجلب
I take	آي تــيْك	أنا آخذ
I give	آي گـِف	أنا أعطي

I take a bath	آي تَــيْك أ بــاث	أنا أستحم جالسا
I take a show·er	آي تَــيْك أ شــاوِ	أنا أستحم واقفا
I en·joy	آي إنْجــوي	أنا أتمتع
I dream	آي دْ وْرييْم	أنا أحلم

نموذج رقم 7

اقرأ أو اقرأوا سوياً شفوياً في الصف ناطقين كل جملة خمس مرات وبصوت عال ودائماً ركزوا على النطق:

7. I had: آي هـــاد كان عندي

I had a re·frig·er·a·tor.
I had a broil·er.
I had a toast·er.
I had a dish·wash·er.
I had a knife.
I had a tea·pot.
I had a ket·tle.
I had a blend·er.
I had an egg beat·er.
I had an a·pron.
I had an o·pen·er.

I had a stove.
I had a mi·cro·wave.
I had a gar·bage dis·pos·al.
I had a cut·ting board.
I had a pitch·er.
I had a coffee·pot.
I had a strain·er.
I had a juic·er.
I had an ice buck·et.
I had an ov·en.

I had plants.
I had pots.
I had spoons.
I had cup·boards.
I had bowls.
I had glass·es.
I had de·ter·gents.
I had silver·ware.
I had soap.

I had pans.
I had forks.
I had cups.
I had plates.
I had pot·holders.
I had dish·es.
I had pa·per tow·els.
I had food.

راجع

النقطة التاسعة عشرة من تعليمات هذا الكتاب لتطبيق خطوات كاميليا للتكلم بالإنكليزية فوراً، وطبق الخطوات على نموذج I had الذي قرأته أعلاه.

1. 4. Bed·room	بَدْ وْرووم	غرفة النوم
bed·room set	بَد وْرووم سـَت	طقم غرفة النوم
bed	بَد	سرير
king size bed	كِنْگ سـايْز بَد	سرير حجم كبير
queen size bed	كْويين سـايْز بَد	سرير حجم متوسط
twin size bed	تْوِّن سـايْز بَد	سرير لشخص واحد
mat·tress	مـاتْ وْرِس	حشية فراش/ دوشـگ
box spring	بـىٰكْس سِپْ وْرِنْگ	كُشن آخر تحت الحشية
sheet	شـيـيـت	مُلاءة/ شرشف
pil·low	پِـلـو	مخدة
pil·low·case	پِلـو كـَيْس	وجه مخدة

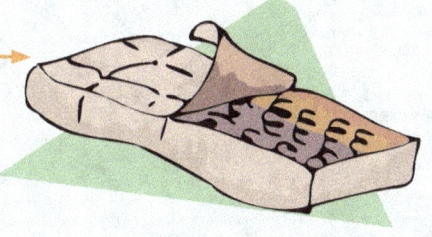

blan·ket	بْلانْكِت	حرام/ بطانية
quilt	كْ وِلْت	لحاف
bed·spread	بَد سْپْ وْرَد	فَرشة الفراش
night·stand	نـايْت سْتـانْد	طاولة لمبة/ كومدية
night lamp	نـايْت لامْپ	مصباح ليلي/ لمبادير/ لمبة
a·larm clock	ألـىٰم كْلـىٰك	ساعة منبهة
dress·er	دْ وْرَسـَ	دولاب ملابس
draw·er	جْ وْرىٰر	مَجر في الدولاب
van·i·ty	ڤـانـَديـي	دولاب مع مرآة
mir·ror	مِ وْرَ	مرآة

Inside Homes

jew·els	جـوولْز	مجوهرات
jew·el·ry box	جوو وْريي بـْىكْسْ	صندوق مجوهرات
clos·et	كْلْىٰزِت	دولاب ملابس مبني بالبيت
walk-in clos·et	وىكْ نْ كْلْىٰزِت	دولاب ملابس واسع
clothes	كْـلـوز	ملابس
close	كْـلـوز	يغلق

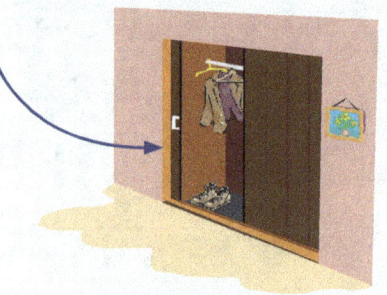

ward·robe	وو وْرْد وْروب	مجموعة ملابس
coat hang·er	كـوت هَنْگَ	علاقة ملابس
per·fume	پـ وْرْفْيـوم	عِطر
co·logne	كْـلـون	عطر مخفف/ قولونية
mon·ey	مَنْيي	نقود
man·y	مَنْيي	عدة
are	ىٰ	فعل مساعد أو فعل الكينونة

Inside Homes

الإستمرار بنموذج رقم 6

اقرأ أو اقرأوا سوياً شفوياً في الصف ناطقين كل جملة خمس مرات وبصوت عالٍ ودائماً ركزوا على النطق:

أنا عندي   آي هــاڤ/آيْڤ   6. I hav*e*:

I **hav***e* a sheet.
I **hav***e* three sheet**s**.
I **hav***e* a bed.
I **hav***e* a pi*l*·low.
I **hav***e* fou*r* pi*l*low·cas**es**.
I **hav***e* man·y quilt**s**.
I **hav***e* two ni*gh*t·stand**s**.
I **hav***e* six draw·e*r***s**.
I **hav***e* mi*r*·ro*r***s**.
I **hav***e* two clos·et**s**.
I **hav***e* man·y coat hang·e*r***s**.
I **hav***e* som*e* co·logn*e*.
I **hav***e* a·larm clock**s**.
I **hav***e* two jew·el·ry box·**es**.
I **hav***e* man·y ma*t*·tress·**es**.
I **hav***e* clo*th*e**s**.

I **hav***e* one sheet.
I **hav***e* man·y sheet**s**.
I **hav***e* man·y bed**s**.
I **hav***e* two pi*l*·low**s**.
I **hav***e* fiv*e* blan·ket**s**.
I **hav***e* man·y bed·sprea*d***s**.
I **hav***e* one lamp.
I **hav***e* a van·i·ty.
I **hav***e* lots of jew·el**s**.
I **hav***e* a walk-in clos·et.
I **hav***e* som*e* per·fum*e*.
I **hav***e* an a·larm clock.
I **hav***e* man·y a·larm clock**s**.
I **hav***e* a ma*t*tress.
I **hav***e* mon·ey.

اتركوا الأقلام جانباً واقرأوا بصوت عالٍ.

Inside Homes

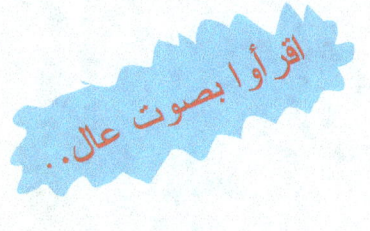

6. I have → I have → I've   آي هــاف/ آيْڤ   أنا عندي

I've a sheet.	I've one sheet.
I've three sheets.	I've many sheets.
I've a bed.	I've many beds.
I've a pil·low.	I've two pil·lows.
I've four pillow·cases.	I've five blan·kets.
I've man·y quilts.	I've man·y bed·spreads.
I've two night·stands.	I've one lamp.
I've six draw·ers.	I've a van·i·ty.
I've mir·rors.	I've lots of jew·els.
I've two clos·ets.	I've a walk-in clos·et.
I've man·y coat hang·ers.	I've some per·fume.
I've some co·logne.	I've an a·larm clock.
I've a·larm clocks.	I've man·y a·larm clocks.
I've two jew·el·ry box·es.	I've a mat·tress.
I've man·y mat·tress·es.	I've mon·ey.
I've clothes.	

راجع

من الآن وصاعدا راجعوا النقطة التاسعة عشر من تعليمات هذا الكتاب **بعد** كل مجموعة من الجمل في نموذج جديد حتى وإن لم يُطلب منكم ذلك.

نموذج رقم 8

اقرأ أو اقرأوا سوياً شفوياً في الصف ناطقين كل جملة خمس مرات وبصوت عال ودائماً ركزوا على النطق:

8. These are: ذييز ىَ هؤلاء هم

These are box·es.

These are books.	These are sheets.
These are beds.	These are pil·lows.
These are lamps.	These are draw·ers.
These are mir·rors.	These are glass·es.
These are dish·es.	These are box·es.
These are match·es.	

9. Those are: ذوز ىَ أولائك هم (للبعيدين)

Those are box·es.

Those are books.	Those are sheets.
Those are beds.	Those are pil·lows.
Those are lamps.	Those are draw·ers.
Those are mir·rors.	Those are glass·es.
Those are dish·es.	Those are couch·es.
Those are box·es.	Those are watch·es.

احفظ نموذج الجملة المعينة وليس الجملة نفسها.

1.5. Ba·by Room	بيْبيي وْرووم	غرفة الطفل
crib	كـْ وْرِب	مهد
bas·si·net	بـاسِنت	سلة الطفل
cra·dle	كـْ وْرَيْدِل	مهد الطفل الهزاز/ ديدية
play·pen	پلـَيْ پن	قفص لعب الطفل
toys	تـويْز	لـُعَبْ
rat·tle	وْرادِل	خشخاشة/ خرخاشة
ted·dy bear	تديي بـيَ	دُب من قماش
ba·by for·mu·la	بـَيْبيي فـو مِلا	حليب أطفال

ba·by bot·tle	بـَيْبيي بـىٰدِل	بُطـُل أطفال للحليب
pac·i·fi·er	پاسِفــايَ	مصاصة أطفال
hu·mid·i·fi·er	هْيـومِدَفايَ	مُرطبة جَو
bib	بِب	صدرية أطفال
walk·er	وىٰكَ	عربة التدريب على المشي
stroll·er	ستـْ وْرولَ	عربة أطفال
high·chair	هـاي چيْ وْر	كرسي طعام للطفل
car seat	كـىٰ سـيـيت	مقعد أطفال في السيارة
di·a·per	دايْپَ	حفاظ الطفل

Inside Homes

الإستمرار بنموذج رقم 6

اقرأ أو اقرأوا سوياً شفوياً في الصف ناطقين كل جملة خمس مرات وبصوت عال ودائماً ركزوا على النطق:

I **had** toy**s**.	I **had** crib**s**.
I **had** ba*s*·si·net**s**.	I **had** cra·dle**s**.
I **had** play·pen**s**.	I **had** ra*t*·tle**s**.
I **had** te*d*·dy bea**rs**.	I **had** twen·*t*y ba·by bo*t*·tle**s**.
I **had** man·y pac·i·fi·e**rs**.	I **had** ei*gh*t bib**s**.
I **had** nin*e* di·a·pe**rs**.	I **had** wa*lk*·e**rs**.
I **had** stroll·e**rs**.	

I had toy**s**.
I had stroll·e**rs**.
I had wa*lk*·e**rs**.

1.6. Bath·room	بـــاث وْرووم	الحمام
bath·room sink	باث وْرووم سِنْك	مغسلة الحمام
bath·tub	بـــاث تـَءَب	حوض الحمام
toi·let	تـــويْلِت	تواليت
toi·let pa·per	تـــويْلِت پـَيْپـَ	ورق تواليت
tow·el	تـــاوِل	منشفة/ منديل
wash·cloth	ويْش كلـــىْث	لوفة/ منديل صغير
show·er	شاوِ	مَرَشة الاغتسال/ دوش
show·er cur·tains	شـاوِ كِـوْرْتِـنْز	ستائر الحمام

bath·room rugs	بـــاث وْرووم رءَگْز	بساط على ارض الحمام
med·i·cine cab·i·net	مَدِسِن كابِنـَت	دولاب الأدوية
vi·ta·mins	ڤـــايْدَمِـنْـز	فيتامينات
sham·poo	شـــامْپـــوو	شامبو
soup	ســـووپ	حساء
soap	ســـوپ	صابون
hair con·di·tion·er	هَـيْـ كِنْدِشِـنَـ	مُلطف الشَعر

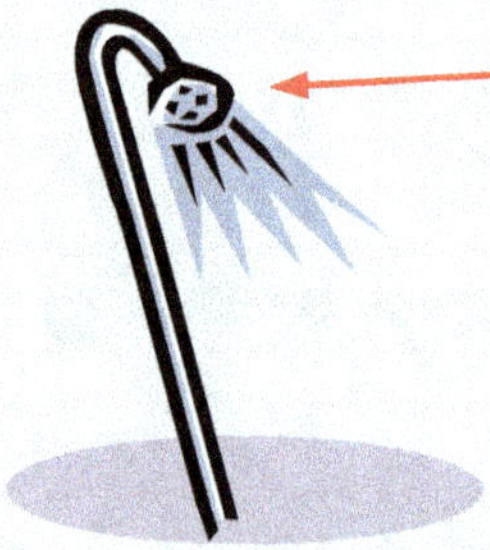

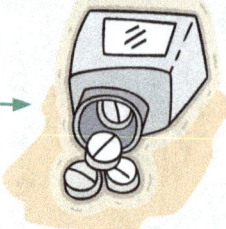

tooth·brush	تــووث بـْوْرَش	فرشة أسنان
tooth·paste	تووث پـَيْسْت	معجون أسنان
mouth·wash	مــاوْث وىٰش	مُطهر الفم
den·tal floss	دَنـِل فـْلـىٰص	خيط أسنان
tooth·picks	تــووث پِكْس	عِوَد أسنان
ra·zor	وْرَيْزَ	ماكينة حلاقة

ra·zor·blade	وْرَيْزَ بـْلـَيْد	موس الحلاقة
e·lec·tric ra·zor	إيـيلـَكْتـْ وْرِك وْرَيْزَ	ماكينة حلاقة كهربائية
shav·ing cream	شــَيْڤـِن كـْ وْريــيم	معجون حلاقة
af·ter·shave	آفـْتــَ شــَيْڤ	قولونية حلاقة
bath oil	بــاث ءويَل	زيت الجسم بعد الحمام

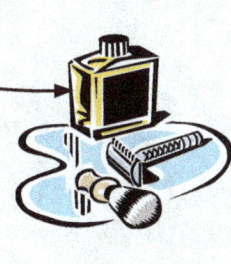

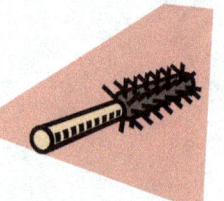

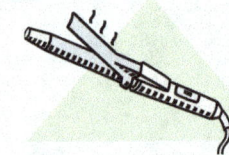

com*b*	كـــوم	مشط
hai*r*·brush	هَـيْ بْـوْرَش	فرشة شعر
hai*r* dri·*er*	هَـيْ جْـوْرايَـ	مجفف شعر
cu*r*l·ing i·ron	كِـلِنْ آيْ وْرِن	مُجَعِّد للشعر/ فير
hai*r* spray	هَيْ سْپْوْرَي	بخاخ للشعر
mak*e*·up	مَـــيْك عَپ	ماكياج

lo·tion	لـــوشِن	مرطب وجه وجسم
pair o*f* *s*cis·so*r*s	پَـيْوْر أَ سِزَز	المقص وهو عدد زوجي
pair o*f* tweez·e*r*s	پَـيْوْر أَ تْوِييْزَز	الملقط وهو عدد زوجي
nail cli*p*·pe*r*s	نَـــيْل كْلِپَـ ز	مقرضة أظافر
de·o·dor·ant	ديي ءودْ وْرِنْت	مزيل الروائح الكريهة
some	صَمْ	بعض

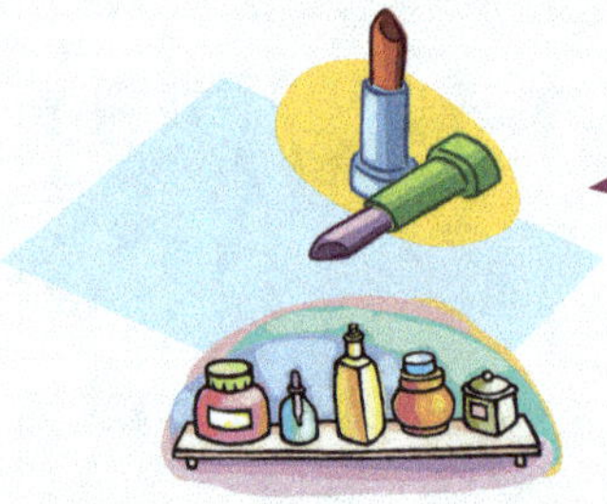

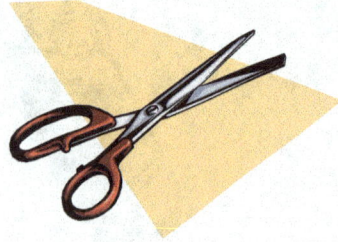

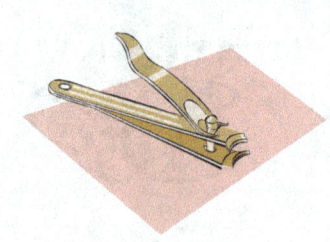

نموذج رقم 10

اقرأ أو اقرأوا سوياً شفوياً في الصف ناطقين كل جملة خمس مرات وبصوت عال ودائماً ركزوا على النطق:

10. I will own: أنا سوف امتلك آي وِل عون

I will own a sink.

I will own a toi·let.

I will own some toi·let pa·pers.

I will own thir·ty wash·cloths.

I will own rugs.

I will own a bath·tub.

I will own a cab·i·net.

I will own tow·els.

I will own a show·er cur·tain.

I will own vi·ta·mins.

10. I will own → I ~~will~~ own → I'll own: أنا سأمتلك آيْل عون

I'll own a sink.

I'll own a toi·let.

I'll own some toi·let pa·pers.

I'll own e·lev·en wash·cloths.

I'll own rugs.

I'll own a bath·tub.

I'll own a cab·i·net.

I'll own tow·els.

I'll own a show·er cur·tain.

I'll own vi·ta·mins.

I'll own a rug.

نموذج رقم 11

اقرأ أو اقرأوا سوياً شفوياً في الصف ناطقين كل جملة خمس مرات وبصوت عال ودائماً ركزوا على النطق:

11. I will buy: آيْ وِل بـــاي أنا سوف أشتري

I will buy soap.
I will buy con·di·tion·*er*.
I will buy mouth·wash.
I will buy shav·ing cream.
I will buy mak*e*·up.
I will buy hai*r*·spray.

I will buy a pair o*f* tweez·e*r***s**.
I will buy hai*r*·brush·**es**.
I will buy tooth·pick**s**.
I will buy razo*r*·blade**s**.

I will buy sham·poo.
I will buy tooth·past*e*.
I will buy den·*t*al floss.
I will buy bath oil.
I will buy lo·tion.
I will buy de·o·dor·ant.

I will buy a pair o*f* scis·so*r***s**.
I will buy tooth·brush·**es**.
I will buy ra·zo*r***s**.
I will buy a com*b*.

11. I will buy → I ~~will~~ buy → I'll buy: آيْل بـــاي أنا سأشتري

I'll buy soap.
I'll buy con·di·tion·*er*.
I'll buy mouth·wash.
I'll buy shav·ing cream.
I'll buy mak*e*·up.
I'll buy hai*r*·spray.

I'll buy a pair o*f* tweez·e*r***s**.
I'll buy hai*r*·brush·**es**.
I'll buy tooth·pick**s**.
I'll buy razo*r*·blade**s**.

I'll buy sham·poo.
I'll buy tooth·past*e*.
I'll buy den·*t*al floss.
I'll buy bath oil.
I'll buy lo·tion.
I'll buy de·o·dor·ant.

I'll buy a pair o*f* scis·so*r***s**.
I'll buy tooth·brush·**es**.
I'll buy ra·zo*r***s**.
I'll buy a com*b*.

1.7. Laun·dry Room	لـىٰنْدْ وْريي وْرووم	غرفة الغسيل
wash·ing ma·chin*e*	واشِنْـ مَشيـين	غسالة ملابس
laun·dry de·ter·gent	لـىٰنْدْ وْريي دِ تـَ وْرجِنْت	صابون الغسيل
bleach	بْلـيـيچ	قاصر
buck·et	بـءَكِت	دلو/ سطل
broom	بـْ وْرووم	مكنسة
dus*t*·pan	دَصدْ پـان	كارفة قمامة

laun·dry bas·ket	لـىٰنْدْ وْريي باسْكِت	سلة ملابس
vac·u·*u*m clean·e*r*	ڤـاكْيووم كْليـيـنـَ	مكنسة كهربائي
rug	وْرءَگ	سجادة غير مثبتة
rag	وْراگ	خرقة
mop	مـىٰپ	ممسحة أرض
map	مـاپ	خريطة
plun·ge*r*	پْلَنْـجَ	مكبسة لفتح مجرى الماء

راجع

كافة نماذج الجمل المدروسة لحد الآن، وردد كل نموذج في جملة واحدة أو أكثر:

1 This is
2 That is
3 I see
4 I need
5 I want
6 I hav*e*
7 I had
8 Thes*e* are
9 Those are
10 I will own
11 I will b*u*y

الإنكليزية لمتكلمي العربية 39 للمؤلفة كاميليا صادق

1.8. Fam·i·ly Room	فامِلِــيي وْرووم	غرفة جلوس العائلة
sew·ing ma·chine	سَونْ مَشـيـين	ماكينة خياطة
nee·dle	نيـيدِل	إبرة
thread	ثْـوْرَد	خيط
thim·ble	ثِمْبِل	كشتبان
straight pin	سْتْـوْرَيْت پِنْ	دبوس مستقيم
pen	پَــن	قلم

safe·ty pin	سَيْفْـتيي پِــن	دبوس ذو رأسين
tape meas·ure	تَـيْپ مَــژَ	شريط القياس
ma·te·ri·al	مَـتيي وْرِيَل	قماش
eye·glas·ses	آي گْلاسِز	نظارات نظر
sun·glas·ses	صَن گْلاسِز	نظارات شمسية

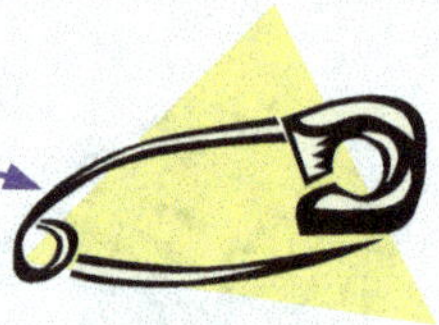

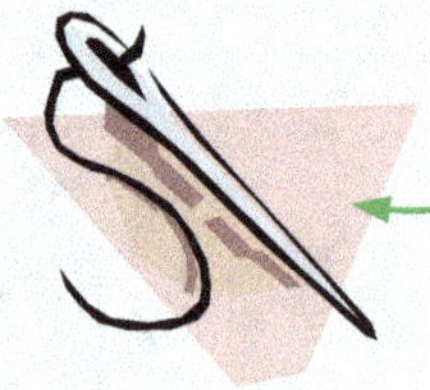

cat	كَــات	قطة
dog	دىَگ	كلب
fish tank	فِــش تَــانْك	حوض سمك
books	بُكْس	كُتُب
book·shelf	بُك شَــلْف	رف لوضع الكتب

نموذج رقم 11

اقرأ أو اقرأوا سوياً شفوياً في الصف ناطقين كل جملة خمس مرات وبصوت عال ودائماً ركزوا على النطق:

I'll buy: آيْل بـــاي أنا سأشتري

I'll buy a sew·ing ma·chine.
I'll buy thread.
I'll buy safe·ty pins.
I'll buy books.
I'll buy nee·dles.
I'll buy a thim·ble.
I'll buy a pair of glas·ses.
I'll buy a book·shelf.

تناوب الطالبان: الطالب الأول يُردد عشر جُمل والثاني يصغي له دون مقاطعة ودون تصحيح. وعلى الزميل أن يشجع الآخر، ويسكت ويصغي للآخر والآخر إليه دون أن يتدخل أحدهما في كلام الآخر.

1.9. Of·fice	ىٰفِـس	مكتب
com·put·er	كَمْپْيـودَ	جهاز الحاسوب
mon·i·tor	مـىٰنِتَ	شاشة الحاسوب
key·board	كيي بـو د	لوحة المفاتيح
mouse	مـاوْس	محرك السهم
flop·py disk	فلىٰپيي دِسْك	قرص لخزن المعلومات
com·put·er desk	كَمْپْيودَ دَسْك	رَحْلة الحاسوب
CD-ROM	سيي ديي وْرعَم	اسطوانة لخزن المعلومات
print·er	پْ وْرِنَ	ناسخة من الحاسوب للورق
scan·ner	سْكـانَ	ناسخة من ورقة إلى الحاسوب
fax ma·chine	فاكْس مَشيـن	ناسخة من تلفون لتلفون آخر

cal·en·dar	كـالِنْدَ	تقويم
brief·case	بْ وْرييف كَـيْس	حقيبة موظف
pen·cil	پَنْسِل	قلم رصاص
pen·cil sharp·en·er	پَنْسِل شىٰپِنَ	آلة لحد القلم
e·ras·er	إيي وْرَيْسَ	مَحّاية
rul·er	وْرولَ	مسطرة

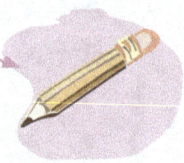

stap·l*er*	سْتَــيْپْلَ	كابسة ورق
pap*er*·clip	پَـيْپَ كْلِپ	ماسكة ورق
thumb·tack	ثَمْ تــاك	دبوس كابس في الحائط
sco*t*ch tap*e*	سْكىٰچ تَــيْپ	شريط لاصق
not*e*·book	نــوت بُك	دفتر
piece *o*f pa·p*er*	پيـيس أ پـيْپَ	ورقة

e·lec·tron·ic *or*·gan·iz·*er*	إلَـكْتْـوْرِك ءو گَـنايْزَ	مُنظِمة الكترونية
spell·check·*er*	سْپِل چـَكَ	مصححة إملاء
fil*e*	فــايَل	ملف
comput*er* fil*e*	كَمْپْيوودَ فــايَل	ملف في الحاسوب
fold·*er*	فــولْدَ	مجموعة من ملفات
www: **W***o*rldwide **W**eb	ووو لْد وايْد وَب	شبكة الاتصالات العالمية

Inside Homes

نموذج رقم 12

اقرأ أو اقرأوا سوياً شفوياً في الصف ناطقين كل جملة خمس مرات وبصوت عال ودائماً ركزوا على النطق:

12. I saw: آي سـىٰ   أنا رأيت

I saw a com·put·er.
I saw a prin*t*·er.
I saw a key·boa*r*d.
I saw a fax ma·chin*e*.
I saw a map.
I saw a pen.
I saw a piec*e* of pa·per.
I saw an e·lec·tron·ic o*r*·gan·iz·er.

I saw a desk.
I saw a mon·i·to*r*.
I saw a mous*e*.
I saw a cal·en·da*r*.
I saw a brief·cas*e*.
I saw a not*e*·book.
I saw an e·ras·er.
I saw an e·lec·tron·ic spell·check·er.

I saw the rul·er.
I saw the pa·per·clips.
I saw the sco*t*ch tap*e*.

I saw the sta·pler.
I saw the thum*b*·tacks.

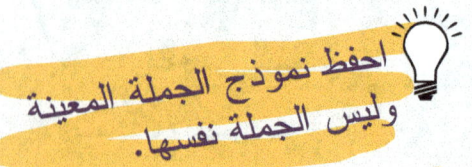

احفظ نموذج الجملة المعينة وليس الجملة نفسها.

I saw the ......
I saw the ......
I saw the ......

1.10. Yard	يــَىْد	حديقة
grass	گْ وْراس	حشيش
lawn	لــَىْن	حشيش وعشب اخضر
lawn·mow*er*	لــَىْن مــو	مكنة قص الحشيش
rak*e*	وْرَيْك	كــارفة حشيش وأعشاب
flow·*er*s	فْلاوَ ز	زهور
plants	پْلانـتْس	نباتات أو زرع

trees	چْوْريـيز	أشجار
branch·es	بْوْرانْچِز	أغصان
leav*e*s	ليــيْفْـز	ورق الشجر
grap*e* leav*e*s	گْ وْرَيْپ ليــيْفْـز	ورق الدوالي
grap*e*·vine	گْ وْرَيْپ فــايْن	قمرية عنب/ دوالي
wa·*ter* hose	وىْرَر هــوز	خرطوم/ صونده
pic·nic ta·ble	پِكْنِك تَـيْبِل	مائدة الحديقة

Inside Homes

swing	سوِنگ	أُرجوحَة
lawn chair	لَـىٰن چيَْ	كرسي الحديقة
shov·el	شـَـڤِـل	رَفش/ مِسحاء
swim·ming pool	سوِمِنْ پـوول	مسبح
vol·ley·ball	ڤـىٰليي بـــىٰل	كرة الطائرة
soc·cer	صـىٰكَ	كُرة القدم

foot·ball	فُت بـىٰل	كرة اليد الأمريكية
bas·ket·ball net	باسكِت بىٰل نت	شبكة كرة السلة
base·ball bat	بـَيْز بىٰل بـات	مضربة كرة القاعدة
Ping-Pong ta·ble	پِنگ پونگ تـَيْبِل	طاولة كرة المنضدة
bar·ral	بَيْوْرِل	برميل

نموذج رقم 13

اقرأ أو اقرأوا سوياً شفوياً في الصف ناطقين كل جملة خمس مرات وبصوت عال ودائماً ركزوا على النطق:

13. I like آي لايْك أنـــا ارغب

I like this grass.
I like this lawn·mower.
I like this grape·vine.
I like this pic·nic ta·ble.
I like this lawn chair.
I like this swim·ming pool.
I like this soc·cer ball.
I like this base·ball bat.

I like this lawn.
I like this rake.
I like this wa·ter hose.
I like this swing.
I like this shov·el.
I like this vol·ley·ball.
I like this bas·ket·ball net.
I like this Ping-Pong ta·ble.

I like these flow·ers.
I like these trees.
I like these grape leaves.

I like these plants.
I like these branch·es.

1.11. Ga·rage	گِـوْرىْژ	كراج
ve·*hi*·cle	ڤيـيـيـَكـلِ	عربة
car	كـىٰ	سيارة
truck	چْـوْرءَك	شاحنة/ لوري
trail·*er*	تْـوْرَيْلَـ	عربة جرارة/ كـارفان
boat	بـوت	قارب

bi·cy·cle	بـايْسِكِل	دراجة هوائية
grill	گْـوْرِل	شواية فحم
bar·be·cue	بْـىٰبَكْيـوو	شواية فحم كبيرة/ الشوي
hi·ba·chi	هَبـاچـيي	شواية فحم صغيرة
char·coal	چـىٰكـول	فحم
char·coal ligh*t*·*er*	چـىٰكـول لاَيْدَ	وقود الفحم
fish·ing pol*e*	فِشِنْ پـول	صنارة صيد السمك

tools	تـــوولـْز	عتلات
tool·box	تـوول بـىٰكـْس	صندوق عتلات
ham·mer	هــامَـ	مطرقة
ham·mer and sick·le	هــامَـ آن سِكـِل	المطرقة والمنجل
pli·ers	پـْلايـَز	كمّاشة
screw	سْكـْوْروو	برغي
screw·driver	سْكـْوْروو جـْوْرايڤـَ	مَفك/ درنفيس
wrench	وْرِنـْچ	مفتاح البرغي
bench	بـَنـْچ	مصطبة/ تخت

suit·case	ســووت كـَـيْس	حقيبة سفر
pic·ture al·bum	پـْكـْچـَ آلـبـُم	البوم الصور
box·es	بــىٰكـْسِز	صناديق
card·board box	كـىٰد بـو د بـىٰكـْس	صندوق كارتون
car·ton of milk	كــىٰتـِن أ مـِلـْك	كارتون حليب
play·ing cards	پـْلـَـيءِنـْ كــىٰدْز	ورق لعب
back·gammon	بـاك گــامـَن	لعبة الطاولي
chess set	چـَس سـَت	طقم الشطرنج
work·out e·quip·ments	وو ك آوْت إكـْوِپـْمـَنـْتـْس	آلات رياضية

نموذج رقم 14

اقرأ أو اقرأوا سوياً شفوياً في الصف ناطقين كل جملة خمس مرات وبصوت عال ودائماً ركزوا على النطق:

I do not → I do nǫt → I don't: آي دونْت/ آي دونْ   أنا لا/ أنا ليس
14. I do not have (I don't have):   ليس عندي/ لا أملك

I don't have a car.	I don't have a truck.
I don't have a trail·er.	I don't have a boat.
I don't have a bi·cy·cle.	I don't have a grill.
I don't have a ham·mer.	I don't have a screw·driver.
I don't have a tool·box.	I don't have a suit·case.
I don't have a pic·ture.	I don't have a pitch·er.
I don't have a box.	I don't have a card·board box.
I don't have have a chess set.	I don't have a pic·ture al·bum.

I don't have a ham·mer.
I don't have a tool·box.
I don't have a pic·ture.

طالب يتكلم وطالب يصغي له !

Inside Homes

ردد باستمرار واحفظ نماذج الجمل وليس الجمل نفسها!

I do not have any (I don't have any): ليس عندي أي

I don't have any cars.   I don't have any trucks.

I don't have any Ping-Pong ta·bles.   I don't have any trail·ers.

I don't have any boats.   I don't have any bi·cy·cles.

I don't have any grills.   I don't have any tools.

I don't have any ham·mers.   I don't have any screw·drivers.

I don't have any suit·cases.   I don't have any bench·es.

I don't have any pic·tures.   I don't have any al·bums.

I don't have any box·es.   I don't have any card·board box·es.

I don't have any play·ing cards.   I don't have any chess sets.

I don't have any car·tons of cig·a·rettes.

وصولك لهذه الصفحة من القراءة هو تقدم كبير جد ذاته.

Inside Homes

؟اختبار

▶ Answer the following questions:

1. How many vowels are there in Arabic?
2. What are the three long Arabic vowels?
3. What are the three short Arabic vowels?
4. How many vowels are there in English?
5. State the five English vowels in the correct order.
6. What do italic letters (حرف مائل) mean in this book?
7. What do dots inside English words mean in this book?
8. What is the meaning of the word "syllable"?
9. Divide these Arabic words into syllables:

10. Divide these English words into syllables:

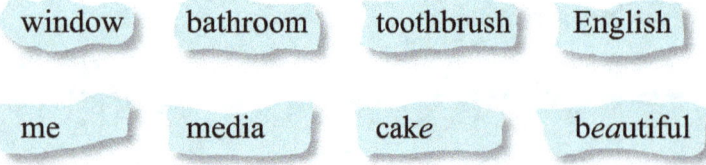

الامتحان التحريري الأول

اكتب عشر جمل أو أكثر لكل من هذه النماذج من الجُمل المدروسة. أي اكتب ما مجموعه 140 جملة أو أكثر متذكرا بأن تبدأ كل من هذه الجمل البسيطة بحرف كبير Capital letter وتنهيها بنقطة.

1. This is
2. That is
3. I see
4. I need
5. I want
6. I have
7. I had
8. These are
9. Those are
10. I will own
11. I will buy
12. I saw
13. I like
14. I don't have

امتحان شفوي

ردد عشر جمل أو أكثر لكل نموذج من الجُمل المكتوبة أعلاه. أي ردد ما مجموعه 140 جملة أو أكثر بصوت عال وواضح. لو لم يسنح الوقت للمعلم أن يستمع لكل الطلبة، فمن الأفضل أن يسجل كل طالب ما يردده على شريط كاسيت ويعطيه للمعلم لتقيم صوت الطالب وسلاسته وسرعته في ترديد هذه الجمل.

إن عملية تعلم النماذج في اللغة تشبه عملية بناء البيت حجر فوق حجر، والنموذج الواحد هو بمثابة حجر في عملية بناء البيت.

حين تحقق سلاسة في أي نموذج معين، تكون قد وضعت حجراً لا يتزحزح في الذاكرة.

he.. go.. ..do.. eat..
I'll buy a sew·ing ma·chine.
I'll buy nee·dles.
I'll buy a thim·ble.
اقرأوا بصوت عال.
احفظ نموذج الجملة المعينة وليس الجملة نفسها.
I am speaking English.
اتركوا الأقلام جانباً واقرأوا بصوت عال.

الفصل الثاني
الأســـــــرة

The Family

الفاظ ومعان واستخدام 35 مفردة

The Fam·i·ly	ذَ فامِلِيي	الأسرة
kin	كِن	قرابة
rel·a·tives	وْرَلَـتِـڤْـزْ	أقارب
par·ents	پـَـيْ وْرِنْـتْـس	الأبوين

fa·ther	فــى ذَ	أب
moth·er	مـذَ	أم
broth·er	بـْ وْرَذَ	أخ
sis·ter	سِـسْـتَ	أخت
sib·lings	سِـبْـلِـنْـگْـزْ	الإخوة والأخوات

son	صـَن	الابن
daugh·ter	دىٰرَر	الابنة
mother-*in*-law	مـَذْوْر نْ لـىٰ	حَماة
father-*in*-law	فـىٰذَوْر نْ لـىٰ	حَمُو
brother-*in*-law	بْـوْرَذَوْر نْ لـىٰ	أخ أَحد الزوجين
sister-*in*-law	سِسـْتـَوْر نْ لـىٰ	أخت أحد الزوجين
son-*in*-law	صـَن نْ لـىٰ	ختن/ زوج الإبنة
daugh*t*er-*in*-law	دىٰرَر نْ لـىٰ	كنة/ زوجة الابن

neph·*e*w	نـَفْـيـوو	ابن الأخ أو الأخت
niec*e*	نـيـيْس	ابنة الأخ أو الأخت
gran*d*·father/gran*d*·pa	گـْوْرانْ فـىٰذَ	جَد
gran*d*·mother/gran*d*·ma	گـْوْرانْ مَـذَ	جَدَة
un·cle	ءُنـْكِل	عم أو خال
aunt	ىٰنـْت	عمة أو خالة

gran*d*·son	گْ وْرانْ صَنْ	حفيد
gran*d*·daug*ht*er	گْ وْرانْ دىْرَر	حفيدة
great-gran*d* parents	گْ وْرِيْت گْ وْران پـِ وْرِنـْتْس	آباء الأجداد
c*o*us·in	كـَءَزِن	ابن أو ابنة العم أو الخـال
hus·band	هَـزْبِـنْـد	زوج

wif*e*	وايْف	زوجة
fi·an·cé	فيـي آنـْسَـي	خطيب
fi·an·cée	فيـي آنـْسَـي	خطيبة
ex-husband	أكْس هَـزْبِـنْـد	الزوج السابق
ex-wif*e*	أكْس وايْف	الزوجة السابقة

نموذج رقم 15

اقرأ أو اقرأوا سوياً *شفوياً* في الصف ناطقين كل جملة خمس مرات وبصوت عال ودائماً ركزوا على النطق:

15. I love: آي لَڤ   أنا أحب

I **love** my par·ents.   I **love** my fa·ther.

I **love** my moth·er.   I **love** my broth·er.

I **love** my sis·ter.   I **love** my son.

I **love** my daugh·ter.   I **love** my neph·ew.

I **love** my niece.   I **love** my grand·father.

I **love** my grand·ma.   I **love** my un·cle.

I **love** my aunt.   I **love** my cous·in.

Chapter Three

الفصل الثالث

التسوُّق

ألفاظ ومعان - واستخدام
230 مفردة

Grocery Shopping

Grocery Shopping	تسوق المواد المنزلية	
3.1. Meats	لحوم	62
3.2. Produce	منتجات زراعية	64
3.3. Dairy Products	ألبان	77
3.4. Frozen Food	مأكولات مُجَمَّدَة	79
3.5. Nuts	مكسَّرات كالجوز الخ	80
3.6. Dried Food	مأكولات مجففة	82
3.8. Condiments	مقبلات	85
3.9. Other Goods	حاجيات أخرى	86
3.10. Detergents	مطهرات	89
3.11. Paper Products	منتجات ورقية	90

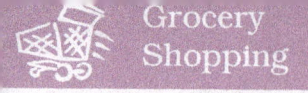

3.1. Meats	ميـيـتـْس	لحوم
gro·cer·y stor*e*	گـْ وْروسَـ وْريي سْتو	دكان/ بقالة
supe*r*·market	سوووپَـ مـىْكِت	سوق للمواد الغذائية
beef	بيـيـف	لحم بقر
ground beef	گـْ وْراونْد بيـيـف	لحم بقر مفروم
beef ste*w*	بيـيـف سْتـوو	لحم بقر مقطع للمرق
ribs	وْرِبْز	لحم الضلع
lam*b*	لام	لحم غنم
lam*b* shank	لام شَنْك	لحم زند غنم
veal chops	ڤيـيـل چـىْپْس	شرائح لحم عجل
goat meat	گـوت ميـيـت	لحم عنزة
liv·e*r*	لِـڤَـ	كبد/ معلاق

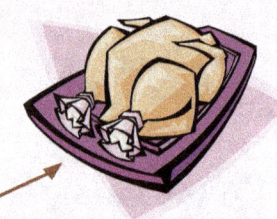

poul·try	پـولـتْ وْريي	لحوم دواجن
chick·en	چِكِن	دجاجة
co*r*·nish hen	كـو نِش هـَن	لحم حمامة
tu*r*·key	تـْ وْرْكيي	ديك رومي
sea·food	سـيي فـوود	مأكولات بحرية
fish	فِش	سمك
shrimp	شْ وْرِمْپ	ربيان
sa*l*m·on	ســامَن	سمك السلعون
tu·na fish	تــوونَه فِش	سمك ألتن

Grocery Shopping

نموذج رقم 16

اقرأ أو اقرأوا سوياً شفوياً في الصف ناطقين كل جملة خمس مرات وبصوت عال ودائماً ركزوا على النطق:

16. I went to: آي وَنْ تــوو   ذهبت إلى

I went to the store.
I went to the supermarket.
I went to the meat market.
I went home.

I went to the gro·cer·y store.
I went to the meat de·part·ment.
I went to the house.

نموذج رقم 17

اقرأ أو اقرأوا سوياً شفوياً في الصف ناطقين كل جملة خمس مرات وبصوت عال ودائماً ركزوا على النطق:

17. I bought: آي بــئــت   اشتريت

I bought some veal chops.
I bought some lamb shanks.
I bought some fish.
I bought some ground beef.
I bought some chick·en breasts.
I bought some cor·nish hens.
I bought lots of sea·food.

I bought some bar·be·cue ribs.
I bought some pork chops.
I bought some poul·try.
I bought some beef stew.
I bought some shrimps.
I bought a pound of salm·on.

She: شيي   هِيَ

She bought some ground beef.
She bought some goat meat.
She bought some fresh tu·na.
She bought a tur·key.

She bought some beef stew.
She bought some chick·en breasts.
She bought some cor·nish hens.

الإنكليزية لمتكلمي العربية   للمؤلفة كاميليا صادق

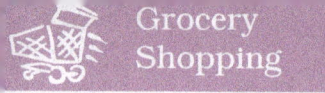

3.2. Pro·duc*e*	پْ وْرو دووس	منتجات زراعية
veg·e·ta·bles	ڤَـجْـتِـبُـلْـز	خضروات
fru*i*ts	فْ وْرووتْس	فواكه
a*p*·ple	آپِل	تفاحة
or·ang*e*	ىُوْرَنْج/ ءو وْرَنْج	برتقالة
grap*e*s	گْ وْرَيْپْس	عنب
grap*e*·fru*i*ts	گْ وْرَيْپ فْ وْرووتْس	كريفون/ سندي
lem·on	لَمِن	لَيمونة

lim*e*	لايْم	ليمونة خضراء
ba·nan·a	بَنانَ	موزة
pea*r*	پيَْ	عرموطة
peach	پييچ	خوخة
ap·ri·cot	أيْپِ وْرْگىُت	مشمشة

plum	پْلءَم	أجاصة
che*r*·ry	چَيْ وْريي	كرزة
straw·be*r*·ries	سْتْ وْرىُبَيْ وْرييْز	فراولة
ras*p*·be*r*·ries	وْرازبَيْ وْرييز	توت/ تُكي
blu*e*·be*r*·ries	بْلوو بَيْ وْرييز	توت أزرق
wa·*t*er·me·lons	وىُرَرمِلَنْز	بطيخ/ رَقي

Grocery Shopping

can·ta·loupes	كـانِـلـوپْس	بطيخ/ شمام
pump·kins	پـءَمْكِنْز	قرع كبير
In·di·an ap·ple	إنْدِيَن آپِل	رمانة
man·go	مانْگو	مانجو
pine·ap·ples	پـايْـناپِلز	أناناس
figs	فِگْز	تين
dates	دَيْتْس	تمر
rai·sins	وْرَيْزِنْز	زبيب

po·ta·toes	پُتَـيْدوز	بطاطس
to·ma·toes	تُمَـيْدوز	طماطم
on·ions	ءَنْـيَـنْز	بصل
green on·ions	گْ وْرِيـيْنْ ءَنْـيَـنْز	بصل أخضر
gar·lic	گـَـىلِك	ثوم

clove of gar·lic	كْلوڤ أڤ گـَـىلِك	فص ثوم
of	أڤ	مِن
off	ءَف	إبطال
let·tuce	لِدَس	خس
ro·maine let·tuce	وْر ومَـيْنْ لِدَس	خس عربي
cu·cum·bers	كْـيـووكـءَمْبَـرْ	خيار

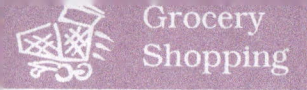

pick·ling cu·cum·bers	پِكْلِنْ كْيــووكـءَمْـبَـز	خيار طرشي
spin·ach	سْپِـنِـچ	سبانخ
cab·bage	كـابـِج	ملفوف/ لهانة
cau·li·flow·er	كـىٰليـيِفْلاوَ	قرنبيط
tur·nips	تـْ وْرْنـَپْـس	لفت/ شلغم
broc·co·li	بـْ وْرىٰكْليي	قرنبيط أخضر
beets	بيـيِـتْـس	شمندر/ شوندر
car·rots	كَـيْ وْرِتْـس	جزر

mush·rooms	مَـشْـ وْرووْمْز	فطِر
corn	كــو ن	ذرة
egg·plants	أگْ پْلانْـتْـس	باذنجان
squash/ zuc·chi·ni	سْكْوىٰش/ زُكيـيِـنيي	كوسة/ شِجَر
green beans	گـ وْريـيِن بيـيِـنْز	فاصوليا خضراء
fa·va beans	فــاڤــا بيـيِـنْز	فول

sweet peas	سْ ويـيـت پـيـيـز	بازليا
o·kra	عوكْ وْرا	باميا
black*eyed* peas	بْلاك آيْد پـيـيـز	لوبيا
green pep·*per*	گـ وْريـيـن پـپَـ	فلفل أخضر
red pep·*per*	وْرَد پـپَـ	فلفل أحمر
rad·ish	وْرادِش	فجل
par·sley	پـىٰسْلِيي	بقدونس
I·tal·ian par·sley	إتـالْيَن پـىٰسْلِيي	كرفس

mint	مِنْت	نعناع
bas·il	بَـيْزِل	ريحان
cel·er·y	سـَلَـ وْريي	كرفس كبير
leek	ليـيـك	كراذ
Swiss chard	سْوِّس چـىٰد	سلق

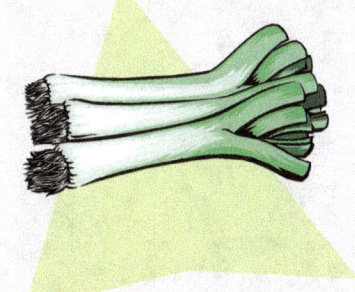

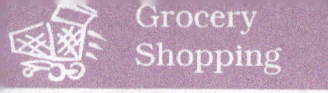

نماذج

من رقم 18 الى رقم 35

طبق خطوات كاميليا للتكلم بالإنكليزية
فوراً على كل نموذج بمعزل عن الآخر:

نموذج

18 I eat: آي إيـيـد أنا آكل

I eat veg·e·ta·bles.
I eat grap*e*s.
I eat ap·*ri*·cots.
I eat fru*i*ts.
I eat peach·es.
I eat plums.

اقرأوا بصوت عال عدة مرات:

نموذج

19 I don'*t* eat: آي دونْ إيـيـد أنا لا آكل

I don'*t* eat pea*r*s.
I don'*t* eat red pep·pe*r*s.
I don'*t* eat po*r*k.
I don'*t* eat In·di·an a*p*·ples.
I don'*t* eat co*r*n.

نماذج

نموذج 20 — I didn't eat: آي دِدِنْ إيـيد — أنا لن آكل بالماضي

I didn't eat po·ta·toes.
I didn't eat man·goes.
I didn't eat dates.
I didn't eat to·ma·toes.
I didn't eat figs.
I didn't eat rai·sins.

نموذج 21 — I will not eat: آي وِل نىٌد إيـيد — أنا سوف لا آكل

I will not eat the sweet peas.
I will not eat the black-eyed peas.
I will not eat the o·kra.
I will not eat the fa·va beans.

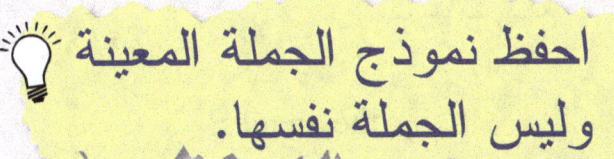

احفظ نموذج الجملة المعينة
وليس الجملة نفسها.

نموذج 21 — I won't eat: آي وونْ إيـيد — أنا سوف لا آكل

I won't eat the sweet peas.
I won't eat the black-eyed peas.
I won't eat the o·kra.
I won't eat the fa·va beans.

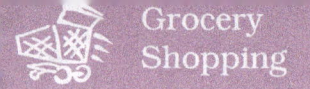

نماذج

اقرأوا بصوت عال عدة مرات.

نموذج

22 I ate: آي أيْد أنا أكلت

I ate a cher·ry.
I ate a blue·ber·ry.
I ate a ki·wi.
I ate can·*ta*·loupes.

I ate a straw·ber·ry.
I ate a rasp·ber·ry.
I ate wa·*ter*·mel·ons.

نموذج

23 I will cut: آي وِل كـَد أنا سوف أقطع

I will cut the ap·ple.
I will cut the or·ange.
I will cut some green beans.

I will cut the ap·ples.
I will cut the pears.

نموذج

23 I'll cut: آيْل كـَد أنا سأقطع

I'll cut the ap·ple.
I'll cut the or·ange.
I'll cut up some green beans.

I'll cut the ap·ples.
I'll cut the pears.

نماذج

نموذج 23

I won'*t* cut: آي وونْ كـَت أنا سوف لا أقطع

I won'*t* cut the *ap*·ple.
I won'*t* cut the or·*ange*.
I won'*t* cut green beans.
I won'*t* cut the *ap*·ples.
I won'*t* cut the pea*rs*.

I won't cut the ap·ple.
I won't cut the or·ange.
I won't cut green beans.

نموذج 24

I will chop: آي وِل چـي پ أنا سوف أفرم

I will chop green on·ions.
I will chop up the par·sley.
I will chop the cel·er·y.
I will chop up the gar·lic.

نموذج 24

I'll chop: آيْل چـي پ أنا سأفرم

I'll chop green on·ions.
I'll chop up the par·sley.
I'll chop the cel·er·y.
I'll chop up the gar·lic.

اقرأوا بصوت عال عدة مرات وانصتوا ودون مقاطعة لترديد زملائكم.

Grocery
Shopping

نماذج

اقرأوا بصوت عال عدة مرات.

نموذج 25

I will mash: آي وِل مــــاش أنا سوف أهرس

I will mash the po·ta·to·es. **I will mash** the gar·lic.

نموذج 25

I'll mash: آيْل مــــاش أنا سأهرس

I'll mash the po·ta·to·es. **I'll mash** the gar·lic.

I'll mash the gar·lic.

نموذج 26

I will dice: آي وِل دايْس أنا سوف أفرم ناعما جدا

I'll dice on·ions.
I'll dice to·ma·toes.
I'll dice some gar·lic.

اقرأوا بصوت عالٍ عدة مرات ثم انصتوا ودون مقاطعة لترديد زملائكم.

26 I'll dice: آيْل دايْس   أنا سأفرم ناعماً جداً

I'll dice an on·ion.   I'll dice gar·lic.
I'll dice a to·ma·to.

27 I'll shred: أنا سأبرش آي وِل شْـوْرَد

I'll shred a let·tuce.   I'll shred some cab·bage.
I'll shred car·rots.

28 I'll slice: آيْل سْلايْس   أنا سأقطع بشكل حلقات

I'll slice car·rots.   I'll slice two cu·cum·bers.
I'll slice a squash.   I'll slice the zuc·chi·ni.

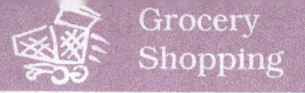

نماذج

نموذج

29 **I'll** toss: آيْل تـــىٰس سأقطع يدويا وأرمي بالصحن

I'll toss let·tuce.
I'll eat tossed sal·ad.
I'll toss spin·ach.

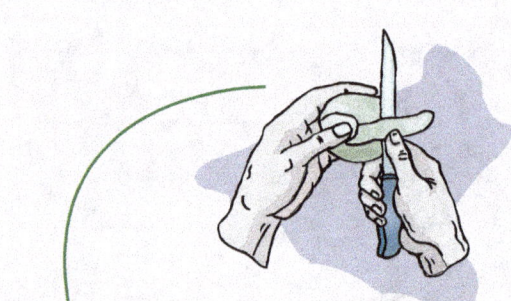

نموذج

30 **I'll** peel: آيْل پيـيل أنا سأقشر

I'll peel ba·nan·as.
I'll peel pine·ap·ples.
I'll peel grape·fruits.
I'll peel ap·ples.
I'll peel or·anges.

نموذج

31 **I'll** squeeze: آيْل سْكوِيِيز أنا سأعصر الـ

I'll squeeze lem·ons.
I'll squeeze limes.

اقرأوا بصوت عالٍ وركزوا على النطق.

32 I'll wash: آيْل ويْش   أنا سأغسل

I'll wash the rad·ish·es: I'll wash the par·sley.
I'll wash the mint.   I'll wash the bas·il.
I'll wash the Swiss chard.

33 I'll cook: آيْل كُكْ   أنا سأطبخ

I'll cook some cab·bage.   I'll cook some tur·nips.
I'll cook some mush·rooms.   I'll cook some egg·plants.

I'll cook some shrimps.

34 I'll steam: آيْل ستْييم   أنا سأطبخ بالبخار

I'll steam some cau·li·flow·ers.   I'll steam some broc·co·li.
I'll steam some veg·e·ta·bles.

نماذج

اقرأوا بصوت عال وركزوا على النطق.

نموذج 35

I'll boil: آيْل بـــويَل أنا سأسلق أو أغلي

I'll boil some corn.
I'll boil some wa·*t*er.
I'll boil some veg·e·ta·bles.

راجع

كافة نماذج الجمل المدروسة لحد الآن، وردد كل نموذج في جملة أو أكثر.

1 This is	2 That is	3 I see
4 I need	5 I want	6 I have
7 I had	8 These are	9 Those are
10 I will own	11 I will buy	12 I saw
13 I like	14 I don't have	15 I love
16 I went to	17 I bought	18 I eat
19 I don't eat	20 I didn't eat	21 I will not eat
22 I ate	23 I will cut	24 I will chop
25 I will mash	26 I will dice	27 I will shred
28 I will slice	29 I will toss	30 I will peel
31 I'll squeeze	32 I'll wash	33 I'll cook
34 I'll steam	35 I'll boil	

وصولك لهذه المرحلة ممتاز!

3.3. Dair·y Prod·ucts	دَيْ وْريي پْـ وْرىٰدَكـْتـْس	ألبان
milk	مِلْك	حليب
low fat **milk**	لــو فــات مِلْك	حليب قليل الدسم
non·fat **milk**	نىٰن فــات مِلْك	حليب بدون دسم
ha*l*f & ha*l*f **milk**	هــاف ن هــاف مِلْك	حليب مركز الدسم
but*·t***er**	بَرَر	زبد
mar·ga·rin*e*	مــىٰجْ وْرِن	دهن نباتي
chees*e*	چـــييِز	جبن
co*t*·tag*e* chees*e*	كــىٰدِج چـييِز	جبن مختر
whi*p*p*e*d cream	هـْوِپْت كـْ وْرييِم	قشطة مطروقة
sou*r* cream	ساوِ كـْ وْرييِم	كريم مُحمض
yo·gu*r*t	يــوگَ ت	لبن/ روب
egg	أگ	بيضة

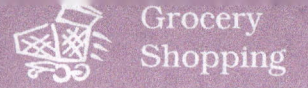

نماذج

نموذج

36 Bring me: بـْوْرِنـْگ ميـي اجلب لي

Bring me the **m**ilk pleas*e*!
Bring me the yo·gu*r*t pleas*e*!
Bring me the mar·ga·rin*e* pleas*e*!
Bring me the low fat milk pleas*e*!
Bring me the bu*t*·*t*er pleas*e*!
Bring me the food pleas*e*!

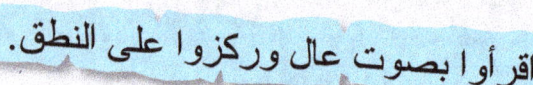

اقرأوا بصوت عال وركزوا على النطق.

نموذج

37 I broug*h*t the: آي بـْوْرِيْـد ذَ أنا جلبت الـ

I broug*h*t the milk.
I broug*h*t the yo·gu*r*t.
I broug*h*t the mar·ga·rin*e*.
I broug*h*t the low fat milk.
I broug*h*t the bu*t*·*t*er.
I broug*h*t the co*t*·tage chees*e*.

I broug*h*t the milk.

نموذج

38 I didn'*t* bring: آي دِدِنْ بـْوْرِنـْگ أنا لم أجلب

I didn'*t* bring the eggs.
I didn'*t* bring the yo·gu*r*t.
I didn'*t* bring the chees*e*.
I didn'*t* bring the sou*r* cream.
I didn'*t* bring the dip.

Grocery Shopping

3.4. Fro·zen Food	فْ وْروزِن فــوود	مأكولات مُجَمَّدَة
fro·zen veg·e·ta·bles	فْ وْروزِن فَــجْـتِـبُـلْـزْ	خضروات مُجمدة
fro·zen meats	فْ وْرزِن مــيــيْـتْس	لحوم مُجَمَدة
fro·zen des·serts	فْ وْروزِن دِزِ تْس	حلويات لما بعد الطعام مجمَّدة
fro·zen jui·ces	فْ وْروزِن جــوسِز	عصير مجمد
ice cream	آيْس كْ وْريـيم	آيس كريم/ بوظة/ دوندرمه
TV din·ners	تــيڤــي دِنـَز	وجبات جاهزة مجمدة

نماذج

نموذج 39

Take:	تَـيْـك	خذ
Take out:	تَـيْـك آوت	اخرِج

Take the ice cream **out** of the freez·er please!

Take the fro·zen veg·e·ta·bles **out** of the freez·er please!

Take the fro·zen meat **out** of the freez·er please!

Take the des·sert **out** of the freez·er please!

Take the fro·zen juice **out** of the freez·er please!

Take the TV din·ner **out** of the freez·er please!

Take out all the food please!

3.5. Nuts	نـعَتس	مكسّرات كالجوز والبندق، الخ
wal·nut	وىٰل نـعَت	جوز
pe·cans	پـيـيكـىٰنْز	جوز أمريكي
a*l*·mond	ىٰمـىٰنْد	لوزة
ha·zel·nut	هَـيـيزِل نـعَت	بندقة
ches*t*·nut	چِسْ نـعَت	كستناء
pea·nut	پيي نـعَت	فول سوداني
co·co·nut	كـوكـو نـعَت	جـوزة الهند
pis·ta·chi·o	پِـسْـتَـاشْـيـوو	فستق

cash·*ew*	كـاشْـيـوو	فستق حلو / كازو
pum*p*·kin·seeds	پَـعَمْكِن سـيـيدْز	بزر قرع
sun·flow·*er* seeds	صَنْ فْلاوَ سـيـيدْز	بزر / لب عباد الشمس
flax·seeds	فْلاكْس سـيـيدْز	بزر كتان
nut·crack·*er*	نـعَت كْـرَاكَ	كاسرة الجوز

Grocery Shopping

نماذج

اقرأوا بصوت عال عدة مرات ثم انصتوا ودون مقاطعة لترديد زملائكم.

نموذج 40

I used: آي يـــووزْد أنا استعملت

I used the nut·crack·*er* to break the wal·nuts.

I used the nut·crack·*er* to break the pe·cans.

I used the nut·crack·*er* to break the *al*·monds.

I used the nut·crack·*er* to break the ha·zel·nuts.

I used the nut·crack·*er* to break the bra·zil nuts.

I used the nut·crack·er to break the wal·nuts.

نموذج 41

I didn't use: آيدِدِن يـــووزْ أنا لم أستعمل

I didn'*t* use the nut·crack·*er* to o·pen the pis·ta·chi·oes.

I didn'*t* use the nut·crack·*er* to o·pen the ches*t*·nuts.

I didn'*t* use the nut·crack·*er* to o·pen the pea·nuts.

I didn'*t* use the nut·crack·*er* to o·pen the co·co·nuts!

I didn'*t* use the nut·crack·*er* to o·pen the pum·pkin·seeds.

I didn'*t* use the nut·crack·*er* to o·pen the sun·flow·*er* seeds.

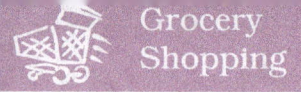

3.6. Dri*e*d Food	جْـ وْرايْد فـــوود	المأكولات المجففة
beans	بيينْز	بقوليات
north·e*r*n beans	نـــو ذِنْ بـــييـنْز	فاصوليا بيضاء يابسة
li·ma beans	لايْمَه بـــييـنْز	فاصوليا بيضاء عريضة
kid·ney beans	كِدْني بـــييـنْز	فاصوليا حمراء
fa·va beans	فـــاڤـــا بـــييـنْز	فول/ باقلاء
gar·ban·zo beans	گـــىٰبانْزو بـــييـنْز	حمص
len·*t*ils	لِنْتِلْس	عدس
ric*e*	وْرايْس	رُز

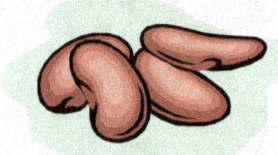

noo·dles	نـــوودِلْز	شعرية
egg noo·dles	أگ نـــوودِلْز	شعرية ناعمة
mac·a·ro·ni	مـــاكَـوْروني	معكرونه
spa·g*h*e*t*·ti	سْپَـگَـدِيي	معكرونه طويلة/ سبكيري
pop·co*r*n	پـىٰپ كـو ن	فشار
figs	فِگْز	تين مجفف
prunes	پْـوْروونْز	مشمش مجفف
rai·sins	وْرَيْزِنْز	زبيب

نماذج

42 I made: آي مَــيْد أنا صنعت أو سويت

I made mac·a·ro·ni.

I made spa·ghet·ti.

I made pop·corn.

I made rice.

I made chick·en noo·dle soup.

I made len·til soup.

I made some four bean soup and used north·ern beans, li·ma beans, kid·ney beans, and gar·ban·zo beans.

3.7. Spices & Herbs	سْپايْسِز نْ إوْرْبْز	بهارات وأعشاب
all·spice	ؤل سْپـايْس	كافة البهارات مخلوطة
black pep·per	بْلاك پَپَر	فلفل أسود
red pep·per	وْرَد پَپَر	فلفل أحمر حار/شطه
cur·ry pow·der	كُـوْريي پــاوْدِر	كاري
meat ten·der·iz·er	مــيـيت تَنْدَوْرايْزَر	مُنعس للحم

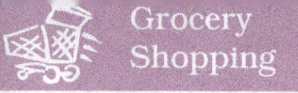

نماذج

اقرأوا بصوت عال وركزوا على النطق.

نموذج

43 I use: آي يـــوز أنا استعمل

I use all·spice in my cook·ing.

I use black pep·per in my cook·ing.

I use red pep·per in my cook·ing.

I use cur·ry pow·der in my cook·ing.

I use meat ten·der·iz·er in my cook·ing.

I use salt and pep·per in my cook·ing.

I use milk in my cook·ing.

نموذج

44 I used to: آي يـــوزدْ تــوو أنا كنت

I used to use: آي يـــوزْ تــوو يـــووز أنا كنت أستعمل

I used to use all·spice in my cook·ing.

I used to use black pep·per in my cook·ing.

I used to use red pep·per in my cook·ing.

I used to use cur·ry pow·der in my cook·ing.

I used to use meat ten·der·iz·er in my cook·ing.

I used to use sea·soned salt in my cook·ing.

I used to use salt and pep·per in my cook·ing.

Grocery Shopping

3.8. Con·di·ments	كَىٰنْدِمِنْتْس	مقبلات
pick·les	پِكِلْز	مخلل/ طرشي
ol·ives	یٰلِڤْز	زيتون
mus·tard	مَصتَرد	خردل
ke*tch*·up	كَچّ عَپ	كج أب طماطم
may·*on*·nais*e*	مَيَنَيْس	مَيونيس

ol·ive oil	یٰلِڤْ ءویَل	زيت الزيتون
vin·e·gar	ڤِنِگَر	خل
sal·ad dress·ing	سالَد دْوَرَسِنْ	صلصة سلطة
bar·be·cue sauc*e*	بىٰبْكْيوو صىٰص	صلصة للمشويات
steak sauc*e*	سْتَيك صىٰص	صلصة

اقرأوا بصوت عال وركزوا على النطق.

مراجعة نموذج رقم 43

  **43**   I use: آي يـووز   أنا استعمل

I use pick·les **in my** sand·wich.   **I use** ol·ives **in my** sand·wich.
I use rel·ish **in my** sand·wich.   **I use** mus·tard **in my** sand·wich.
I use ke*tch*·up **in my** sand·wich.   **I use** may·*on*·nais*e* **in my** sand·wich.
I use ol·ive oil **in my** sal·ad.   **I use** vin·e·gar **in my** sal·ad.
I use sal·ad dress·ing **in my** sal·ad.   **I use** bar·be·cue sauc*e* <u>**on**</u> **my** chick·ens.
I use steak sauc*e* <u>**on**</u> **my** steak.

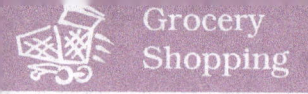

3.9. Other Goods	أذَ گُدْز	حاجيات أخرى
bre*a*d	بْ وْرَد	خبز
flou*r*	فْـــلاوَ	طحين
bak·ing pow·de*r*	بَيْكِنْ پـاوْدِ	باودر عجن العجينة
bak·ing so·da	بَـيْكِنْ صـــودا	مادة للعجن
yeast	ييـــيْسْت	خميرة

cak*e* mix	كَـيْك مِكْس	خليط الكيك الجاهز
sug·a*r*	شُـگَ	سُكر
hon·ey	هَـنِيي	عسل
jam	جـــام	مربى مهروسة
je*l*·ly	جَلـــيي	مربى

Jell-O	جَل عو	جلي
pu*d*·ding	پُدِنْ	كستر
can·dy	كـــانْدِيي	چُكليت ونستلة
can·dy bar	كـــانْدِيي بـــىٰ	قطعة نستلة ملفوفة/ حَلوىٰ
choc·*o*·lat*e*	چِـىٰكْلِت	شوكو لاتا/ نستلة

pi*e*	پـاي	فطيرة
cook·ie	كُكيي	بسكويت
cup·cak*e*	كـعَب كَـيْك	كيك صغير بحجم الكوب
mu*f*·fins	مـعَفِنْز	كيك صغير ملفوف بورق
ba·gel	بَـيْگِل	كعكة/ سميط

crois·*s*ant	كْ وْروووسىٰنْت	كرسنت
roll	وْرول	خبز صغير مدور / صمون
do·nuts	دونـعَتْس	معجنات مدورة
bak·la·va	پـاكْـلـَـڤـا	بقلاوة
tea	تيي	شاي

cup o*f* co*f*·fee	كـعَب أَ كـىٰفيي	كوب قهوة
jar	جـىٰ وْر	شيشة
fru*i*ts *i*n cans	فْ وْرووتـس إنْ كـانْز	فاكهه معلبة
veg·e·ta·bles in cans	ڤـَجْـتـِبـُلـْز إنْ كـانْز	خضار معلبة
beans in cans	بيينْز إنْ كـانْز	بقوليات معلبة
ca*n*ned soup	كـانْدْ سووپ	حساء معلب
to·ma·to past*e*	تُمَيْدو پَيْسْت	معجون طماطم
to·ma·to sauc*e*	تُمَيْدو صـىٰص	طماطم مستخلصة

Grocery Shopping

اقرأوا بصوت عال وركزوا على النطق.

نموذج 44   We baked: ويي بَيْكْد   نحن خبزنا

We baked bread.   We baked cake.
We baked rolls.   We baked cook·ies.
We baked muf·fins.

نموذج 45   We drank: ويي جْرانْك   نحن شربنا

We drank tea.   We drank cof·fee.
We drank milk.   We drank wa·ter.

رددوا واحفظوا نموذج الجملة المعينة وليس الجملة نفسها.

نموذج 46   We ate: ويي أيْد   نحن أكلنا

We ate bread and jam.   We ate pea·nut but·ter and jel·ly sand·wiches.
We ate JellO.   We ate pud·ding.
We ate can·dy.   We ate a can·dy bar.
We ate some choc·o·late pie.   We ate cook·ies.
We ate cup·cakes.   We ate muf·fins.
We ate ba·gels.   We ate do·nuts.
We ate bak·la·va.

3.10. De·ter·gents	دِتِـ وِرْجِنتْس	مطهرات
soap	سـوپ	صابون
wash·ing pow·der	وىشِنِـ پـاوْدَ	صابون الغسيل
bleach	پلييچ	قاصر
a·mo·ni·a	أمونيا	منظف الأرض
fab·ric soft·en·er	فـابْ وْرِك سىفِنَ	منعس غسيل
ov·en clean·er	ءَڤِـن كليينَ	منظف أوفن
de·greas·er	ديي گْ وْرييسَ	مذيب الدهون

نماذج

نموذج

47 We have: ويي هـاف نحن عندنا

We have hand soap in *th*e bath·room.
We have bod·y wash in *th*e bath·room.
We have liq·uid soap in *th*e bath·room.

نموذج

48 un·de*r*: ءَنْدَ تحت

We hav*e* wash·ing pow·de*r* **un·de*r*** the sink.
We hav*e* bleach **un·de*r*** the sink.
We hav*e* fab·ric sof*t*·en·e*r* **un·de*r*** the sink.
We hav*e* a·mo·ni·a **un·de*r*** the sink.
We hav*e* ov·en clean·e*r* **un·de*r*** the sink.
We hav*e* some de·greas·e*r* **un·de*r*** the ki*t*ch·en sink.

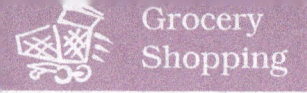

3.11. Pa·*per* pro·ducts	پـــيْپـَ پـْ وْرىٰدَكـْتـْس	منتجات ورقية
pa·*per* plat*es*	پـــيْپـَ پـْلـَيْتـْس	صحون ورقية
toi·let pa·pe*r*	تـوِيْلِت پـــيْپـَ	ورق التواليت
pa·*per* nap·kins	پـــيْپـَ نـاپْكِنـْز	مناديل ورقية
ti*s*·sue pa·pe*r*	تِشـــوو پـــيْپـَ	مناديل ورقية شفافة
san·i·tar·y nap·kins	سانِـتـَيْ وريي نـاپْكِنـْز	مناديل معقمة

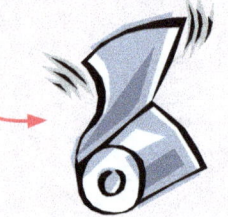

plas·tic fo*r*k	پـْلاسـْتِك فـــوك	شوكة بلاستك
plas·tic bags	پـْلاسـْتِك بـــاگـْز	أكياس بلاستك
plas·tic wrap	پـْلاسـْتِك وْراپ	لفاف بلاستك
trash bags	تـْ وْراش بـــاگـْز	أكياس للقمامة
a·lu·mi·num foil	ألـُمـِنـَم فـــويَـل	ورق سلوفين
sty·ro·foam cup	سـْتـايْ وْرَفـــوم كـءَپ	كوب فلين
straw	سـْتـْ وْرىٰ	قصبة

نماذج

نموذج

49 We went: ويي وَنْت نحن ذهبنا

We went gro·cer·y shop·ping.
We went to the fish mar·ket.
We went shop·ping.
We went to the meat mar·ket.
We went to the fruit mar·ket.

gro·cer·y shop·ping

نموذج

50 We bought: ويي بـــىٔت نحن اشترينا

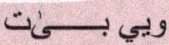

We bought pa·per plates.
We bought nap·kins.
We bought toi·let pa·pers.

اقرأوا بصوت عال عدة مرات ثم انصتوا ودون مقاطعة لترديد زملائكم.

نموذج

51 We didn't buy: ويي دِدِنْ بـــاي نحن لم نشتر

We didn't buy plas·tic forks.
We didn't buy a·lu·mi·num foil.
We didn't buy straws.
We didn't buy trash bags.
We didn't buy cups.

احفظ نموذج الجملة المعينة
وليس الجملة نفسها.

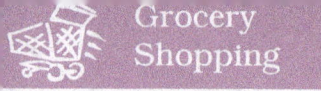

Grocery Shopping

نماذج

نموذج

52 Zaid went: زَيْد وِنْت زيد ذهب

Zaid went gro·cer·y shop·ping.
Zaid went to the fish mar·ket.
Zaid went to the meat mar·ket.
Zaid went shop·ping.

نموذج

53 Zaid bought: زَيْد بــىٰـد زَيد اشترىٰ

Zaid bought plates.
Zaid bought nap·kins.
Zaid bought toi·let pa·pers.

اقرأوا سوياً وبصوت عال وبنغمة واحدة.

Zaid didn't buy forks.
Zaid didn't buy a·lu·mi·num foil.
Zaid didn't buy straws.

نموذج

54 Zaid didn't buy: زَيْد دِدِنْ باي زَيد لم يشتري

Zaid didn't buy forks.
Zaid didn't buy a·lu·mi·num foil.
Zaid didn't buy straws.
Zaid didn't buy trash bags.
Zaid didn't buy cups.

نماذج

نموذج

55 He went: هيي وَنْت هو ذهبَ

He went gro·cer·y shop·ping.
He went to the fish mar·ket.
He went shop·ping.
He went to the meat mar·ket.
He went to the fruit mar·ket.

نموذج

56 He bought: هـيي بـىٰد هو اشترى

He bought pa·per plates.
He bought toi·let pa·pers.
He bought tis·sue pa·pers.
He bought pa·per tow·els.
He bought pa·per nap·kins.

نموذج

57 He didn't buy: هيي دِدِنْ بـاي هو لم يشتر

He didn't buy plas·tic forks.
He didn't buy a·lu·mi·num foil.
He didn't buy straws.
He didn't buy trash bags.
He didn't buy cups.

تهانينا
إذا وصلت في القراءة لهذه
المرحلة فستكون عديت
نصف النماذج.

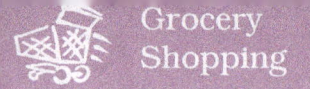
Grocery Shopping

NO forced memorization is needed: Memorization can take place in a natural way. You need not waste energy forcing yourself to memorize. Do not study harder, study smarter. Follow all the instructions given to you, and you will naturally acquire the ability to speak in a very short time.

راجع كافة نماذج الجمل المدروسة لحد الآن، وردد كل نموذج في جملة أو أكثر:

1	This is	2	That is	3	I see
4	I need	5	I want	6	I hav*e*
7	I had	8	Thes*e* are	9	Thos*e* are
10	I will own	11	I will b*u*y	12	I saw
13	I lik*e*	14	I don'*t* hav*e*	15	I lov*e*
16	I wen*t* to	17	I bou*gh*t	18	I eat
19	I don'*t* eat	20	I didn'*t* eat	21	I will not eat
22	I at*e*	23	I will cut	24	I will chop
25	I will mash	26	I will dic*e*	27	I will sh*re*d
28	I will slic*e*	29	I will toss	30	I will peel
31	I'll squee*z*e	32	I'll wash	33	I'll cook
34	I'll steam	35	I'll boil	36	Bring me
37	I brou*gh*t the	38	I didn'*t* bring	39	Tak*e* out
40	I us*e*d	41	I didn'*t* use	42	I mad*e*
43	I us*e*	44	I us*e*d to	45	We drank
46	We at*e*	47	We have	48	und*e*r
49	We went	50	We bou*gh*t	51	We didn'*t* b*u*y
52	Zaid went	53	Zaid bou*gh*t	54	Zaid didn'*t* b*u*y
55	He went	56	He bou*gh*t	57	He didn'*t* b*u*y

Grocery Shopping

الامتحان التحريري الثاني

اكتب عشر جمل أو أكثر لكل من هذه النماذج من الجُمل المدروسة. أي اكتب ما مجموعه 430 جملة أو أكثر متذكراً بأن تبدأ كل جملة بحرف كبير Capital letter وتنهيها بنقطة:

15. I love	16. I went to
17. I bought	18. I eat
19. I don't eat	20. I didn't eat
21. I will not eat	22. I ate
23. I will cut	24. I will chop
25. I will mash	26. I will dice
27. I will shred	28. I will slice
29. I will toss	30. I will peel
31. I'll squeeze	32. I'll wash
33. I'll cook	34. I'll steam
35. I'll boil	36. Bring me
37. I brought the	38. I didn't bring
39. Take out	40. I used
41. I didn't use	42. I made
43. I use	44. I used to
45. We drank	46. We ate
47. We have	48. under
49. We went	50. We bought
51. We didn't buy	52. Zaid went
53. Zaid bought	54. Zaid didn't buy
55. He went	56. He bought
57. He didn't buy	

امتحان شفوي

ردد عشر جمل أو أكثر لكل من نماذج الجُمل المكتوبة أعلاه. أي ردد ما مجموعه 430 جملة أو أكثر بصوت عال وواضح. لو لم يسنح الوقت للمعلم أن يستمع لكل الطلبة، فمن الأفضل أن يسجل كل طالب ما يردده على شريط كاسيت ويعطيه للمعلم لتقييم صوت الطالب وسلاسته وسرعته في ترديد هذه الجمل.

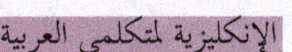

Grocery Shopping

إن عملية تعلم النماذج في اللغة تشبه عملية بناء البيت حجر فوق حجر، والنموذج الواحد هو بمثابة حجر في عملية بناء البيت.

124	125	126	127	
116	117	118	119	
108	109	110	111	
100	101	102	103	
92	93	94	95	
84	85	86	87	

74	75	76	77	78
64	65	66	67	68
54 Zaid didn't b*uy*	55 He went	56 He boug*h*t	57 He didn't b*u*y	58
44 I us*e*d to	45 We drank	46 We at*e*	47 We have	48 und*e*r
34 I'll steam	35 I'll boil	36 Bring me	37 I brought the	38 I didn't bring
24 I will chop	25 I will mash	26 I will dic*e*	27 I will shred	28 I will slic*e*
14 I don't have	15 I lov*e*	16 I wen*t* to	17 I bough*t*	18 I eat
1 This is	2 That is	3 I see	4 I need	5 I want	6 I have	7

ENGLISH FO...
النماذج

كيفية حفظ معاني ولفظ الكلمات الجديدة

ليبدأ كافة طلبة الصف في بداية كل درس جديد أولاً- بالقراءة الجماعية للكلمات الجديدة سوية وفي نغمة موحدة مع تأكيد المعلم على سلامة لفظ كل كلمة. ثم إعادة القراءة الجماعية الشفوية، خمس مرات أو أكثر، إلى أن يتأكد المعلم بأنه لم يبق طالب في الصف إلا وتعلم **لفظ وقراءة** كل الكلمات. ثم يبدأ الطلبة بحفظ معاني الكلمات الجديدة حيث يقوم المعلم بتقسيم الطلبة إلى مجموعات groups متكونة من طالبين في كل مجموعة، وعلى الطلبة أن ينتقلوا من مقاعدهم لتكوين مجموعاتهم إذا اقتضت الحاجة. سيحفظ الطالب معاني ولفظ هذه الكلمات الجديدة بعد **قراءتها شفويا** بالإنكليزية خمس مرات أو أكثر ثم يراجع الكلمات مع زميله إلى أن يتذكر معانيها. عادة، يتمكن الطالب من حفظ معاني الكلمات الجديدة بعد تركه للقلم وإحلاله القراءة الشفوية، بصوت عال، محل الكتابة.

Chapter Four

الفصل الرابع

سوق الملابس

The Mall

ألفاظ ومعان
واستخدام
55
مفردة

The Mall	ذَ مـــىٰل	مُجَمَع/ سوق الملابس
clo*thes* shop*p*·ping	كـْلــوز شــىٰپِـنْ	تَـسَوق الملابس
clo*thes*	كـْلــوز	ملابس
shop*p*·ping cen·*ter*	شـــىٰپِـنْ سَـنـَ	سوق
mall	مـــىٰل	سوق الملابس
su*i*t	ســووت	طقم ملابس
dress	دْ وْرَس	فستـــان
shirt	شِـ وْرْت	قميص
T-shirt	تــيي شِـ وْرْت	قميص قطني خفيف
swe*a*t·shirt	سْــوَّت شِـ وْرْت	قمــيص قطني سميك

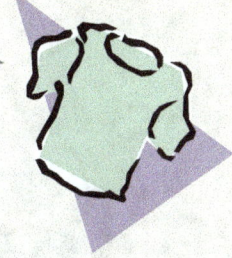

blous*e*	بْلاوْز	بلوز
jack·et	جاكِت	سترة
swe*a*t·er	سْوَدَّ وْر	قميص صوفي
blaz·*er*	بْلَيْزَ	جاكيت صوفي مفتوح من الأمام
coat	كوت	معطف
three-quar·*ter* coat	¾ كوت	معطف ¾

sleeves	سْليڤْز	الأكمام
short sleeves	شورت سْليڤْز	أكْمَام قصيرة
vest	ڤَسْت	جيليه/ يلَگ/ صُدَيْري
hat	هات	قبعة
tie	تاي	رباط عُنق
col·l*ar*	كَلِه	ياقة

belt	بَلْت	حزام
zip·per	زِپَ	سَحاب/ سِستة
gloves	گْلَـڤْز	كفوف
pants/ slacks	پـانْتْس/ سْلاكْس	بنطلون
stretch pants	سْتْرَچ پـانْتْس	بنطلون مطاطي
bell·bot·toms	بَل بـىٰدُمْز	بنطلون چارلستن
skirt	سْكِرْت	تنورة

slip	سْلِپ	قميص تحتي/ أتـگ
socks	صـاكْس	جوارب
pant·y·hose	پانيي هـوز	جوارب نايلون/ قولون
stock·ings	صتـىٰكِنْزْ	جوارب نايلون
knee-highs	نيي هـايْز	جوارب نايلون لحد الركبة
thigh-highs	ثـاي هـايْز	جوارب نايلون لحد الفخذ
robe	وْروب	روب
rope	وْروپ	حَبِل

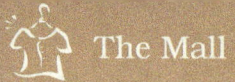

bath·robe	بـــاث وْروب	روب حمام
night·gown	نــايْت گـــاوْن	دشداشة/ گلابية
py·ja·mas	پِجـامَز	بجامة
swim suit	سْوِمّ ســـووت	مايو سباحة/ جسوه
bath·ing suit	بَـيْذِنْ ســـووت	مايو سباحة/ جسوه

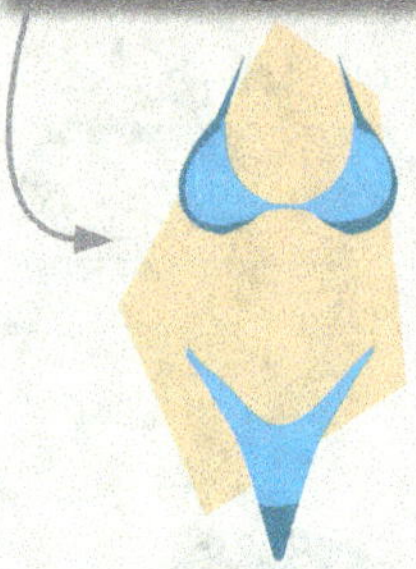

a pair of shoes	أ پـَيْ وَرْ أ شـــووز	زَوج من الأحذية
a pair of boots	أ پـَيْ وَرْ أ بــووتـس	زوج بوتس
a pair of slip·pers	سْـلِـپَز	زوج شبشب/ نعال
sneak·ers	سْـنـيـيـكَز	حذاء خفيف/ كاله
gym shoes	جِم شـــووز	حذاء رياضة
high heels	هـــاي هـيـيـلـز	حذاء ذات كعب عال
purse	پـءَ وْرْس	حقيبة نسائية
wal·let	ويَـلِـت	محفظة/ جزدان

اقرأوا هذه الـ نماذج بصوت عال:

نموذج

58 They went: ذَي وَنْت هم ذهبوا

They went shop·ping.
They went to the mall.
They went to Det·roit.
They went home.
They went to a shop·ping cen·ter.
They went to school.
They went to the house.

نموذج

59 They tried: ذَي جْـوْرايْد هم حاولوا
They tried on: ذَي جْـوْرايْد ئَن هم جربوا وقاسوا الملابس

They tried on suits.
They tried on shirts.
They tried on sweat·shirts.
They tried on jack·ets.
They tried on blaz·ers.
They tried on dress·es.
They tried on T-shirts.
They tried on blous·es.
They tried on sweat·ers.
They tried on coats.

نموذج

60 We tried on: ويـي جْـوْرايْد ئَن نحن قسنا

We tried on lots of suits.
We tried on lots of ¾ coats.
We tried on lots of hats.
We tried on lots of belts.
We tried on lots of pants.
We tried on lots of dress·es.
We tried on lots of vests.
We tried on lots of ties.
We tried on lots of gloves.
We tried on lots of slacks.

الإنكليزية لمتكلمي العربية 103 للمؤلفة كاميليا صادق

نماذج

اقرأوا سوياً وبصوت عال وبنغمة واحدة.

نموذج

61 I tri*e*d on: آي جْـوعرايْد ئن — أنا قِست

I tri*e*d on man·y stre*t*ch pants.	**I tri*e*d on** man·y skirts.
I tri*e*d on man·y slips.	**I tri*e*d on** man·y bath·ing su*i*ts.
I tri*e*d on man·y pairs o*f* shoes.	**I tri*e*d on** man·y boots.
I tri*e*d on man·y sli*p*·pe*r*s.	**I tri*e*d on** man·y sneak·e*r*s.
I tri*e*d on man·y pairs o*f* gym shoes.	**I tri*e*d on** man·y hig*h* heels.

نموذج

62 I did not → I did n~~o~~t → I didn'*t* try: آي دِدِنْ جْـوْراي — أقِسْ

I didn'*t* try on the socks.	**I didn'*t* try on** the pan*t*·y·hos*e*.
I didn'*t* try on the stock·ings.	**I didn'*t* try on** the *k*nee-hig*h*s.
I didn'*t* try on the thig*h*-hig*h*s.	**I didn'*t* try on** the rob*e*.
I didn'*t* try on the bath·rob*e*.	**I didn'*t* try on** the nig*h*t·gown.
I didn'*t* try on the py·ja·mas.	

احفظ نموذج الجملة المعينة وليس الجملة نفسها.

Chapter Five

الفصل الخامس

المطعم

The Restaurant

الفاظ ومعان واستخدام 65 مفردة

The Res·*tau*·rant	ذَ وْرَسْتـ ْوْرىٰنْت	المطعم
men·u	مَنْيوو	قائمة المأكولات في المطعم
or·*der*	عو وْرْدَه	طَلَب
wait·*er*	وَيْدَه	نادل
wait·ress	وَيْجْ وْرَس	نادلة
cook	كُك	طباخ/ طباخة

bill	بِل	قائمة الحساب
tip	تِپ	إكرامية/ بقشيش
bre*ak*·fast	بْ وْرَكْفَسْت	وجبة الفطور
lunch	لَءَنْچ	وجبة الغداء ظُهرا
lunch·tim*e*/ noon	نـــوون	الساعة 12 ظهرا

din·ner	دِنـَه	وجبة العشاء عصرا
soup	ســووپ	حساء/ شوربه
tossed sal·ad	تـــىسْد ســالـَـد	سَلطة اعتيادية
ap·pe·tiz·ers	آپـِتـايْزَ ز	مُقبلات
sand·wich	ســانـْدْوِچ	سندويجة
des·sert	دِزِ وْرْتْ	حلوى أو فاكهة لبعد الوجبة

soft drinks	ســى فْت دْ وْرِنْكْس	مشروبات غازية
car·ry·out food	كـَيْ وْرِيي آوْت فـوود	طعام سفري
food to go	فـوود تـوو گـو	طعام سفري
A·mer·i·can food	أمـَيـ وْرِكـَن فــوود	طعام أمريكي
ham·bur·ger	هــامْ بـُگـَ	هامبركر

French-fries	فـْ وْرَنـْچ فـْ وْرايْز	بطاطس طويلة مقلية
hash browns	هــاش بْـ وْراوْنـْز	بطاطس مسلوقة ثم مقلية
fried chick·ens	فـْ وْرايـْد چِكِنـْز	دجاج مقلي
mashed po·ta·toes	مــاشْت پـُتـَيْدوز	بطاطس مهروسة
steak	سْتـَيْك	ستيك
fried	فـْ وْرايـْد	مقلي

baked	بَـيْكْـدْ	مطبوخ على مهل/ مخبوز
baked bread	بَـيْكْـدْ بْـوْرَد	خبز مخبوز
broiled	بْـوْرويَـلْـدْ	مشوي/ مُحَمَر
broiled	بْـوْرويَـلْـدْ	مشولق/ مسكوف
char·coal	چـيْـكـول	فحم
char·broiled	چـيْ بْـوْرويَـلْـدْ	مشوي على الفحم

boiled	بـويَـلْـدْ	مسلوق/ مغلي
roast·ed	وْروسْـتِـدْ	مطبوخ في شواية دَوارة
steamed	سْـتِـيـمْـدْ	مطبوخ بالبخار
bar·be·cued	بـيْـبَـكـيـوود	مشوي على الفحم
baked po·ta·to	بَـيْكْـدْ پْـتَـيْـدو	بطـاطس مشوية

broiled fish	بْـوْرويَـلْـدْ فِـش	سمك مشوي/ مسـگـوف
sea·food	سيي فــوود	مأكولات بحرية
roast beef sand·wich	وْروسْـتْ بييف سـانْـدْوِچ	سندويجة لحم بقر
fast food	فــاسْـتْ فــوود	مأكولات سفرية سريعة
eth·nic food	أثْـنِـك فــوود	مأكولات عالمية

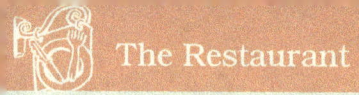

Chi·nese food	چـايْنييس فــوود	مأكولات صينية
Pol·ish sau·sage	پولِش صــىٰصِج	صوصج بولندي
piz·za	پـييتسـَه	بيزا
spa·ghet·ti	سْپَـگَديي	سبكيري
mac·a·ro·ni	ماكَ وْرونيي	معكرونه
rice with stew	وْرايْس وِذ سْتـوو	رز مع مرق/ دِمْعَه

shish ka·bob	شِش كَبــىٰب	تكه/ شقف
stuffed grape leaves	سْتـَـءَفْت كْوْرَيْپ لييڤـْز	دولمة/ ملفوف
chick·en cur·ry	چِكِن كـُوْريي	دجاج كاري
ta·co	تــاكو	تاكو مكسيكية
bur·ri·to	بـُوْرييدو	بُريدو مكسيكية

The Restaurant

نماذج

اقرأوا بصوت عال عدة مرات:

نموذج

63 May I: مَـي آي هل تسمح لي أن/ هل ممكن أن أنا

May I have a men·u please?
May I speak with the wait·ress please?
May I or·der lunch now?
May I place an or·der please?
May I leave the tip on the ta·ble?
May I speak with the wait·er please?
May I or·der break·fast now?
May I or·der din·ner now?
May I have the bill please?

نموذج

64 I'll have: آي ل هـــاف أنا سأتناول أو سآخذ

I'll have the soup of the day please.
I'll have an ap·pe·tiz·er please.
I'll have a soft drink please.
I'll have a des·sert to go please.
I'll have tossed sal·ad please.
I'll have a roast beef sand·wich please.
I'll have some tea please.

نموذج

65 I am going to have → I'm gon·na have: أنا سأتناول

I am go·ing to have a ham·bur·ger and French fries.
I am go·ing to have eggs and hash browns for break·fast.
I am go·ing to have chick·ens and mashed po·ta·toes for lunch.
I am go·ing to have steak and a baked po·ta·to for din·ner.

I am go·ing to or·der sea·food for my mom.
I am go·ing to or·der a tu·na sand·wich for my dad.
I am go·ing to or·der some car·ry·out food for my chil·dren.

نماذج

نموذج

66 Do you have: دوو يـوو هـاف هل لديكم أو هل لديك

Do you have A·mer·i·can food?	**Do you have** eth·nic food?
Do you have Chi·nese food?	**Do you have** piz·za?
Do you have spa·g*h*et·ti?	**Do you have** mac·a·ro·ni?
Do you have pol·ish sau·sag*e*?	**Do you have** ta·cos?
Do you have bu*r*·ri·tos?	**Do you have** shish ka·bob?
Do you have chick·en cu*r*·ry?	**Do you have** BBQ chick·ens?

قارن بين هذه الأصوات واقرأها عدة مرات:

ليس **u**n عَن	يمتلك **o**wn عون	على **o**n ءُن	فردة **a**n آن
كلّهُ *w*h**o**l*e* هـــول	ثقب h**o**l*e* هـــول	يُحمِل h**au**l هـــُل	قاعة h**a**ll هـــُل
اتصالات c**o**m كـــُم	هادئ c**a***l*m كـــُم	مشط c**o**m*b* كـــوم	

الإنكليزية لمتكلمي العربية 110 للمؤلفة كاميليا صادق

The Restaurant

راجع كافة نماذج الجمل المدروسة لحد الآن، وقل كل نموذج في جملة واحدة أو أكثر.

1 This is	2 That is	3 I see
4 I need	5 I want	6 I have
7 I had	8 These are	9 Those are
10 I will own	11 I will buy	12 I saw
13 I like	14 I don't have	15 I love
16 I went to	17 I bought	18 I eat
19 I don't eat	20 I didn't eat	21 I will not eat
22 I ate	23 I will cut	24 I will chop
25 I will mash	26 I will dice	27 I will shred
28 I will slice	29 I will toss	30 I will peel
31 I'll squeeze	32 I'll wash	33 I'll cook
34 I'll steam	35 I'll boil	36 Bring me
37 I brought the	38 I didn't bring	39 Take out
40 I used	41 I didn't use	42 I made
43 I use	44 I used to	45 We drank

46 We at*e*	47 We have	48 und*er*
49 We went	50 We bou*g*ht	51 We didn'*t* b*u*y
52 Zaid went	53 Zaid bou*g*ht	54 Zaid didn'*t* b*u*y
55 He went	56 He bou*g*ht	57 He didn'*t* b*u*y
58 They wen*t*	59 They tried on	60 We tried on som*e*
61 I tried on many	62 I didn'*t* try on	63 May I
64 I'll hav*e*	65 I am going to	66 Do you hav*e*

Chapter Six

الفصل السادس

أعضاء الجسم الرئيسـة

الفاظ ومعان واستخدام 65 مفردة

Ba·sic Bod·y Parts	بـــىٰدِيي پـــىٰتْس	أعضاء الجسم الرئيسة
head	هـَد	رأس
hair	هـَيْ	شعر
face	فـَـيْس	وجه
eyes	آيْز	عيون
ears	إييـْ ز	آذان

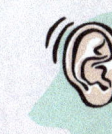

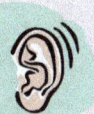

nose	نــوز	أنف
noise	نــويْز	ضوضاء
mouth	مــاوْث	فم
lip	لِـپ	شفة
up·per lip	ءَپـَ لِـپ	شفة عليا
low·er lip	لـَوَ لِـپ	شفة سفلى

jaw	جـىٰ	فك
teeth	تيىْث	أسنان
tooth	تــووث	سِن
tong*ue*	تــَـنْـگ	لسان
throat	ثْـ وْروْت	بلعوم
ton·sils	تـــانْـسِلـز	بلاعيم

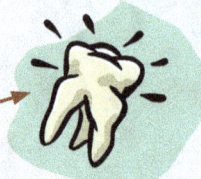

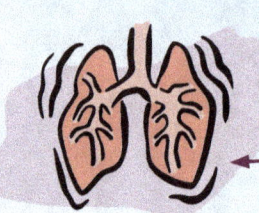

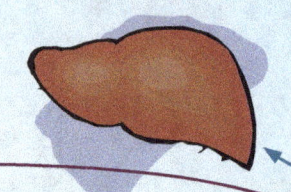

neck	نـَك	رقبة/ عُنُق
lung	لــءَنْــگ	رئة
liv·*er*	لـِـڤَــ	كبد
kid·ney	كـِدْنيي	كُلْيَة
bla*d*·de*r*	بْـلادَ	مثانة
u·ter·us	يــوودْ وْرَس	رَحم

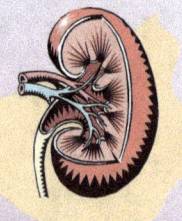

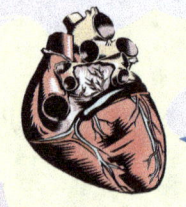

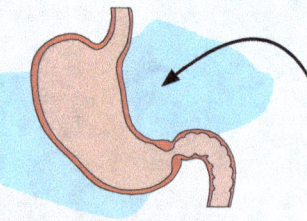

he**a**rt	هـــــىٰرْت	قلب
chest	چـَسْـت	صدر
bre*a*st	بْـ وْرَسْت	صدر / ثدي
sto**m**·ach	سْـتَـمِـك	معدة
ab·do·men	آبـْدِمـَن	بطن من الداخل
be*l*·ly	بـَلـيي	بطن من الخارج/ كرش

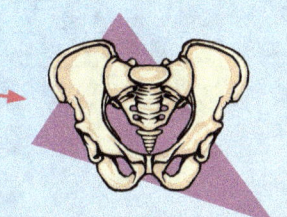

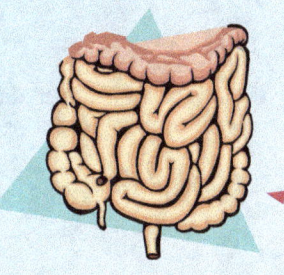

in·tes·tines	أنْتَسْتِنْزْ	أمعاء
a·nus	آيْنَس	شرج
pel·vis	پلْڤَس	الحوض
pulse	پولْص	دقات القلب
mus·cles	مَصِلْز	عضلات
vein	ڤَيْن	وَريد

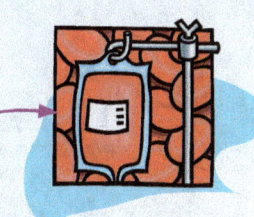

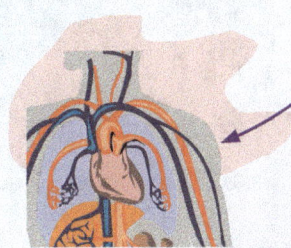

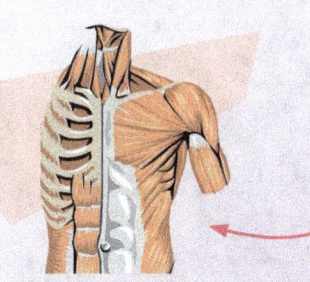

vain	ڤَيْن	مغرور
blood	بلْعَد	دم
joints	جويْنْتس	مفاصل
back	باك	ظَهر
spine	سْپايْن	عامود فقري
arm	ءَم	ذراع

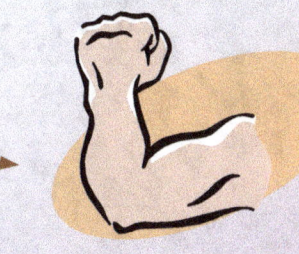

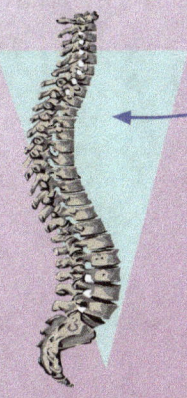

hand	هـانْد	كف اليد
el·bow	ألـبْـو	كوع/ عكس
wrist	وْرِسْت	رسخ
fin·ge*r*	فِنْگَ	إصبع
fin·ge*r*·nail	فِنْگَ نَـيْل	اظفر
leg	لَـگ	ساق

thig*h*	ثـاي	فخذ
*k*nee	نيي	ركبة
lim*b*s	لِمْس	أوصال
foot	فُت	قدم
feet	فـييت	أقدام
to*e*s	تـوز	أصابع القدم
to*e*·nails	تـو نَـيْلْز	أظافر القدم

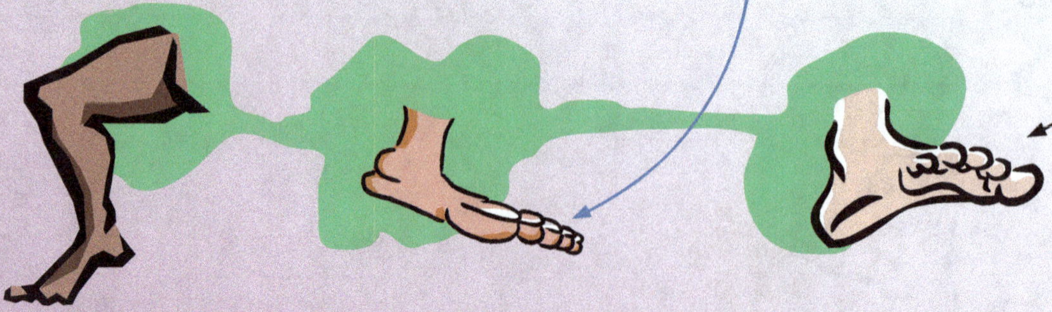

Body Parts

اقرأوا بصوت عالٍ.

نموذج

67 my hair: ماي هيْ شعري

I like **my** hair.   I like **my** face.
I like **my** eyes.   I like **my** nose.
I like **my** ears.   I like **my** teeth.
I like **my** fea·tures.

نموذج

68 his hair: هِز هيْ شَعرَهُ

I like **his** hair.   I like **his** mouth.
I like **his** lips.   I like **his** jaws.
I like **his** face.   I like **his** ears.
I like **his** teeth.   I like **his** fea·tures.

اقرأوا بصوت عال وركزوا على النطق.

نموذج 69

her hair: هِر هئَ شَعْرُها

I like **her** hair.	I like **her** lips.
I like **her** jaws.	I like **her** mouth.
I like **her** face.	I like **her** ears.
I like **her** teeth.	I like **her** fea·tures.

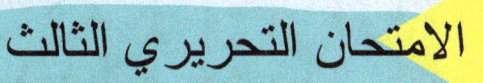

الامتحان التحريري الثالث

اكتب عشرة جمل أو أكثر لكل من هذه النماذج من الجُمل المدروسة. أي اكتب ما مجموعه 120 جملة أو أكثر متذكراً بأن تبدأ كل جملة بحرف كبير (Capital letter) وتنتهي هذه الجمل البسيطة بنقطة.

58	They went
59	They tried on
60	We tried on some
61	I tried on many
62	I didn't try on
63	May I
64	I'll have
65	I am going to
66	Do you have
67	my hair
68	his hair
69	her hair

امتحان شفوي

ردد عشر جمل أو أكثر لكل نموذج من الجُمل المكتوبة أعلاه. أي ردد ما مجموعه 120 جملة أو أكثر بصوت عالٍ وواضح. لو لم يسنح الوقت للمعلم أن يستمع لكل الطلبة، فمن الأفضل أن يسجل كل طالب ما يردده على شريط الكاسيت ويعطيه للمعلم لتقييم صوت الطالب وسلاسته وسرعته في ترديد هذه الجمل.

Body Parts

Body Parts

حين تحقق سلاسة في أي نموذج معين، تكون قد وضعت حجراً لا يتزحزح في الذاكرة.

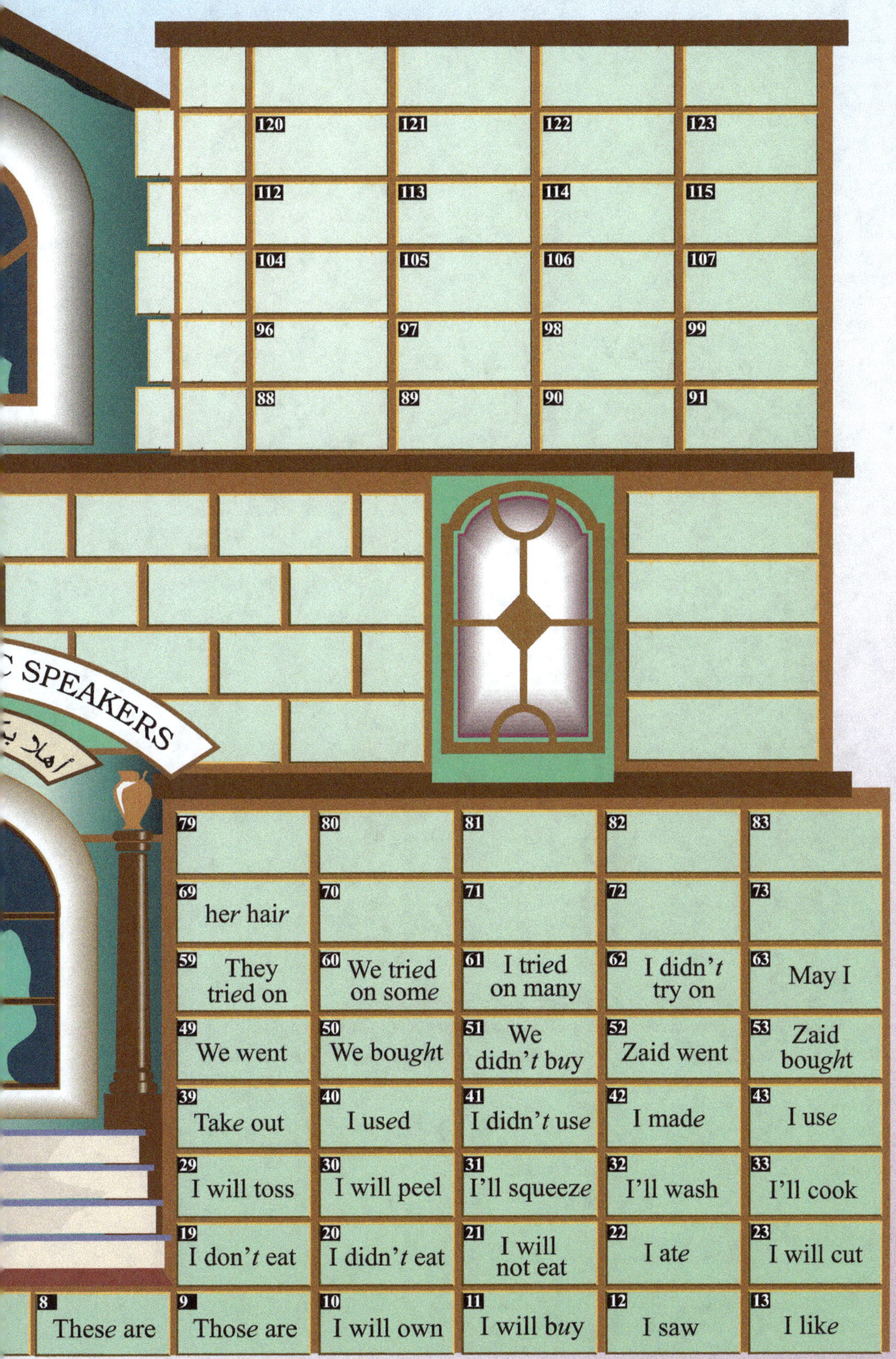

120	121	122	123
112	113	114	115
104	105	106	107
96	97	98	99
88	89	90	91

79	80	81	82	83
69 her hair	70	71	72	73
59 They tried on	60 We tried on some	61 I tried on many	62 I didn't try on	63 May I
49 We went	50 We bought	51 We didn't buy	52 Zaid went	53 Zaid bought
39 Take out	40 I used	41 I didn't use	42 I made	43 I use
29 I will toss	30 I will peel	31 I'll squeeze	32 I'll wash	33 I'll cook
19 I don't eat	20 I didn't eat	21 I will not eat	22 I ate	23 I will cut
8 These are	9 Those are	10 I will own	11 I will buy	12 I saw	13 I like

الإنكليزية لمتكلمي العربية 121 للمؤلفة كاميليا صادق

يجب حفظ حروف العلة الإنكليزية عن ظهر غيب.
و حروف العلة الإنكليزية هي:
a
e
i
o
u

Chapter Seven

الفصل السابع

الألوان وصفات أخرى

ألفاظ ومعان - واستخدام 72 مفردة

Col·*ors* & Other Ad·jec·tives	كـىلـَـز أن أذَ آدْجـِـتـِـڤـْـز	الألوان وصفات أخرى
the col·*ors*	ذَ كـىلـَـز	الألوان
whit*e*	وايْت/ هْوايْت	أبيض
black	بـلاك	أسود
blu*e*	بْلـوو	أزرق
lig*h*t blu*e*	لايْت بْلـوو	أزرق باهت/ سمائي
dark blu*e*	دىْك بْلـوو	أزرق غامق
red	وْرَد	أحمر
pink	پِنْك	وردي
green	گـْ وْريـيـن	أخضر
lig*h*t green	لايْت گـْ وْريـيـن	أخضر باهت
pur·ple	پِـ وْرْپـل	بنفسجي

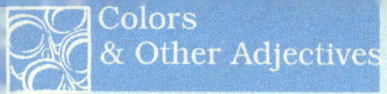

li·lac	لايْلاك	بنفسجي باهت
brown	بْ وْراوْن	بني/ قهوائي
beige	بَـيْژ	حليبي/ بيجي
gold	گـولْد	ذهبي
sil·ver	سِـلْـڤَـ	فضي
yel·low	يَلـو	أصفر
or·ange	ىٰ وْرَنْج/ ءو وْرَنْج	برتقالي
blond	بْلـىٰنْد	أشقر
gray	گْ وْرَي	رصاصي

ha·zel-brown eyes	هَـيْزِل بْ وْراوْن آيْز	عيون عسلية متغيرة
large	لـىٰج	كبير الحجم
small	سْمـىٰل	صغير الحجم
big	بِـگ	واسع

lit·tle	لِدِل	الحجم ضئيل/ صغير
young	يَـنْـگ	صغير العمر
old	ءولْد	كبير العمر
huge	هْيـووج	ضخم
ti·ny	تـايْنـيي	ناعم/ نـونو

Colors

tall	تــىٰل	طويل
short	شــو ت	قصير
low	لــو	واطئ/ عَميق
high	هـــاي	عالي/ مُرتفع
wide	وايْد	عريض
nar·row	نَيْـ وْرو	ضيق

close	كْلـــوس	قريب
far	فـــىٰ	بعيد
good	گـُد	جيد
bad	بـــاد	سيء
slow	سْلو	بطيء
fast	فـاسْت	سريع

skin·ny	سْكِنـيي	نحيف
fat	فـــات	بدين/ سمين
chub·by	چَبـيي	مُدبدب
round	وْراوْنْد	مدور
thin	ثِـن	رفيع
thick	ثِـك	ثخين

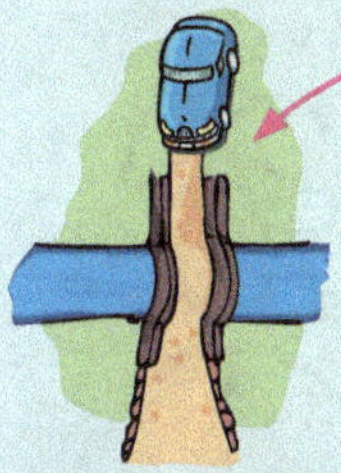

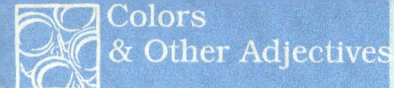

strong	سْتـْ وْرىٰنـْگ	قوي
weak	وييـك	ضعيف
pow·er·ful	پـاوَ فـُل	متمكن/ قوي
deep	دييـپ	عميق
wise	وايْز	حكيم
sad	ســـاد	حزين

قوي بعقله

hap·py	هـاپيي	فرحان
gi·ant	جـايَنـْت	عملاق
gi·gan·tic	جـايْگـانـِك	هائل
il·lit·er·ate	إِلـْلِـدَ وْرِت	أمي
lit·er·ate	لِـدَ وْرِت	غير أمي
ig·no·rant	إگـنـــو وْرَنـْت	جاهل

smart	سْمـــىٰـت	ذكي
ed·u·cat·ed	إجْيـوو كـَيْدِد	دارس
in·tel·lec·tual	إنِـلِـكْ چـوَل	مثقف
well read	وَل وْرَد	قارئ جيد
con·scious	كـــىٰنـْشِـز	واعي
u·nique	يـــوونـييـك	فريد من نوعه
frank	فـْ وْرانـك	صريح
real/ gen·uine	وْرييِل/ جَـنـيي وَن	حقيقي/ غير مزيف

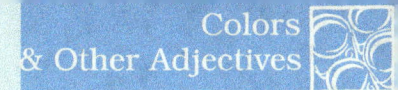

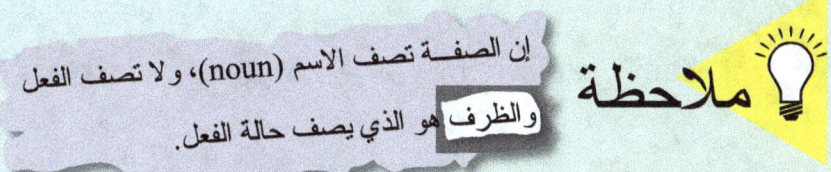

نماذج

ملاحظة

إن الصفــة تصف الاسم (noun)، ولا تصف الفعل
والظرف هو الذي يصف حالة الفعل.

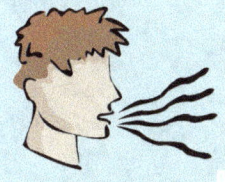

نموذج

70 The man is: ذَ مـــان إز الرجل هو

The man is tall; he is not sho*r*t.

The man is young; he is not old.

The man is good; he is not bad.

The man is strong; he is not weak.

The man is hap*p*y; he is not sad.

The man is lit·er·at*e*; he is not il·lit·er·at*e*.

The man is smart; he is not ig·nor·ant.

The man is frank; he is not hid·in*g* any·thin*g*.

The man is u·niq*ue*; ther*e* are no oth*er*s lik*e* him.

The man is gen·uin*e*; he is no fak*e*.

The man is strong; he is not weak.
The man is hap·py; he is not sad.

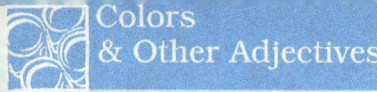

نماذج

نموذج 71 — Zaid's car is: زَيْدْز كَــى إِز — سيارة زَيْد هي

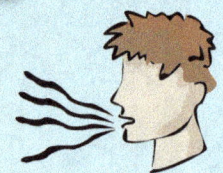

Zaid's car is black; it is not whit*e*.

Zaid's car is small; it is not big.

Zaid's car is ti·ny; it is not hug*e*.

Zaid's car is clos*e*; it is not far.

Zaid's car is fast; it is not slow.

Zaid's car is close;
it is not far.

نموذج 72 — Zaid's: زَيْدْز — زيد هوَ

Zaid's hous*e* is li*t*·tle; it is not hug*e*.

Zaid's hai*r* is blond; it not gray.

Zaid's street is wid*e*; it is not na*r*·row.

Zaid's wall is hig*h*; it is not low.

Zaid's broth·*er* is chu*b*·by; he is not ski*n*·ny.

Zaid's sis·te*r* is real; she is no fak*e*.

Zaid's hai*r* is blond; it not gray

احفظ نموذج الجملة المعينة
وليس الجملة نفسها.

اقرأ

وركز على لفظ صوت **i** القصير في **الكسرة**، وصوت **e** القصير في **الفتحة**:

قارن

short e (فتحة)			short i (كسرة)		
set	سَت	طقم	sit	سِت	إجلس
ten	تَن	عشرة	tin	تِن	صفيح
pen	پَن	قلم	pin	پِن	دبوس
desk	دَسْك	رَحْلة	disk	دِسْك	قُرص
bell	بَل	جَرَس	bill	بِل	قائمة
hell	هَل	جحيم	hill	هِل	تَل
fell	فَل	وَقَعَ	fill	فِل	يملأ
well	وَل	جيد	will	وِل	سوف
sell	سَل	يبيع	sill	سِل	العتَبَة
spell	سْپَل	يتهجا	spill	سْپِل	يسكب

الإنكليزية لمتكلمي العربية 129 للمؤلفة كاميليا صادق

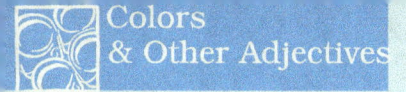

Colors

short i (كسرة)			قارن	short e (فتحة)		
till	تِل	حتى		tell	تَل	يقول
dill	دِل	عِشِب		dell	دَل	وادي
wit	وِت	براعة		wet	وَت	مبلل
bit	بِت	عَضّ		bet	بَت	يراهن
pit	پِت	حُفرة		pet	پَت	حيوان مدلل
knit	نِت	يحوك		net	نَت	شبكة
lit	لِت	يَوقِد		let	لَت	يَدَع
bid	بِد	يراهن		bed	بَد	سرير
rid	وْرِد	يُخلِّص		red	وْرَد	أحمر
lid	لِد	غطاء		led	لَد	قادَ
kin	كِن	قرابة		Ken	كَن	كَن
miss	مِس	يفتقد		mess	مَس	فوضى
missed	مِسْت	أفتقَدَ		messed	مَسْت	عَبَث
bitter	بـِوْرَر	مُر		better	بـَوْرَر	أحسن
litter	لِدَر	قِمامة		letter	لـَدَر	حرف/ رسالة

Find the answer to these questions from the Instructions in the beginning of the book.

1 One of the *problems* with English sounds is that one English sound can be spelled in many ways. For instance, the sound of long **e** is spelled in these ten ways:

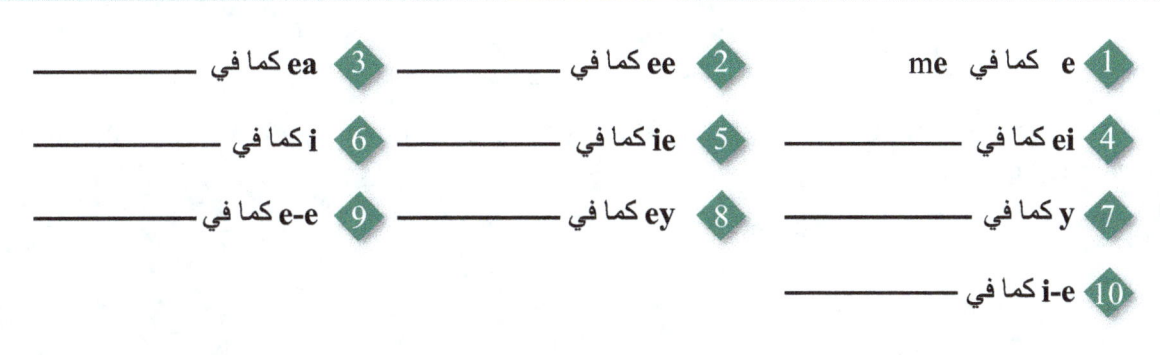

2 There are 26 letters in English and more than 180 phonics. Teaching the English alphabet without phonics is like teaching a student the numbers and expecting him or her to add the numbers without first teaching him how to add.

A *phonic* is a single sound produced by _____ letters.

3 A *syllable* must contain only one _____ sound, and silent vowels in a syllable do not count.

4 Explain the example of a child being born without the five *senses*. Will he or she be able to acquire any information? Why is reading aloud important? Why is repeating the practice five times important?

5 Are you able to talk *alone* using this method or do you have to have a partner?

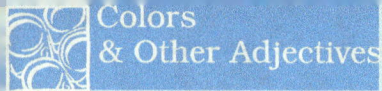
Colors & Other Adjectives

6 If you have a partner in class, how do you *support* him or her?

7 Do you force yourself to memorize or does memorization happen *naturally* in this reading and speaking aloud method?

8 Do you force yourself to make complex sentences or do you stay with *simple* sentences, and the complex ones come to you naturally?

9 When you begin to speak English, do you focus on correct grammar or on *fluency* and getting your point across?

10 How is your learning English similar to a *child* learning how to speak?

الفصل الثامن

العطل والأعياد

The Holidays

ألفاظ ومعان - واستخدام 20 مفردة

The Hol·i·days	ذَ هـىلِدَيْز	العطل الرسمية والأعياد
New Year's Day	نوو يـيي ز دَي	عيد رأس السنة
New Year's Eve	نـوو يـيي ز إيي ڤ	ليلة رأس السنة الميلادية
Val·en·tine	ڤـالـنـتـايْن	عيد الأحباب الأمريكي
Moth·er's Day	مذَ ز دَي	عيد الأم
Fa·ther's Day	فاذَ ز دَي	عيد الأب

La·bor Day	لَـيْبَـ دَي	عيد العمال الأمريكي
In·de·pend·ence Day	إنـدِپـنْـدِنـز دَي	عيد الاستقلال الأمريكي
Vet·er·an's Day	ڤـدْ وْرِنـز دَي	عيد المحاربين الأمريكان القدماء
Thanks·giv·ing Day	ثـانكس گِـڤِـنْ دَي	عيد الثناء والشكر الأمريكي

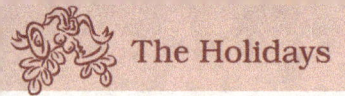

Pres·i·dent's Day	پـْ وْرَزِدَنـْتـْس دَي	عيد الرؤساء الأمريكان
Hal*l*·low·een	هــالـَ وييــن	عيد تقليدي يتقنع به الأطفال ويطلبوا حلوى
Ram·a·dan	وْرامـَدان	رمضان
Chris*t*·mas Day	كـْ وْرِسـْمـِس دَي	يوم كرسمس
Eas·te*r*	إيـيــسـْتـَ	عيد القيامة
Hap*p*·py Hol·i·days!	هــاپـيي هــىٰلِـدَيْز	عيد سعيد!/ عيدكم مبارك!

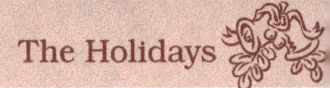

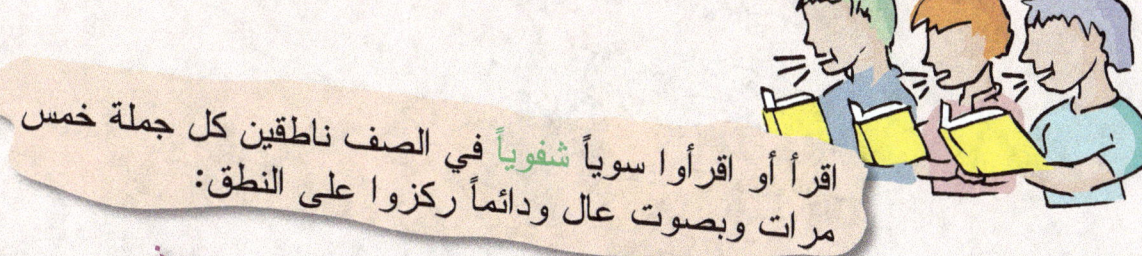

نماذج

اقرأ أو اقرأوا سوياً شفوياً في الصف ناطقين كل جملة خمس مرات وبصوت عال ودائماً ركزوا على النطق:

نموذج 73

When? وَن/ هْـوَن متىٰ

When is Mother's Day?	**When** is Hal·low·een?
When is Christ·mas?	**When** is Eas·ter?
When is Ram·a·dan?	**When** is win·ter?
When is spring?	**When** is sum·mer?
When is fall?	**When** was Mother's Day?
When was Hal·low·een?	**When** was Christ·mas?
When was Eas·ter?	**When** was Ram·a·dan?
When was win·ter?	**When** was spring?
When was sum·mer?	**When** was fall?

نموذج 74

When will: هْـوَن وِل متىٰ سوف

When will the day end?	**When will** the week finish?
When will the new month start?	**When will** the fu·ture come?
When will the new sea·son be here?	**When will** the pres·ent pass?

اقرأوا سوياً وبصوت عال وبنغمة واحدة.

نموذج 75 When was the day over? متى انتهى النهار؟

When was the night over?	**When was** the hol·i·day over?
When was the week over?	**When was** the month over?
When was the year over?	**When was** the morn·ing over?
When was school over?	**When was** work over?

راجع هذه النماذج من الجمل المدروسة منذ الفصل السابع:

70 The man is
71 Zaid's car is
72 Zaid's
73 When?
74 When will
75 When was the day over?

Chapter Nine

الفصل التاسع
الوقت
The Time

الفاظ ومعان واستخدام 30 مفردة

The Time	ذَ تـــايْم	الوقت/ الزمان
mo·ment	مومَنْت	لحظة
sec·ond	سَكِنْد	ثانية
min·ute	مِنِت	دقيقة
hour	آوَ	ساعة = 60 دقيقة
hal*f an hour*	هــاف ن آوَ	نصف ساعة
fif·teen min·utes	فِفْتــيين مِنِتْس	ربع ساعة

day	دَي	يوم
mor*n*·ing	مــونِنْ	صباح
noon	نـــوون	وقت الظَـهيرة
eve·ning	إيــيـڤْـنِـنْ	مساء
nig*h*t	نـــايْت	ليل

week	وييك	أسبوع
week·*end*	وييكئِنْد	نهاية الأسبوع
month	مَنْث	شهر
yea*r*	يـييْ	سنة

dec·ad*e*	دَكَـيْد	عقد/ جيل = 10 سنوات
cen·*tu*·ry	سَنْتْ وْري	قرن = 100 سنة
mil·len·ni·um	مِلَنيَم	الألفي = 1000 سنة
the past	ذَ پـاسْت	الماضي

the pres·ent	ذَ پْوْرَزِنْت	الحاضر
the fu·t*ure*	ذَ فْيـــووچَ	المستقبل
the nea*r* fu·t*ure*	ذَ نـــيِي فْيـــووچَ	المستقبل القريب
sea·son	سييـــزِن	فصل/ موسم
win·*ter*	وِنـَه	شتاء

spring	سْپْوْرِنْگ	ربيع
sum·me*r*	سَمَ	صيف
fall/ au·tum*n*	فــىٰل/ ىٰدِم	خريف
his·*to*·ry	هِسْتْـوْريي	تاريخ

اقرأوا الآتي مستخدمين القاموس عند الحاجة:

What tim*e* is it? It is fiv*e* o'clock. It is fif·teen min·ut*e*s to fiv*e*. Wait a mo·men*t* please! The phon*e* will ring in two mor*e* sec·onds. Just a min·ut*e* pleas*e*! I saw he*r* two *h*ou*r*s a·go. I saw him ha*l*f an *h*ou*r* a·go. My fa·vor·it*e* sea·son is the su*m*·me*r* sea·son. Do you lik*e* the fou*r* sea·sons? Every de·cad*e* we be·com*e* ten yea*r*s old·*er*.

Goo*d* mor*n*·ing. Good afte*r*·noon. Good eve·ning. Goo*d*·nig*h*t. Have a nic*e* day! Hav*e* a nic*e* week·end. See you next month. I'll giv*e* you a pres·en*t* (هدية). The pres·en*t* (الحاضر) is be*t*·ter than the past. The fu·tu*r*e shall be be*t*·ter than the pres·en*t*. I hav*e* goals fo*r* the nea*r* fu·tu*re*. He wrot*e* in *th*e past cen·tu·ry.

Chapter Ten

الفصل العاشر

المنـــــاخ

The Weather

ألفاظ ومعان - واستخدام 22 مفردة

The Weath·er	ذَ وِذَ	المناخ
cli·mate	كلايْمِت	الطقس
tem·per·a·ture	تمپْرِچَ	درجة الحرارة
cold	كـــولد	برد قارص
chill·y	چِلِيي	برد طفيف
cool	كـــوول	معتدل البرودة

pleas·ant	پلَزِنت	معتدل
warm	وو وْرم	دافيء
hot	هــىَت	حار
hu·mid	هيُـــوومِد	رطب
snow	سْـنـــو	ثلج

cloud·y	كـلاوْديي	مغيم
rain·y	وْرَيْنيي	مُمطر
sun·ny	صـَنيي	مُشمس
winds	وِنـْدْز	رياح
thunder·storm	ثـَعَنـْدَ سـتـو م	عاصفة رعدية

tor·na·do	تـو نـَـيْدو	إعصار / زوبعة
hur·ri·cane	هـِ وْرَكــيْن	إعصار شديد
bliz·zard	بـْلِزَ د	زوبعة
rain·bow	وْرَيْن بـو	قوس قزح
fog	فـــىْگ	ضباب
hail	هـَــيْل	مزيج من ثلج ومطر / حالوب
hell	هـَل	جحيم

اقرأوا هذه الـ نماذج بصوت عال و متكرر.

نموذج

76 It is → It ~~is~~ → It's: إد إز/ إتس   إنها/ إنهُ

It is cold to·day.
It is chil·ly to·day.
It is win·dy to·day.
It is cloud·y to·day.
It is rain·y to·day.
It is sun·ny now.
It is warm·er now.
It is not snow·ing now.
It is pleas·ant now.

It is rain·y to·day.

نموذج

77 It was: إد وَيز   كانت/ كان

It was storm·y yes·ter·day.
It was fog·gy last night.
It was cool this morn·ing.
It was chil·ly this after·noon.
It was not hu·mid yes·ter·day.
It was cold af·ter mid·night.

It was
storm·y yes·ter·day.

نموذج **78** It *will* be: إِد وِل/ إِدِل بيي سوف تكون/ سوف يكون

It *will* be warm to·mo*r*·row.

It *will* be warm·*er* to·mo*r*·row.

It *will* be su*n*·ni·*er* to·mo*r*·row mo*r*n·ing.

It *will* be ho*t*·te*r* to·mo*r*·row at noon·tim*e*.

It *will* be less sto*r*m·y to·mo*r*·row eve*n*·ing.

It *will* be a pleas·an*t* day to·mo*r*·row.

It will be warm·er to·mor·row.

اقرأوا هذه النماذج
بصوت عال وبشكل متكرر.

نموذج **79** It *will* not be: إِد وِل نــَـٰـد بيي سوف لا تكون/ سوف لا يكون

It *will* not be cold to·mo*r*·row, **it *will* be** hot.

It *will* not be warm to·mo*r*·row, **it *will* be** pleas·an*t*.

It *will* not be cloud·y to·mo*r*·row, **it *will* be** su*n*·ny.

It *will* not be bad to·mo*r*·row, **it *will* be** good.

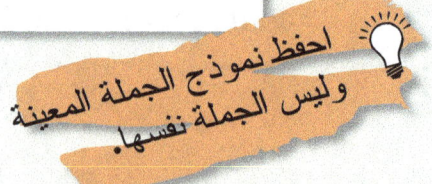

احفظ نموذج الجملة المعينة
وليس الجملة نفسها.

الفصل الحادي عشر

الحيـوانات

THE ANIMALS

ألفاظ ومعان - واستخدام 70 مفردة

The An·i·mals	ذيي آنـمِلْز	الحيوانات
wild an·i·mals	وايَلْد آنـمِلْز	حيوانات برية
tamed an·i·mals	تَـيْمْد آنـمِلْز	حيوانات أليفة
un·tamed an·i·mals	ءَنْتَـيْمْد آنـمِلْز	حيوانات غير أليفة
fierced an·i·mals	فييـوْرْسْت آنـمِلْز	حيوانات مفترسة
farm an·i·mals	فـــىٰم آنـمِلْز	حيوانات مُدجنة

pets	پـَتْس	حيوانات الزينة
zoo	زوو	حديقة الحيوانات
birds	بـِ وْرْدْز	طيور
chick·en	چِكـِن	دجاجة
duck	دءَك	بطة
geese	گييــس	وَز

goose	گـــووس	وَزة
tur·key	تـُ وْرْكيي	ديك رومي
peace pi·geon	پييـــس پـِجِـن	حمامة السلام
par·a·keet	پـــا وْرَكييـت	بلبل
quail	كـوَّيْـل	عصفور

ea·gle	إيـيـــگـِل	نسر
owl	آوْل	بوم
mam·mals	مامِلـز	لبائن/ ثديّات
cat	كـــات	قطة
dog	دىگ	كلب
sheep	شييـــپ	خروف/ خرفان

goat	گـــوت	معزة
deer	ديي وْر/ دييـ	غزال/ غزلان
ga·zelle	گِـزِل	غزال أفريقي أو آسيوي
don·key	دىنْكيي	حمار
po·ny	پـــونيي	حصان صغير
horse	هـــو س	حصان

The Animals

mon·key	مَنكيي	قرد
cam·el	كـــىَمُل	جَمَل
bear	بيَـوْر	دُب
ti·ger	تـــايْگَـ	نمر
fox	فـــىَكس	ثعلب

li·on	لايَن	أسد
el·e·phant	ألِفنْت	فيل
bull	بـُل	ثور
buf·fa·lo	بفِلـــو	جاموس
rab·bit	وْرابِت	أرنب
squir·rel	سكوّ ورِل	سنجاب/ جرد النخل

chip·munk	چِپْمـَـنك	سنجاب
rat	وْرات	فأر
mouse	مـــاوْس	فأر صغير
mice	مـــايْس	فئران صغيرة
liz·ard	لِزَ د	سحلية/ أبو بريص
scor·pi·on	سكو وْرپيي َن	عقرب

snak*e*	سْنَـيْك	حية
frog	فـْوْرِىگ	ضفدع
tu*r*·tle	تـْوْرْدِل	سلحفاة
in·sect	إنـْسَكـْت	حشرة
fli*es*	فـْلايْز	ذباب

mos·*qui*·toes	مَسْكييـدوز	بعوض
bugs	بـءَگـْز	بق
roach / cock·roach	وْروچ/ كـَــىْك وْروچ	صرصور
bu*t*·*ter*·fly	بَرَر فـْلاي	فراشة
cat·*er*·pi*l*·la*r*	كـادَ پِلـَ	دودة القز
bee	بيي	نحلة/ زنبور

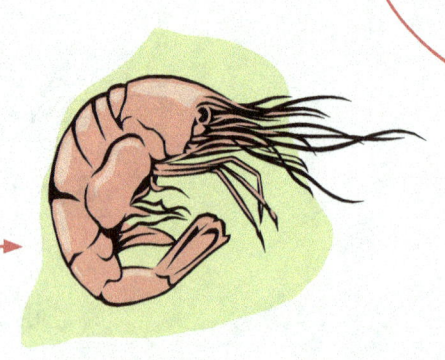

ant	آنـْت	نملة
aunt	ىْنـْت	خالة/ عمة
fish	فِش	سمك/ سمكة
shrimp	شـْوْرمْپ	ربيان

الإنكليزية لمتكلمي العربية 148 للمؤلفة كاميليا صادق

lob·ster	لــىٰبِسْتـَ	سلطان البحر
oy·ster	أويْسْتـَ	محار
al·li·ga·tor	آلِگَـيْدَ	تمساح
shark	شـــا وْرْك	سمك القرش
seal	سييـــــل	عجل البحر

نماذج

نموذج 80 My cat is: ماي كاد إز قطتي هي

My cat is black.

My dog is brown.

My bea*r* is whit*e*.

My ho*r*s*e* is gray.

My snak*e* is red.

My snak*e* is tam*e*.

My sheep is big.

My ra*b*·bit is small.

My po·ny is cut*e*.

My mon·key is smart.

إقرأ بصوت عالٍ
وستحفظ من حيث لا تدري.

My cat is black.

نماذج

اقرأوا هذه النماذج بصوت عال.

نموذج **81** My aunt had: ماي ءَنْت هـاد عمتي/ خالتي كان عندها

My aunt had many tam*e*d an·i·mals.

My aunt had many farm an·i·mal.

My aunt had many pets.

My aunt had bi*r*ds.

My aunt had chick·ens.

My aunt had ducks.

My aunt had gees*e*.

My aunt had tu*r*·keys.

My aunt had peac*e* pi·geons

My aunt had par·a·keets

My aunt had ea·gles.

My aunt had owls.

My aunt had ho*r*s*e*s.

My aunt had don·keys an*d* po·nies.

My aunt had chick·ens.

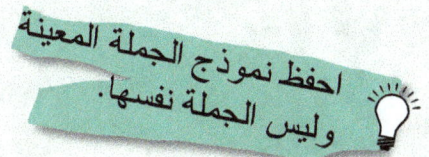

احفظ نموذج الجملة المعينة وليس الجملة نفسها.

The Animals

نماذج

اقرأوا سوياً وبصوت عال وبنغمة واحدة.

نموذج

82 My un·cle had: ماي عُنكِل هــاد خالي/ عمي كان عنده

My un·cle had cats and dogs.

My un·cle had goats and sheep.

My un·cle had deer and ga·zelles.

My un·cle had lots of rab·bits.

My un·cle had lots of squir·rels.

My un·cle had lots of chip·munks.

My un·cle had lots of rats.

My un·cle had lots of mice and liz·ards.

My un·cle had lots of scor·pi·ons and snakes.

My un·cle had lots of ti·gers and bears.

My un·cle had lots of mon·keys, cam·els, li·ons, el·e·phants, bulls, and buf·fa·loes.

My un·cle had lots of bees on his trees.

قارن الأصوات والتهجي في هذه الكلمات:

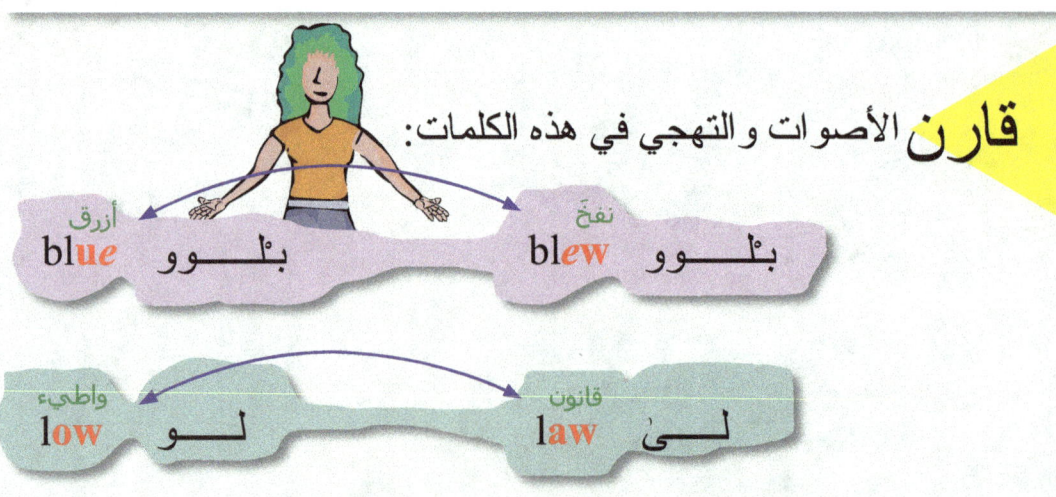

أزرق
blue بـْلــــوو

نفخَ
blew بـْلــــوو

واطيء
low لــــو

قانون
law لــــىٰ

الامتحان التحريري الرابع

اكتب عشر جمل أو أكثر لكل نموذج من هذه الجُمل المدروسة. أي اكتب ما مجموعه 170 جملة أو أكثر متذكرا بأن تبدأ كل جملة بحرف كبير "Capital letter" وتنهي هذه الجمل البسيطة بنقطــة.

66 Do you hav*e*

67 my hai*r*

68 his hai*r*

69 he*r* hai*r*

70 The man is

71 Zaid's car is

72 Zaid's

73 When

74 When will

75 When was the day ove*r*?

76 It is

77 It was

78 It *w*ill be

79 It *w*ill not be

80 My cat is

81 My aunt had

82 My uncle had

امتحان شفوي

ردد عشر جمل أو أكثر لكل نموذج من الجُمل المكتوبة أعلاه. أي ردد ما مجموعه 170 جملة أو أكثر بصوت عال وواضح. لو لم يسنح الوقت للمعلم أن يستمع لكل الطلبة، فمن الأفضل أن يسجل كل طالب ما يردده على شريط الكاسيت ويعطيه للمعلم لتقييم صوت الطالب وسلاسته وسرعته في ترديد هذه الجمل.

إن عملية تعلم النماذج في اللغة تشبه عملية بناء البيت حجر فوق حجر، والنموذج الواحد هو بمثابة حجر في عملية بناء البيت.

124
125
126
127
116
117
118
119
108
109
110
111
100
101
102
103
92
93
94
95
84
85
86
87
74 When will
75 When was the day over?
76 It is
77 It was
78 It will be
64 I'll have
65 I am going to
66 Do you have
67 my hair
68 his hair
54 Zaid didn't buy
55 He went
56 He bought
57 He didn't buy
58 They went
44 I used to
45 We drank
46 We ate
47 We have
48 under
34 I'll steam
35 I'll boil
36 Bring me
37 I brought the
38 I didn't bring
24 I will chop
25 I will mash
26 I will dice
27 I will shred
28 I will slice
14 I don't have
15 I love
16 I went to
17 I bought
18 I eat
1 This is
2 That is
3 I see
4 I need
5 I want
6 I have
7

The Animals

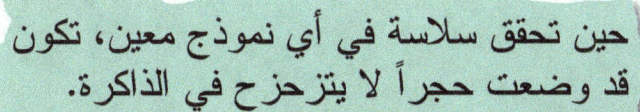

حين تحقق سلاسة في أي نموذج معين، تكون قد وضعت حجراً لا يتزحزح في الذاكرة.

	120	121	122	123
	112	113	114	115
	104	105	106	107
	96	97	98	99
	88	89	90	91

Very good

79 It *w*ill not be	80 My cat is	81 My aunt had	82 My uncle	83
69 he*r* hai*r*	70 The man is	71 Zaid's car is	72 Zaid's	73 When
59 They tried on	60 We tried on some	61 I tried on many	62 I didn'*t* try on	63 May I
49 We went	50 We bought	51 We didn'*t* b*u*y	52 Zaid went	53 Zaid bought
39 Ta*k*e out	40 I used	41 I didn'*t* use	42 I mad*e*	43 I us*e*
29 I will toss	30 I will peel	31 I'll squee*ze*	32 I'll wash	33 I'll cook
19 I don'*t* eat	20 I didn'*t* eat	21 I will not eat	22 I at*e*	23 I will cut
8 Th*e*se are	9 Th*o*se are	10 I will own	11 I will b*u*y	12 I saw	13 I lik*e*

عزيزي القارىء ...

تجنب الضغط على نفسك لتكوين جُمل مركبة وركز على تكرار ترديد نماذج الجمل البسيطة simple sentence patterns لأن الجمل المركبة تأتيك تلقائياً. فالإصرار على البدء بجمل مركبة يسبب التلكؤ فالبطء ثم فقدان الثقة بالنفس ثم السكوت. ارجع للكلام البسيط في البداية حتى لو كنت تتحدث بعض الإنكليزية. تجنب عملية افتعال السرعة وطبق الخطوات المطلوبة منك بحذافيرها، عندها ستسرع بالكلام ثم بالمحادثة مع الآخر تلقائيا.

إن ساعات من النطق وترديد النموذج نفسه من الجُمل البسيطة أهم من شهور من الدراسة الصامتة ومن تسجيل الملاحظات على الورق. الورق الذي ينتهي -عادة- إلى سلة المهملات. أي ركز على النطق، وتكراره لخمس مرات أو أكثر. وركز -كذلك- على الاستمرارية، والسرعة، والجمل البسيطة، وعلى السلاسة في توصيل ما تنوي أن تقوله.

الفصل الثاني عشر

العـــــرس

The Wedding

ألفاظ ومعان - و استخدام
30 مفردة

The Wed·ding	ذَ وَدِنْ	العِرس/ الفرح
wed·ding in·vi·ta·tion	وَدِنْ إنـْـفـِـتـَـيْ شِن	بطاقة دعوة للعرس
wed·ding cer·e·mo·ny	وَدِنْ سِـ وْرمَنيي	مراسيم العرس
mar·riage	مَيـ وْرِج/ مـَا وْرِج	زواج
mar·riage vows	مَـيـ وْرِج ڤـاوْز	قسَم الزواج
mar·riage li·cense	مَيـ وْرِج لايْسِنْز	إجازة الزواج

mar·riage cer·ti·fi·cate	مَـيـ وْرِج سِـ تِفِكِت	شهادة الزواج
civ·il mar·riage	سِفِل مَـيـ وْرِج	زواج مدني
re·lig·ious mar·riage	وْرِلِجِس مَـيـ وْرِج	زواج ديني
gets mar·ried	گـتس مَيْ وْرييْد	يتزوج
groom	گـ وْرووم	عريس

bride	بْ وْرايْد	عروس
hus·band	هـءَزْبِنْدْ	زوج
best man	بَسْتْ مـان	الوصيف/ القريب
wife	وايْف	زوجة
brides·maid	بْ وْرايْدْزْ ميْد	الوصيفة/ القريبة

mades of hon·or	مَـيْدزْ أفْ ئَنَـ	الوصيفات/ القريبات
wed·ding gown	وَدِنْ گـاوْن	فستان العروس
tux·e·do/ tux	تـءَكْسيدو / تـءَكْس	بذلة/ طقم ملابس العريس
wed·ding bands	وَدِنْ بـانْدْزْ	حلقات الزواج
wed·ding ring	وَدِنْ وْرِنْگ	محبس الزواج
en·gage·ment	إنْگـيْجْمَنْت	خطوبة

fi·an·cé	فِـيَنْسَي	خطيب
fi·an·cée	فِـيَنْسَي	خطيبة
hon·ey·moon	هَـنيمـوون	شهر العسل
con·grat·u·la·tions	كـءَنْگْوْرا چيوولَـيْشِنْز	تهانينا
wed·ding an·ni·ver·sa·ry	وَدِنْ آنـِڤـِ وْرْسِـوْريي	ذكرى الزواج
sep·a·ra·tion	سِپـَوْرَيْشِن	انفصال/ افتراق
di·vorce	دِڤـو س	طلاق

The Wedding

اقرأوا بصوت عال عدة مرات واستخدموا القاموس عند الحاجة:

We got a wed·ding in·vi·ta·tion. We went to the wed·ding. The wed·ding gown was very white. The wed·ding ring was dia·mond. We liked the sim·ple wed·ding cer·e·mo·ny. We liked the mar·riage vows. We liked the hum·ble peo·ple. We said, "Con·grat·u·la·tions!" to the bride and groom. We talked with the brides·maid and with the best man. The brides·maid said that the bride and groom were go·ing to E·gypt for their hon·ey·moon. We hope they would nev·er get a di·vorce or a sep·a·ra·tion.

The Wedding

راجع هذه النماذج من الجمل المدروسة واكتب جملة واحدة أو أكثر عن كل نموذج:

45	We drank	46	We ate
47	We have	48	under
49	We went	50	We bought
51	We didn't buy	52	Zaid went
53	Zaid bought	54	Zaid didn't buy
55	He went	56	He bought
57	He didn't buy	58	They went
59	They tried on	60	We tried on some
61	I tried on many	62	I didn't try on
63	May I	64	I'll have
65	I am going to	66	Do you have
67	my hair	68	his hair
69	her hair	70	The man is
71	Zaid's car is	72	Zaid's
73	When	74	When will
75	When was the day over?	76	It is
77	It was	78	It will be
79	It will not be	80	My cat is
81	My aunt had	82	My uncle

ردد عشر جمل أو أكثر لكل نموذج من الجُمل التي كتبتها أعلاه.

Chapter Thirteen

الفصل الثالث عشر

الطبيب

The Doctor

ألفاظ ومعان
واستخدام
260
مفردة

13. The Doctor	الطبيب	
13.1. Doctors' Specialties	اختصاصات الأطباء	162
13.2. Medical Concepts	مصطلحات طبية	164
13.3. Pediatrician	طبيب أطفال	176

13.1. Doc·tors' Specialties	دىكتـر ز سپشلتيز	اختصاصات الأطباء
hos·pi·tal	هـسپدِل	مستشفى
clin·ic	كلنِك	مستوصف
doc·tor's ap·point·ment	دىكتز أپويْنتمنت	موعد طبيب
nurse	نـوْرْس	ممرضة/ ممرض

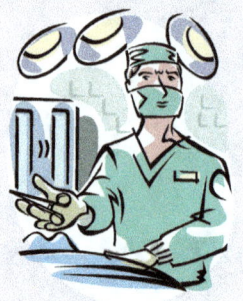

am·bu·lance	آمبلنس	عربة إسعاف
e·mer·gen·cy	أمِـوْرْجِنسيي	حالة طوارئ
phy·si·cian	فِـ زِ شِـن	طبيب بدني
gen·er·al prac·ti·tion·er	جَنـْوْرَل پـوْراكتِشِنـ	طبيب عام
sur·geon	سِـوْرْجِن	جَراح
spe·cial·ist	سپشلِست	أخصائي

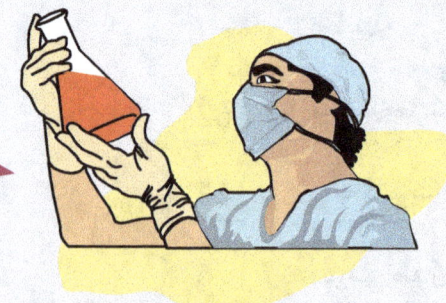

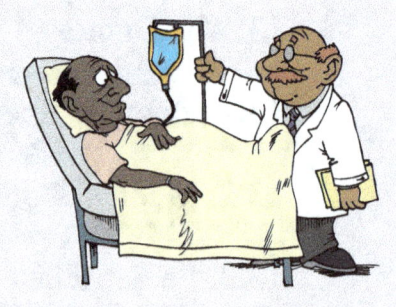

kid·ney spe·cial·ist	كِدْنيي سپشلِست	أخصائي الكِلية
car·di·ol·o·gist	كـىديىلَجِست	طبيب قلب
he·ma·tol·o·gist	هِمَتـىلَجِسْت	طبيب الدم
der·ma·tol·o·gist	دِ وْرْمَتـىلَجِسْت	طبيب الجلد
neu·rol·o·gist	نـوو وْرىلَجِسْت	طبيب مختص بالجهاز العصبي

gy·ne·col·o·gist	گـــايْنَكىٰلَجِسْت	طبيب نسائي
ob·ste·tri·cian	ىٰبْستْتَـْ وْرِشِن	طبيب الولادة
pe·di·at·ri·cian	پيـديـيَتْـ وْرِشِن	طبيب أطفال
op·tom·e·trist	ىٰپتـىٰمَتْـ وْرِسْت	طبيب النظر
oph·thal·mol·o·gist	ىٰفْـثَلْ مىٰلَجِسْت	طبيب العيون

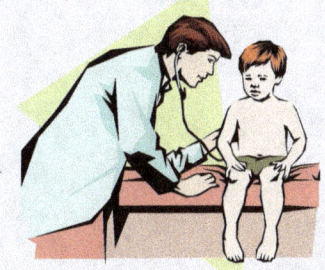

Ears, **N**ose, and **T**hroat spe·cial·ist (ENT)	إيي أَن تيي	أخصائي الأنف والأذن والحنجرة
coun·se·lor	كـىٰنْسِلَ	ناصح/ مصلح اجتماعي
mar·riage coun·se·lor	مَيْ وْرِج كـىٰنْسِلَ	مصلح لمشاكل الزواج
fam·i·ly coun·se·lor	فامِلِيي كـىٰنْسِلَ	مصلح عائلي
psy·chol·o·gist	سـايْكـىٰلَجِسْت	أخصائي بعلم النفس
psy·chi·a·trist	سـايْكـىٰيَتْـ وْرِسْت	أخصائي بالحالات العقلية

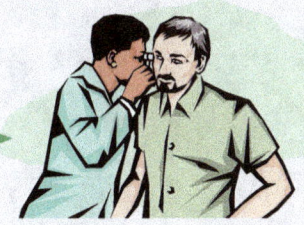

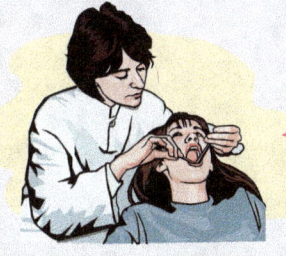

den·*tist*	دَنْتِسْت/ دَنَس	طبيب أسنان
den·*tal* hy·*gien*·ist	دَنَل هـايْجَنَسْت	منظف أسنان
po·di·a·trist	پـوداىَتْـ وْرِسْت	طبيب القدم
chi·ro·prac·tor	كـايْ وْرو پْـ وْراكْتَ	أخصائي العظام والمفاصل
al·ter·na·tive med·i·cines	ىٰلْتِـ وْرْ نَـتِـڤ مَدِسِـنْـز	بديل للعقاقير الكيماوية
nat·u·ral heal·er	ناچْ وْرَل هـييلَ	مختص بالطب الطبيعي

The Doctor

nu·tri·tion·ist	نـووتْ وْرِشِنَسْت	المختص بالتغذية
or·gan·ic food	عو وْرْگانِك فـوود	المنتجات الطبيعية
he**a**lth sto**re**	هَلْث سْتـو	سوق المنتجات الطبيعية
bod·y de·tox·i·fi·ca·tion	دِيْتـىْكْسَفَكَيْشِن	تنقية الجسم من الداخل
al·co·hol de·tox·i·fi·ca·tion	ألكَهول دِيْتىْكْسَفَكَيْشِن	تنقية الجسم من الكحول

13.2. Med·i·cal Con·cepts	مَدِكِل كَىْنْسَپْتْس	مصطلحات طبية
doc·tor / phy·si·cian	دىكْتَرْ / فِزِشِن	طبيب
pa·tient	پَيْشِنْت	مريض
ill·ness	إِلْنَس	سُقم / علة
sick·ness	سِكْنَس	مرض
di·seas**e**	دِزِييز	مرض مستعصي

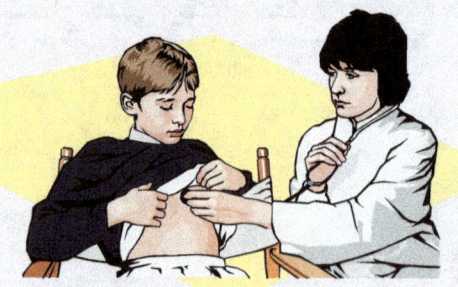

he·red·i·tar·y di·seas**e**	هَـوْرَدِتَـىـوْرِيي دِزِييز	مرض وراثي
ep·i·dem·ic	أپَدَمِك	وباء
pla**que**	پْلاك	تكلس على السن
pla**gue**	پْلَيْگ	وباء / طاعون
con·ta·gious	كَنْتَيْجِس	مُعدي
prev·en·tion	پْوْرِفَنْشِن	وقاية

im·mu·ni·za·tion	إمْيــوونـزَيْشِـن	لقاح
sym*p*·toms	سِمْـتِمْـز	أعراض
treat·ment	تـْ وْرييتمـَنْـت	علاج
cu*re*	كْيــوو	علاج جذري
pain	پـَـيْـن	ألم

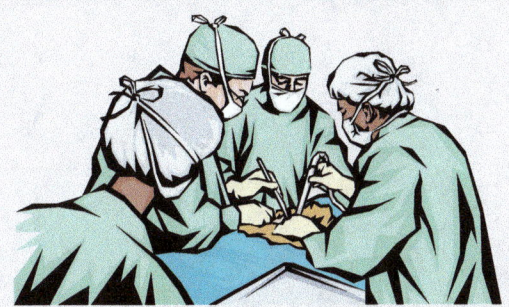

a n·es·the·sia	آنــاسـْثييزَ	بنج
lo·cal an·es·the·sia	لـوكِـل آنــاسـْثييزَ	بنج موضعي
gen·er·al an·es·the·sia	جَنـِـوْرَل آنــاسـْثييزَ	بنج عام
o p·er·a·tion	ئـُپـَـوْرَيْـشِـن	عملية
sur·ger·y	سِـوْرجِـوْري	عملية جراحية
sti*t*ch·es	سْـتِـجِـز	خياط

X-ray	أكْسْـوْرَي	أشعـة
a r·ti·fi·cial res·pi·ra·tion	ئـْتـفِـشِـل وْرَسـْپـَوْرَيْشِـن	تنفس اصطناعي
blood test	بْلـْعَـد تـَسْـت	فحص دم
u·rin*e* test	يــوو وْرِن تـَسْـت	فحص الإضرار
lab	لاب	مُختبر
Pap Smea*r*	پــاپ سْـمِـيـر	فحص الرحم

preg·nan·cy test	پْ وْرَگْنَنْسيي تَسْت	فحص الحمل
pos·i·tive re·sult	پـيٰزَتِـڤ وْرِزَلْط	نتيجة إيجابية
neg·a·tive re·sult	نَـگَـتِـڤ وْرِزَلْط	نتيجة سلبية
blood trans·fu·sion	بْلـَءد تَـ وْرانْزْفيْـووژِن	عملية نقل الدم
pre·scrip·tion	پْ وْرِسكْ وْرِپْشِـن	وصفة دواء

med·i·ca·tion/med·i·cine	مَـدِكَـيْشِـن/ مَـدِسِـن	دواء
phar·ma·cy	فَـــىٰمَـسيي	صيدلية
phar·ma·cist	فَـــىٰمَـسِـسْت	صيدلي
pill	پِـل	حبة
tab·let	تابْلِـت	قرص
cap·sule	كاپْسُـل	كبسولة

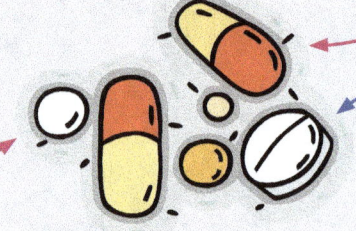

an·ti·bi·ot·ics	آنيي بـــايادِكْس	مضاد حيوي
pen·i·cil·lin	پـَنـَسـلِـن	بنسلين
drops	جْ وْرىٰپْس	قطرات طبية
liq·uid med·i·cine	لِـكْوِّد مَـدِسِـن	دواء سائل
as·pi·rin	آسْپِـ وْرِن	أسبرين
coat·ed tab·lets	كـــودِد تابْـلِـتْس	حبوب مطلية

lax·a·tive	لاكْسِتِڤْ	مُلين
en·e·ma	أنِما	حقنة
shot	شـــىٰت	حقنة/ إبرة
cast	كـــاسْت	سبيكة للعظام/ جبس
phys·i·cal ther·a·py	فِزِكِل ثَيْ وْرَپِي	علاج طبيعي

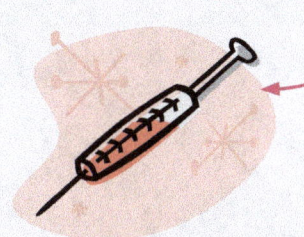

blood cir·cu·la·tion	بْلَـدْ سِ وْرْكْلِـيْشِن	دورة دموية
po·tent med·i·cine	پـوتِنْت مَدِسِن	دواء قوي التأثير
in·fec·tion	إنْفَكْشِن	التهاب
ear in·fec·tion	إيِـر إنْفَكْشِن	التهاب الإذن
cough	كـىٰف	قحة/ كحة
sneez·ing	سْنِييـزِنْ	عطس

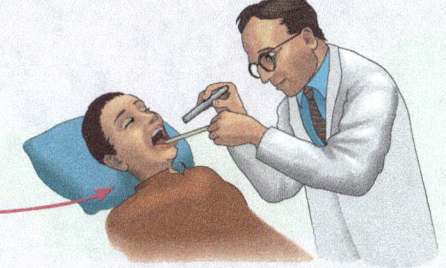

wheez·ing	هْوِييـزِنْ	غزغزة صدر
sore throat	صـور ثْ وْروت	الم البلعوم
ton·sil·li·tis	تـانْسِلايْدَس	التهاب بلاعيم
pneu·mo·nia	نَمونْيا	التهاب رئوي
chest pain	جَسْت پَيْن	الم الصدر
whop·ping cough	هْوپِنْ كـىٰف	السعال الديكي

con·gest·ed	كَنْجَسْتِد	محتقن الأنف
flu/ cold	فلـــوو/ كـــولد	رَشَح
in·flu·en·za/ flu	إنفلوو وِنزا/ فلـــوو	أنفلونزا
fe·ve*r*	فيي ڤَـ	درجة حرارة عالية/ حُمة
as*th*·ma	آزما	رَبو

si·nus	ســايَنَس	جيوب انفية
ru*n*·ny nos*e*	رَنيي نـــوز	الأنف سيلان
mu·cus	ميـــووكَس	مخاط وبلغم
in·fla*m*·ma·tion	إنفلَـمَيشِن	اهتياج
hea*d*·ach*e*	هدِك	صداع
a*l*·ler·gy	آلِـرْجيي	حساسية

hay fe·ve*r*	هَيْ فييڤَـ	حساسية موسمية
tooth·ach*e*	تـــووث أيْك	الم بالسن
cav·i·ty	كــاڤِـدِي	تسوس بالسن
plaq*ue*	پلاك	تكلس بالسن
gum di·seas*e*/ gin·gi·vi·tis	گـَم دِزيِيز	التهاب باللثة
pim·ple	پِمپِل	دمبلة/ دِمبل/ دِمّل

ac·ne	آكْنيي	حَب الشباب
wart	وو ت	نمو لحمي/ فالولة
mole	مــول	شامة
rash	وْراش	خمخم
can·cer	كانْسَ	سَرطان

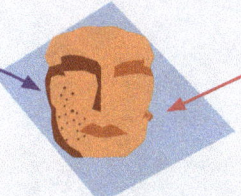

swell·ing	سـوِّلينـ	ورم
en·large·ment	إنْلــىٰجمَنْت	تضخم ورمي
tu·mor	تــوومَ	نمو لحمي غير طبيعي
brain tu·mor	بـْوْرَيْن تــوومَ	نمو لحمي/ ورم بالدماغ
ab·nor·mal growth	أبْنــو مَل گْوْروث	نمو غير طبيعي
lump	لَمْپ	عقدة

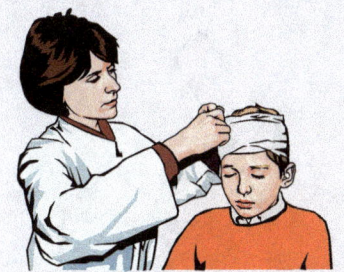

thy·roid gland	ثــايْ وْرويْد گْلانْد	غدة درقية
bruise	بـْوْرووز	كدمة
scab	سْكــاب	قشرة الجرح اليابس
scar	سْكـــىٰ	اثر الجرح
dan·druff	دانْدْ وْرَف	قشرة الرأس
head lice	هَد لايْس	قمل الرأس

neck pain	نـَك پـَـيْن	ألم الرقبة
ar·thri·tis	ىٰثـَ وْرايْدَس	إلتهاب المفاصل
rheu·ma·tism	وْروومـاتـِزِم	روماتيزم
back·ach*e*	بـــاكْ أيْك	ألم الظهر
dis·**lo**·cat·ed disc	دِسْلوكـَيْدِد دِسـْك	انزلاق فقرة

chron·ic pain	كـْوْرىٰنـِك پـَيْن	ألـم مزمن
a**b**·do·min·al pain	أبْدىٰمـِنـَل پـَيْن	ألم البطن
stom·ach·ach*e*	سْتـَمِك أيْك	ألم المعدة
gas·tri·tis	گـاسـْتـْ وْرايْدَس	غازات معوية
hi*c*·cup	هـِكـْءَب	حازوقة/ زُغُطة
burp	بـِ وْرْپ	فـواق/ تريعة

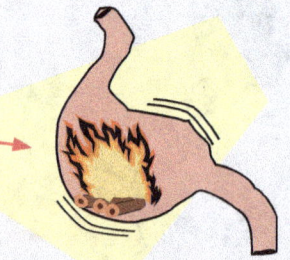

heart·**burn**	هـا وْرْتْ بـِوْرْن	حموضة المعدة
in·di·ges·tion	إنْدِجَسـْشـِن	ســوء الهضم/ عسر الهضم
nau·se·a	نـــىٰزِيَ	غثيان
throw·ing up/vom·it·ing	ثـْ وْرَوِنـْ ءَپ/ ڤـــىٰمِدِنـْ	تـقيؤ
di·*ar*·*rhe*·a	دايَ وْريِيـا	إسهال
con·sti·pa·tion	كـىٰنـْسـْتـِپـَـيْشِن	إمساك

hem·or·*rh*oids	هِمَـ وْرويْدْز	بواسير
a*p*·pen·di·ci·tis	أپِنْدِسـايْدَس	زائدة دودية
gall·ston*e*s	گـىٰل سْتـونْز	حصو
gall·bla*d*·de*r*	گـىٰل بْلادَ	مرارة
bla*d*·de*r* in·fec·tion	بْلادَ إنْفِكْشِن	التهاب المثانة

pros·tat*e*s	پْـرُوْسْتَـيْتْس	بروستات
a·ne·mi·a	أنـيـمـيـا	أنيميا الدم
de·fi·cien·cy	دِفِشِنْسـي	نقص
vi·ta·min de·fi·cien·cy	ڤـايْدَمِن دِفِشِنْسي	نقص فيتامينات
mal-	مـال	بادئة معناها سوء أو نقص
mal·nu·tri·tion	مـالْ نـووتـْوْرِشِن	سوء تغذية

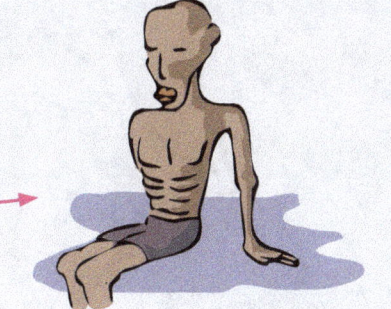

mal·a·dy	مـالـدِي	علة
he·mo·phil·i·a	هيموفِليا	فقر الدم
low **bl**ood pre*s*·su*re*	لـــو بلـعَد پـْوْرَشَ	هبوط ضغط الدم
hig*h* **bl**ood pres·su*re*	هــاي بلـعَد پـْوْرَشَ	ارتفاع ضغط الدم
hig*h* cho·les·ter·ol	هــاي كلِسْتـْوْرول	ارتفاع الدهن الجامد في الدم
blood clot	بلـعَد كلاط	تخثر الدم

hear*t* at·tack	هــا وْرْدَتــاك	سكتة قلبية
strok*e*	سْتـْ وْروك	جلطة دماغية
pa·ral·y·sis	پـِ وْرالـَسِز	شلل
di·a·be·tes	دايْبيي ديي ز	مرض السكر
hand·i·cap*p*ed	هانـْدِي كــاپـْت	شخص مُعاق

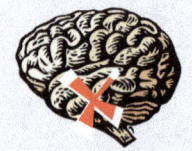

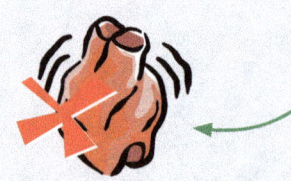

re·tard·ed	وْرِتــىْ دِد	متقاعس
cramp	كـْ وْرامـْپ	مغص
num*b*	نـَـم	فاقد الإحساس بمنطقة/ منمل
twist·ed an·kle	تـْ وِّسـْـتـِـد أيْنـْكِل	التواء الرسخ
an·kle	أيْنـْكِل	رِسخ
un·cle	عَنـْكِل	خال/ عم

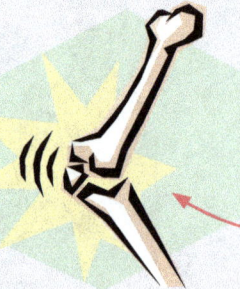

frac·tu*r*ed bon*e*	فـْ وْراكـْچـَ د بــون	عظم مفطور
dis·lo·cat·ed bon*e*	دِسْلـوكَــيْـدِد بــون	عظم متحرك من مكانه
bro·ken bon*e*	بـْ وْروكِن بــون	عظم مكسور
con·**cus**·sion	كـَنـْكـَشـِن	رجة فصدمة
diz·zi·ness	دِزيي نـَس	دَوَخان/ دوخة
co·ma	كــوما	غيبوبة طويلة

nerv·*ou*s break·down	نِـ وْرْڤِـز بْـ وْرَيْكْ داوْن	انهيار عصبي
be·hav·ior·al dis·or·de*r*	بيي هَــيْفْيَ وْرَل دِسْءوِدَه	خلل بالسلوك
e·mo·tion·al dis·or·de*r*	إمــــوشِنَل دِسْءوِدَه	خلل عاطفي
a*d*·dic·tion	أدِكْشِن	إدمان
drug a*d*·dict	دِ وْرَگـ آدْإكْت	مدمن على المخدرات

al·co·hol·ic	ألْكَهولِك	مدمن على الكحول
wor*k*·a·hol·ic	وِ كَهـــولِك	مدمن على العمل
*p*sy·chol·o·gi·cal ill·ness	ســــايكَلَــىٰجِكِل إلِّــنَس	مرض نفسي
de·pres·sion	دِپْ وْرَشِن	كآبة
men·*t*al ill·ness	مَنِل إلِّــنَس	مرض عقلي
schiz·o·phre·ni·a	ســكْــزو فــْ وْرَينْيا	انفصام الشخصية

ac·ci·dent	آكْسِدَنْت	حادث اصطدام
burns	بـءَ وْرْنْز	حروق
cuts	كـءَتْس	جروح
wound·ed	ووونْدِد	مطعون
in·ju·ry	إنْجِ وْريي	أذية لاحقة
bleed	بْلييــــد	يدمي أو ينزف

bee sting	بيي سْتِنْگ	لسعة النحل
food poi·son·ing	فـوود پويْزِنِنْ	تسمم من الطعام
child rar·ing	چـايَلْد وْرَيْ وْرِنْ	القدرة على الحمل والولادة
preg·nant	پْـوْرَگْـنَنْتْ	أنثى حامل
la·bo*r* pain	لَـيْبَـ پَـيْنْ	آلام ما قبل الولادة

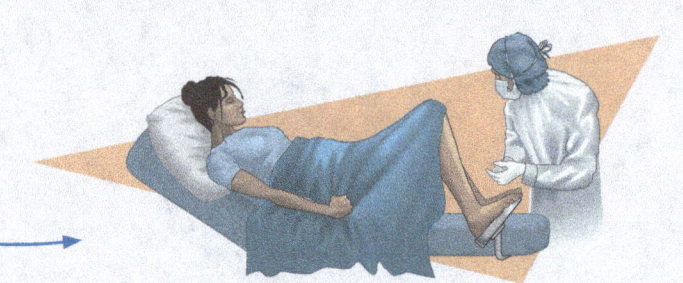

con·trac·tions	كَنْتْـوْراكْشِنْز	الآم المخاض
bi*r*th con·trol	بِـوْرْثْ كِنْتْـوْرول	منع الحمل
a·bo*r*·tion	أبـو وْرْشِن	إجهاض
mis·ca*r*·riage	مَسْكَيْـوْرِج	إسقاط/ طرح
pe·riod/ men·str*u*·a·tion	پيـيـوْرْيَـد	فترة الطمث
PMS	پيي أَم أَس	آلام ومعاناة ما قبل الطمث

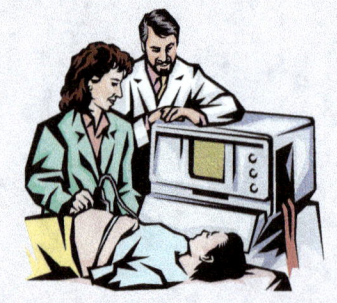

men·o·paus*e*	مَنَـپـىْز	فترة سن النضوج للمرأة
es·tro·gen	أَسْتْـوْروجِن	هرمون ضروري للمرأة
cir·cum·ci·sion	سِـوْركَمْسِژِن	طهور
ear pie*r*c·ing	إيـيـ وْر پييـ وْرْسِنْ	ثقب الآذان
STD	أَس تيي ديي	أمراض تناسلية
AIDS	أيْدْز	مرض فقدان المناعة

HIV vi·rus	أَيْچ آي ڤيي	جرثومة مرض فقدان المناعة
gon·*or*·*rhe*·a	گىَنَـ وْرِيـا	مرض التعقيبة
syph·i·lis	سِفِلِس	سفلس
hep·a·ti·tis	هِپَتايْدِس	التهاب الكبد
vac·cin*e*	ڤــاكْـسيين	لقاح ضد

he*r*·pes	هِـ وْرْ پييز	زُهري
he*r*·pes vac·cin*e*	هِـ وْرْ پييز ڤــاكْـسيين	لقاح ضد الزهري
pa*r*·a·sit*e*s	پا وْراســايْتس	دود بالجسم
i*t*ch	إچ	حكة جلدية
scra*t*ch	سكْـ وْراچ	يحك

bu*r*n	بـءَ وْرْن	حُرقة
hea*r*t fail·u*re*	هــا وْرْت فــيْلِـيَـ	عجز القلب
hea*r*t trans·plant	هــا وْرْت تْـ وْرانْزْپْلانْت	زرع قلب
o*r*·gan trans·plant	عو گِن تْـ وْرانْزْپْلانْت	زرع عضو بجسم

13.3. Pe·di·at·ri·cian	پــيي‌دِيَـتْ وْرِشِن	طبيب أطفال
im·mu·niz·a·tions	إمْيـــوونـزِيْشِـن	لُقاح ضد
chick·en·pox	چِكِن پــىٰكْس	طفح جلدي/ جدري
measl*es*	مـــيي‌زِلْز	حصبة
ru·be*l*·la/ Ge*r*man measles	وْرووبـَلا	حصبة خفيفة
mumps	مـءَمْپْس	نُكاف

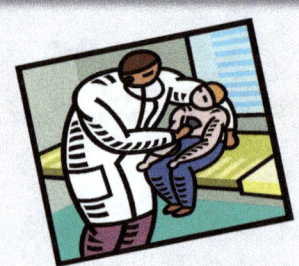

eye in·fec·tion	آي إنْفَكْشِن	التهاب العيون
teeth·*ing*	تــيي‌ذِنْ	إخراج أسنان
ring·wo*r*m	وْرِنْگ وِ وْرْم	البرص
fun·gus/ yeast	فـءَنْگَس/ يــيي‌سْت	فطريـات
sca·bies	سْكَيْبييز	جَرَب الماشية
scar·let fe·ve*r*	سْكىٰلِط فيي‌ڤـَ	الحمة القرمزية

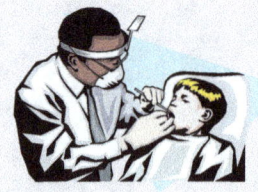

diph·*th*e·ri·a	دَفْتْ وْرْيــا	دفتريا
tet·a·nus shot	تَتْنَس شــىٰت	إبرة كِزاز
po·li·o	پــولــيي‌يــو	شلل الأطفال
mus·cu·lar dys·tro·phy	مَصْكِلىٰ دِسْتْ وْرِفْيي	شلل عضلي
pa·ral·y·sis	پْ وْر السَـزِ	شلل
tu·be*r*·cu·lo·sis/ TB	تِبَ وْرْكِلــوسِز/ تيي بيي	مرض السل
in·fant mo*r*·tal·i·ty	إنْفَنْت مــو تــالَتيي	حالة موت الرضيع

نماذج

نموذج

83 I have the flu: أنا عندي الرشح

I have the flu.
I have ton·sil·li·tis.
I have a chron·ic pain.
I have a tooth·ache.
I have a sore throat.
I have chest pain.
I have a head·ache.

نموذج

84 We have the flu: نحن عندنا الرشح

We have the flu.
We have ton·sil·li·tis.
We have a chron·ic pain.
We have tooth·aches.
We have a sore throat.
We have chest pain.
We have head·aches.

طالب يتكلم وطالب يصغي له !

نموذج

85 Zaid and I (we) have the flu/ We've: زَيدْ وأنا عندنا الرشح

Zaid and I have the flu.
Zaid and I have ton·sil·li·tis.
Zaid and I have a chron·ic pain.
ZaId and I have a tooth·ache.
Zaid and I have a sore throat.
Zaid and I have chest pain.
ZaId and I have a head·ache.

نماذج

نموذج 86 They have the flu: هم عندهم الرشح

They have the flu.
They have ton·sil·li·tis.
They have a chron·ic pain.
They have a tooth·ache.
They have a sore throat.
They have chest pain.
They have a head·ache.

نموذج 87 Zaid and Na·di·a (they) have the flu: زَيد ونادِيا عندهم الرشح

Zaid and Nadia have the flu.
Zaid and Nadia have ton·sil·li·tis.
Zaid and Nadia have a chron·ic pain.
Zaid and Nadia have a tooth·ache.
Zaid and Nadia have a sore throat.
Zaid and Nadia have chest pain.
Zaid and Nadia have a head·ache.

اقرأوا بصوت عال وركزوا على النطق.

نموذج 88 He has the flu: هو عنده الرشح

He has the flu.
He has ton·sil·li·tis.
He has a chron·ic pain.
He has a tooth·ache.
He has a sore throat.
He has chest pain.
He has a head·ache.

نماذج

نموذج 89 My son (he) has the flu: ابني عنده الرشح

My son has the flu.
My son has ton·sil·li·tis.
My son has a chron·ic pain.
My son has a tooth·ache.
My son has a sore throat.
My son has chest pain.
My son has a head·ache.

اقرأوا بصوت عال وركزوا على النطق.

نموذج 90 Zaid (he) has the flu: زَيد عنده الرشح

Zaid has the flu.
Zaid has ton·sil·li·tis.
Zaid has a chron·ic pain.
Zaid has a tooth·ache.
Zaid has a sore throat.
Zaid has chest pain.
Zaid has a head·ache.

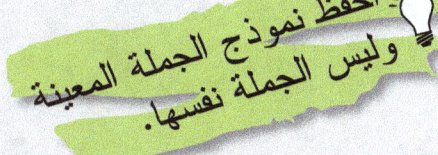

احفظ نموذج الجملة المعينة وليس الجملة نفسها.

نموذج 91 She has the flu: هي عندها الرشح

She has the flu.
She has ton·sil·li·tis.
She has a chron·ic pain.
She has a tooth·ache.
She has a sore throat.
She has chest pain.
She has a head·ache.

نماذج

نموذج 92

My daug*h*ter (she) has the flu: ابنتي عندها الرشح

My daug*h*·ter has the flu.
My daug*h*·ter has ton·sil·li·tis.
My daug*h*·ter has a chron·ic pain.
My daug*h*·ter has a tooth·ach*e*.
My daug*ht*er has a sor*e* throat.
My daug*h*·ter has chest pain.
My daug*h*·ter has a he*a*d·ach*e*.

نموذج 93

Na·di·a has the flu: ناديا عندها الرشح

Nadia has the flu.
She has ton·sil·li·tis.
She has a chron·ic pain.
She has a tooth·ach*e*.
She has a sor*e* throat.
She has chest pain.
She has a he*a*d·ach*e*.

تناوب الطالبان: الطالب الأول يُردد عشر جُمل والثاني يصغي له دون مقاطعة ودون تصحيح. وعلى الزميل أن يشجع الآخر، ويسكت ويصغي للآخر والآخر إليه دون أن يتدخل أحدهما في كلام الآخر.

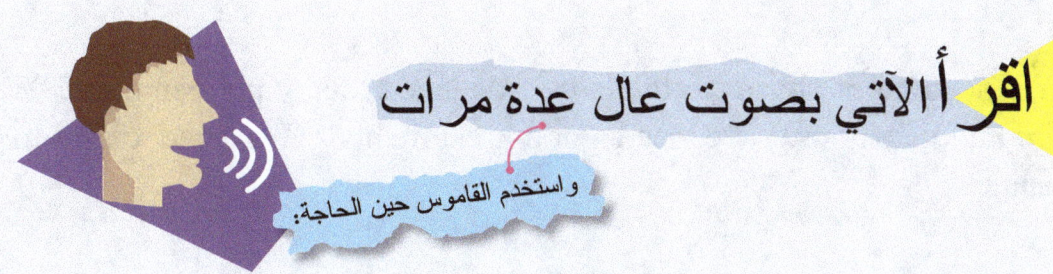

اقرأ الآتي بصوت عال عدة مرات

واستخدم القاموس حين الحاجة:

I nee*d* to go to the doc·to*r*. I nee*d* to go to the hos·pi·tal. I nee*d* to go to a clin·ic. I nee*d* to go to the drug·sto*re*.

I think I am com·ing up with a bad cold. I think I have the flu. I have a ver·y hig*h* fe·ve*r*. I have a ru*n*·ny nos*e*. I have a te*r*·ri·ble he*a*d·ach*e*.

My as*th*·ma is both·er·ing me a·gain. My si·nus·es are ac·ting up on me a·gain. I have lots of in·fla*m*·ma·tion. When I cough, it is a dried ty*pe* of a cough, with no mu·cus.

I have hay fe·ve*r* in *th*e fall. My a*l*·ler·gy is both·er·ing me a·gain. May I have some mo*re* a*l*·ler·gy pills? Pleas*e* Doc, gi*ve* me the typ*e* o*f* pills that don'*t* mak*e* me sleep·y dur·ing the day. I need help with my bee sting too. I may e·ven have food poi·son·ing.

I'm the pa·tient. I have sym*p*·toms. I have pain. I nee*d* to go to the doc·to*r*. My dis·eas*e* is he·red·i·tar·y, an*d* it is no*t* con·ta·g*i*ous.

The Doctor

We need more physical therapy. We need lots of preventions. We need child immunizations. We need good treatments. We need cures for AIDS and cancer.

Zaid and I had operations/ surgeries. They gave me local anesthesia, and they gave Zaid general anesthesia. Both of us had stitches. We had had X-rays the day before. We had had blood tests three days before that. We had had urine tests too.

She went to the lab. She had a Pap Smear done. She had a pregnancy test. The test result was positive; it wasn't a negative result. She had had a blood transfusion last year.

We went to the pharmacy to buy medications. We gave the pharmacist the prescription. We got the medicine and it was a bunch of pills, tablets, antibiotic capsules, some liquid medicine, and some eye drops. I asked the pharmacist for a more potent medicine.

While we waited for the prescription in the drugstore, we picked up some coated aspirins, some laxatives, and an enema.

The Doctor

I went to the doctor because I had a bad blood circulation. I went to the doctor because I had chest pain, and the doctor said that I had pneumonia. I went to the doctor because I had an earache, and the doctor said that I had an ear infection. I went to the doctor because I had sore throat, and the doctor said that I had tonsillitis.

I went to the doctor because I was coughing, sneezing, and my chest was wheezing, and the doctor said that I had a whopping cough. I went to the doctor because I felt congested, and the doctor said that I needed a shot.

I went to the dentist because I had a toothache, and the dentist said that I had a cavity. I went to the dentist because I needed to get my teeth cleaned and to remove the plaque out of my teeth, and the dentist said that I had Gingivitis, (gum disease). He said to brush my gums whenever I brush my teeth.

My baby had a rash. My daughter had a small pimple. My teenage son had lots of acnes. I had a wart on my face. My sister had a big mole right on her nose.

The Doctor

My neigh·bor had swell·ing in her stom·ach, but she was o·kay af·ter she stopped eat·ing bread. My neigh·bor had a brain tu·mor, but it was be·nign. My neigh·bor had an ab·nor·mal growth, but it was not can·cer·ous. My neigh·bor had a lump, but it was not ma·lig·nant. My neigh·bor had a swell·ing in her thy·roid gland, but she turned out to be just fine.

My neph·ew had a few prob·lems. My neph·ew had a bruise. My neph·ew had a scab. He scratched his scab and it bled a lit·tle bit. My neph·ew had dan·druff. My neph·ew had head lice from school. My neph·ew had fell and end·ed up hav·ing a cast ar·ound his arm.

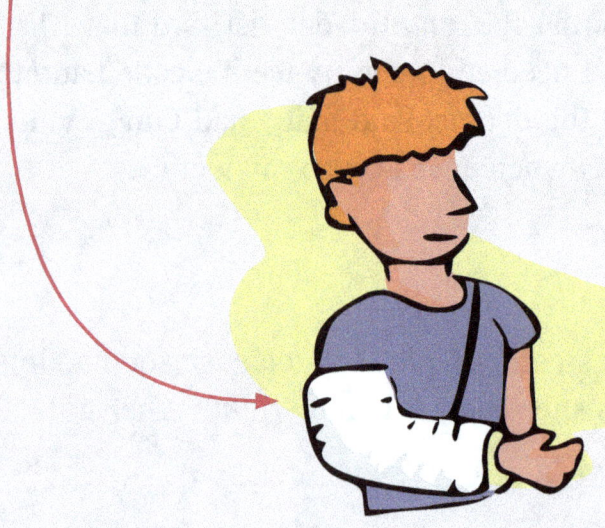

My mom had a neck pain. My mom had ar·thri·tis. My mom had rheu·ma·tism. My mom had a back·ache. My mom had a chron·ic back pain.

The Doctor

My un·cle drank and burped. My un·cle had in·di·ges·tions. My un·cle had gas·tri·tis. Just now, he had the hic·cups. My un·cle was al·ways con·sti·pa·ted. My un·cle had hem·or·rhoids. My un·cle had pros·tates.

My aunt had a heart·burn. My aunt had nau·se·a when she smelled fish. My aunt was vom·it·ing (throw·ing up). My aunt was preg·nant. My aunt gave birth to a ba·by that was re·tard·ed and the poor ba·by died.

My sis·ter had a stom·ach·ache. My sis·ter had an ab·do·min·al pain too. My sis·ter had gall·stones. She had di·ar·rhe·as. She had a blad·der in·fec·tion.

My niece had cramps. My niece wants to pierce her ears. My niece is fine now.

My cous·in, who is a girl, had ap·pen·di·ci·tis and was quick·ly rushed in·to the op·er·a·ting room. My cous·in had he·mo·phil·i·a. My cous·in had a·ne·mi·a. My cous·in had low blood pres·sure. My cous·in had vi·ta·min de·fi·cien·cy. My cous·in had mal·nu·tri·tion; she was of·ten diz·zy. The mal·a·dy is that my cous·in still doesn't eat much.

The Doctor

My cous·in, who is a boy, had a twist·ed an·kle. My cous·in hurt him·self and dis·lo·cat·ed a bone. He hurt him·self and had a frac·tured bone. He had a bro·ken bone and under·went a sur·ger·y for a dis·lo·cat·ed disc. He didn't get any bet·ter; he felt worse. He felt worst than ev·er. He be·came hand·i·capped and sat on a wheel·chair ♿. He read lots of books and be·came a phi·los·o·pher.

My grand·pa had high blood pres·sure. He had di·a·be·tes. Di·a·be·tes is he·red·i·tar·y, not con·ta·gious. My grand·pa had high cho·les·ter·ol. My grand·pa had blood clots. My grand·pa had a heart at·tack. My grand·pa be·came pa·ral·yzed. My grand·pa had a stroke.

My grand·ma had de·pres·sion. My grand·ma had nerv·ous break·down. My grand·ma was a com·pul·sive o·ver·eat·er. My grand·ma's ad·dic·tion to food be·came worse when my grand·pa was sick. My grand·ma was go·ing to die from heart fail·ure. How·ever, she had a heart trans·plant. My grand·ma had an ar·ti·fi·cial res·pi·ra·tion dur·ing the sur·ger·y. My grand·ma got bet·ter.

The Doctor

My son had a few *psy·chol·o·gi·cal* prob·lems. My son was e·mo·tion·al·ly dis·tu*r*bed; he had a be·hav·ior·al dis·o*r*de*r*. My son didn'*t* get a·long with his wo*r*k·a·hol·ic fa·the*r*. My son had a drink·ing prob·lem. My son said that he was an al·co·hol·ic. My son ad·mi*t*ted him·self in·to the hos·pi·tal fo*r* al·co·hol de·tox·i·fi·ca·tion. My son has gon*e* an*d* still goes to meet·ings to help him con·trol his drink·ing prob·lem. My son cou*l*dn'*t* quit drink·ing with·out group help. My son is ha*p*·pie*r* now.

One of my re·mot*e* cous·ins had a men·*t*al ill·ness. He had schiz·o·phre·ni·a. He had had an a*d*·dic·tion to drugs. He use*d* to say that he was a drug a*d*·dict. He had a car ac·ci·dent. He had a con·cus·sion. He wen*t* in·to a long co·ma. He was still a·live un·til last yea*r*.

One of my re·mot*e* cous·ins was of·*t*en in·volved with som*e* typ*e* of ac·ci·dents. Onc*e*, she fell in a pu*d*·dle an*d* hu*r*t he*r* thum*b*. He*r* thum*b* was num*b*. Once she was burnt an*d* had lots o*f* burns. Once she was cu*t*ting *a*n a*p*·ple an*d* she cut he*r*·self. She had man·y cuts. She got in·to the a*r*·my an*d* got wound·ed. Her in·ju·ry was bad. She bled a lot. He*r* bleed·ing was du*e* to he*r* bad in·ju·ry. When she got preg·nant, she had a mis·car·riag*e*.

The Doctor

She can·not have an·y type of birth con·trol. She can·not have an a·bor·tion. She is preg·nant. She is hav·ing la·bor pain. She has had con·trac·tions. She gave birth to a beau·ti·ful ba·by girl.

She is be·tween for·ty-five and fif·ty, and her pe·riod stopped. She is in her men·o·pause. She needs to ask her doc·tor for es·tro·gen pills.

الامتحان التحريري الخامس

اكتب عشر جمل أو أكثر لكل نموذج من الجُمل المدروسة.
أي اكتب ما مجموعه 100 جملة أو أكثر متذكرا بأن تبدأ كل جملة بحرف كبير (Capital letter):

83 I have the flu

84 We have the flu

85 Zaid and I have the flu

86 They have the flu

87 Zaid and Nadia have the flu

88 He has the flu

89 My son has the flu

90 Zaid has the flu

91 She has the flu

92 My daughter has the flu

93 Nadia has the flu

امتحان شفوي

ردد عشر جمل أو أكثر لكل نموذج من الجُمل المكتوبة أعلاه. أي ردد ما مجموعه 100 جملة أو أكثر بصوت عال وواضح.

The Doctor

إن عملية تعلم النماذج في اللغة تشبه عملية بناء البيت حجر فوق حجر، والنموذج الواحد هو بمثابة حجر في عملية بناء البيت.

124	125	126	127
116	117	118	119
108	109	110	111
100	101	102	103
92 My daughter has the flu	93 Nadia has the flu	94	95
84 We have the flu	85 Zaid and I have the flu	86 They have the flu	87 Zaid and Nadia have the flu

74 When will	75 When was the day over?	76 It is	77 It was	78 It will be
64 I'll have	65 I am going to	66 Do you have	67 my hair	68 his hair
54 Zaid didn't buy	55 He went	56 He bought	57 He didn't buy	58 They went
44 I used to	45 We drank	46 We ate	47 We have	48 under
34 I'll steam	35 I'll boil	36 Bring me	37 I brought the	38 I didn't bring
24 I will chop	25 I will mash	26 I will dice	27 I will shred	28 I will slice
14 I don't have	15 I love	16 I went to	17 I bought	18 I eat
1 This is	2 That is	3 I see	4 I need	5 I want	6 I have

الإنكليزية لمتكلمي العربية   190   للمؤلفة كاميليا صادق

The Doctor

حين تحقق سلاسة في أي نموذج معين، تكون قد وضعت حجراً لا يتزحزح في الذاكرة.

120	121	122	123
112	113	114	115
104	105	106	107
96	97	98	99
88 He has the flu	89 My son has the flu	90 Zaid has the flu	91 She has the flu

Great job.

79 It will not be	80 My cat is	81 My aunt had	82 My uncle	83 I have the flu
69 her hair	70 The man is	71 Zaid's car is	72 Zaid's	73 When
59 They tried on	60 We tried on some	61 I tried on many	62 I didn't try on	63 May I
49 We went	50 We bought	51 We didn't buy	52 Zaid went	53 Zaid bought
39 Take out	40 I used	41 I didn't use	42 I made	43 I use
29 I will toss	30 I will peel	31 I'll squeeze	32 I'll wash	33 I'll cook
19 I don't eat	20 I didn't eat	21 I will not eat	22 I ate	23 I will cut
8 These are	9 Those are	10 I will own	11 I will buy	12 I saw	13 I like

الرجوع إلى خطوات الطفولة

تبدأ خطوات اكتساب اللغة للبالغين بمراحل عدة مثل خطوات اكتساب الطفل للغة. فالطفل ينطق ثم يتكلم **لوحده** ومن ثم يصل إلى مرحلة التحدث مع الآخر. لاحظ إنه لا يمكن إجبار الطفل على القفز من مرحلة النطق بمفرده إلى مرحلة المحادثة مع الآخر. إذ يجب أن يمر الطفل بمرحلة التكلم بمفرده (مرحلة الدندنة) ويجب أن يُسمح له أن يخطأ كي يتعلم من أخطائه وهو الذي سيصحح لنفسه بنفسه إلى أن يتحدث مع الآخرين بسهولة تامة وتأتيه الجمل المركبة –حين يتحدث مع الآخر– من حيث لا يدري. أي لا يفكر الطفل بتكوين جمل مركبة حين يتحدث مع الآخرين، بل تأتيه هكذا جمل كنتيجة تلقائية بعد تراكم عددا من الجمل البسيطة في ذهنه. ولا يتحدث الطفل، مع الآخر، إلا بعد أن يمر بهذه المراحل وبعد أن يمارس اللغة بفمه وأذنيه وعينيه قبل أن يكتبها بيده.

Chapter Fourteen

الفصل الرابع عشر

الأمور القانونية

The Legal System

ألفاظ ومعان - واستخدام أكثر من 95 مفردة

The Le·gal Sys·tem	ذَ ليبگِل سِسْتِم	الأمور القانونية
sys·tem	سِسْتِم	نظام
law	لـــىْ	قانون
le·gal	ليبــگـِل	قانوني
il·le·gal	إلْليبــگـِل	غير قانوني

ju·di·cial	جــوودِشِل	قضائي
court·house/ court	كـــوْوْرت هـــاوْس	محكمة
judge	جـءَج	قاضي/ حاكم
ju·ry	جــوو وْريي	هيئة الحكام

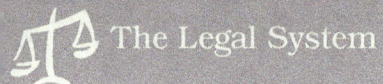

The Legal System

ju·ry du·ty	جـوو وْريي ديـووديي	واجب الخدمة بهيئة الحكام
pros·e·cu·tor	پْـوْرىٰسِكْـيوودَ	المدّعي العام
law·yer/ at·tor·ney	لـويَـ/ أتـْ وْرْنيي	محامي
bail·iff	بَـيْـلِف	مُنـادي/ مُبَلِغ
bail bond	بَـيْـل بَـىٰنْد	كفالة مـالية

jail	جَـيْـل	موقف/ سجن مؤقت
pris·on	پْـوْرِزِن	سجن
be·hind bars	بَهـايْنْد بـىٰز	خلف القضبان
hand·cuffs	هـانْـكـعَفْس	قيود اليدين/ كلبچات
ar·rest·ed	أوْرَسْتِـد	مقبوض عليه
cap·tured	كـاپْـچَـد	مقبوض عليه/ ممسوك

re·leased	وْرِلييسْت	مُطلق سراحه
crime	كْـوْرايْم	جريمة
crim·i·nal	كْـوْرِمِـنَل	مجرم
mur·der	مـوْرْدَه	جريمة قتل
mur·der·er	مـوْرْدَ وْرَه	قاتل

The Legal System

vic·tim	ڤِـكْـتِـم	ضحية
slain	سْلَـيْن	مقتول أو مذبوح
as·sault	أَسـىلْط	تهديد
bat·ter·y	بـارِري	ضرب واعتداء
thief	ثييـف	سارق/ حرامي

theft	ثِفْت	سرقة
rob	وْرىب	يسرق
rob·be·ry	وْرىبَـوْري	سرقة
break in·to	بْـوْرِيْك إنْـتـوو	سطو على مكان
ar·son	ىسِن	حرق مُتعمَد
fight	فـايْت	عركة ضرب

is·sue	إشْـيـوو	موضـوع المجادلة
ar·gu·ment	ىگـيـوومَنْت	مجادلة
dis·cus·sion	دِسْكَـشِـن	نقاش
com·plaint	كَمْپْلَـيْنت	شكوى قانونية
po·lice re·port	پُلييس وْرپو ت	تقرير الشرطة

sus·pect	صَسْپِكْتْ	مشكوك به
ac·cused	أكْيـــووزْدْ	مُتهَم
tri·al	جْـوْرايَل	محاكمة
pre·tri·al	پْـوْريي جْـوْرايَل	محاكمة أولية
ar·raign	أوْرَيْن	يستدعي للمحاكمة

tes·ti·fy	تَسْتَفـــاي	يُــدلي بشهادته
tes·ti·mo·ny	تَسْتِمــوني	شهادة
ev·i·dence	أڤِـدَنْـس	أدلة
ev·i·dent	أڤِـدَنْت	دليل واضح
wit·ness	وِتْنَس	شاهد/ يشهد
court de·ci·sion/ judge·ment	جـَجْمَنْت	قرار المحكمة

ver·dict	ڤِــرْدِكْت	قرار هيئة الحكام
dis·mis·sal	دِسْمِسَل	إلغاء القضية
ac·quit	أكْوِتّ	يُبرِئ
ac·quit·ted	أكْوِدِّد	مُبَرأ
guilt·y	گِلْتيي/ گِلْدِيي	مذنب

The Legal System

not guilt·y/ in·no·cent	نـــيْد گِلـْتيي	غير مذنب
plea	پْلـــيي	جواب المتهم/ عذره
plead in·no·cent	پْلـــييد إنِـسِنْت	يُجيب المُتـهم بأنه بريء
pled/ plead·ed guilt·y	پْلِد/ پْلـــييد گِلـْتيي	اعتراف بذنبه
plea bar·gain	پْلـــيي بـــيْگِن	اعتراف لتقليل العقوبة

plea of in·san·i·ty	پْليي أَف إِنْسانـديي	اعترافه بأنه مجنون
con·vict	كـيْنْ ڤـِكْـت	السجين
con·vict	كـنْ ڤـِكْـت	إدانة وتجريم
fel·o·ny	فـلـَنيي	جريمة كبرى
mis·de·mean·or	مِزْدِمـــيينـَ	جريمة صغيرة
fine	فـــايْن	غرامة أو يغرم

pa·role	پـَوْرول	شفعة
im·pris·on·ment	إمپْـوْرِزنْـمَـنْت	حبس
cap·i·tal pun·ish·ment	كـاپِـتِل پـَنِـشْـمَـنْت	عقوبة الإعدام
ap·peal	أپيـيــل	استئناف قرار المحكمة
vi·o·lence	ڤـــايَلـَنْس	عُنف

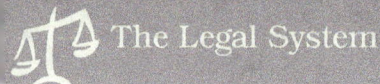

The Legal System

vi·o·lent	ڤـايَلَنْت	عنيف
weap·on	وَپِن	سلاح
gun	گـَن	مُسدس/ بندقية/ مدفع
pis·tol/ hand·gun	پِسْتِل/ هـانْدْ گـَن	مُسدس
ri·fle	وْرايْفِل	بندقية صيد

ma·chine·gun	مَشيين گـَن	رشاشة
bul·let	بُلِت	رصاصة/ طلقة
bul·let·proof glass	بُلِت پـْوْرووف گْلاس	زجاج ضد الرصاص
bomb	بـَم	قنبلة
bum	بـَم	الصعلوك/ المُتَسكّع
can·on	كـانِن	مدفع
no·ta·ry pub·lic	نودَ وْريي پَبْلِك	كاتب عدل
af·fi·da·vit	آفَدَيْڤِت	شهادة خطية بقسم
ver·y	ڤـَيْـوْريي	جداً

نماذج

اقرأوا بصوت عال وركزوا على النطق.

نموذج

94 What is the difference: وىْد إِز ذَ دِفْوْرِنْس ما هو الفرق

What is the dif·fer·ence be·tween le·gal an*d* il·le·gal?

What is the dif·fer·ence be·tween a ju*d*ge an*d* a ju·ry?

What is the dif·fer·ence be·tween a jail an*d* a pris·on?

What is the dif·fer·ence be·tween a le·gal weap·on an*d* *an* il·le·gal weap·on?

What is the dif·fer·ence be·tween a crim·i·nal an*d* a mur·der·*er*?

What is the dif·fer·ence be·tween a crim*e* an*d* a mur·de*r*?

What is the dif·fer·ence be·tween a sus·pect an*d* an ac·cused?

What is the dif·fer·ence be·tween a fel·o·ny an*d* a mis·de·mean·*or*?

نماذج

نموذج

95 Where is: وَيْـ وْر إِز أين هو

Where is the court?

Where is the court·house?

Where is the jail?

Where is the at·tor·ney?

Where is the pros·e·cu·tor?

Where is the vic·tim?

Where is the ac·cused?

Where is the wit·ness?

Where is the po·lice re·port?

اقرأوا سوياً وبصوت عال وبنغمة واحدة.

نموذج

96 Why is: واي إِز لماذا هو

Why is the ac·cused in jail?

Why is the crim·i·nal in pris·on?

Why is the thief ar·res·ted?

Why is the mur·der·er hand·cuffed?

Why is the sus·pect tes·ti·fy·ing?

طالب يتكلم وطالب يصغي له !

نموذج

97 Why was: واي وَزْ لماذا كان

Why was the thief cap·tured?

Why was the sus·pect re·leased?

Why was the ac·cused ar·raigned?

Why was the law·yer ar·gu·ing?

Why was the judge con·vict·ing the crim·i·nal?

Why was the fire an ar·son?

Why was the ju·ry com·plain·ing?

Why was the vic·tim as·saul·ted?

Why was the vic·tim slain?

Why was the pre·trial be·fore the trail?

Why was the wit·ness tes·ti·fy·ing?

Why was the ac·cused ac·quit·ted?

Why was the plea bar·gain ac·cep·ted?

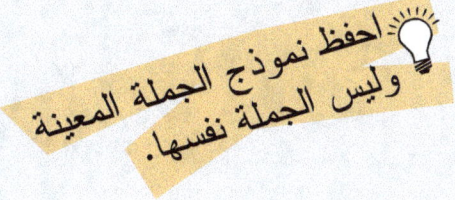

احفظ نموذج الجملة المعينة وليس الجملة نفسها.

اقرأ الآتي بصوت عال عدة مرات

واستخدم القاموس حين الحاجة:

Be·ing be·hind bars in pris·on is no fun. The law re·quires us to know the le·gal sys·tem. It is il·le·gal to pre·tend that we don't know the law. We are al·so re·quired to serve on a ju·ry du·ty, if asked to do so. One is al·lowed to say noth·ing un·til he or she sees a law·yer. Le·gal·ly, a wit·ness is re·quired to tes·ti·fy be·fore the court of law. The sus·pect and the ac·cused are in·no·cent un·til prov·en guilt·y be·fore the court of law.

Chapter Fifteen

الفصل الخامس عشر

في أمريكا

In the U.S.

ألفاظ ومعان
واستخدام أكثر من
100
مفردة

The U. S. Sys·tem	ذي يوو أَس سِسْتِم	النظام الأمريكي
U. S. gov·er*n*·men*t*	يوو أَس گَـڤِـ وِرْمَنْت	حكومة أمريكا
coun·try	كـءَنْتْ وْريي	دولة
fed·er·al gover*n*men*t*	فَدْ وْرَل گَـڤِـ وِرْمَنْت	حكومة الدولة
stat*e* gov·er*n*·men*t*	سْتَيْت گَـڤِـ وِرْمَنْت	حكومة الولاية

coun·*ty* (cit·ies in a state)	كاونيي	قضاء
cit·y gov·er*n*·men*t*	سِديي گَـڤِـ وِرْمَنْت	حكومة المدينة
cap·i·tal	كاپِتِل	عاصمة
The White Hous*e*	ذ وايْت هاوْس	البيت الأبيض

Wash·ing·ton DC; capital of U. S.	وىٰشِنْتِن ديي سيي	واشنطن دي سي/ العاصمة
Na·tion·al an·them	ناشِنَل آنْثَم	سلام جمهوري
sa·lute the flag	سلِووت ذَ فْلاگ	يُحَي العلم
U. S. pres·i·dent	يوو أس پْرِزِدَنْت	رئيس الجمهورية
vice-pres·i·dent	ڤايْس پْرِزِدَنْت	نائب الرئيس

the state's gov·ern·or	گَڤِرْنَ	حاكم ولاية أمريكية
the cit·y's may·or	مَيَ	حاكم مدينة أمريكية
con·sti·tu·tion	كىٰنْسْتِتْيووشِن	دستور
a·mend·ment	أمَنْمَنْت	تعديل في الدستور
e·lec·tions	إلَكْشِنْز	انتخابات
can·di·dates	كانْدَيْتْس	المرشحون

pol·i·tics	پىٰلِتِكْس	سياسة
vote	ڤووت	يصوت/ صوت
vot·ing	ڤودِنْ	تصويت
e·lec·tor·al col·lege	إلَكْتوْرَل كىٰلِج	لجنة لتمثيل ولاية أثناء التصويت
e·lec·tor·al votes	إلَكْتوْرَل ڤوتْس	أصوات الممثلين

par·*ty*	پـیٰوْرِيي	حزب
Dem·o·crat·ic Par·*ty*	دِماكْ وْرادِك پـیٰوْرِيي	الحزب الديمقراطي
Re·pub·lic·an Par·*ty*	وْرِپبْلِكِن پـیٰوْرِيي	الحزب الجمهوري
in·de·pend·ent par·*ties*	إنْدِپِنْدِنْت پـیٰوْرِيي	أحزاب أخرى
NAACP	أَن دَبُل أَي سِي پِي	اسم منظمة للزنوج الأمريكان

rep·re·sen·*ta*·tiv*e*	وْرَپْ وْرِزَنْدِڤ	مندوب
hous*e* of rep·re·sen·*ta*·tive*s*	هاوْس أَف وْرَپْ وْرِزَنْدِڤْـز	مجلس النواب عن كل ولاية
con·gress	كیٰنگْ وْرَس	مجلس الشيوخ
sen·at*e*	سَنَت	جزء من مجلس الشيوخ
leg·is·la·tiv*e* branch	لَجِسْلَتِڤ بْـوْرانچ	السلطة التشريعية
sen·at·*or*	سَنَتَ	سيناتور

bill of rig*h*ts	بِل أَف وْرايْتْس	قانون الحقوق العامة
civ·il rig*h*ts bill	سِڤِل وْرايْتْس بِل	قانون الحقوق المدنية
free·dom	فْوْرييدَم	حرية
free·dom o*f* speech	فْوْرييدَم أَ سْپييچ	حرية الرأي
free·dom o*f* press	فْوْرييدَم أَ پْوْرَس	حرية النشر

sec·u·lar state	سَكْيُوولَ سْتَيْت	دولة علمانية
so·cial se·cu·ri·ty	سوشِل سِكْيُوو وْرِديي	ضمان اجتماعي
pub·lic as·sist·ance	پِءَبْلِك أَسِسْتِنْس	مساعدة حكومية للفرد الفقير
wel·fare	وَلْفَيَ	مساعدة حكومية للعائلة الفقيرة
ju·di·cial branch	چووْدِشِل بْوْرانْچ	السلطة القضائية

in·ter·pret the law	إِنْتِوْرْپْوْرِت ذَ لَى	يُفسر القانون
U. S. Sup·reme Court	سُپْوْرِيم كو وْرْت	محكمة الدولة العليا
state sup·reme court	سْتَيْت سُپْوْرِيم كو وْرْت	أعلى محكمة في الولاية
ex·ec·u·tive branch	أَكْزَكِتِف بْوْرانْچ	السلطة التنفيذية
en·force the law	إنْفو س ذَ لَى	ينفذ القانون
po·lice force	پُلِيس فو س	جهاز الشرطة لتنفيذ القانون

fed·er·al po·lice	فَدْ وْرَل پُلِيس	جهاز شرطة الدولة
state po·lice	سْتَيْت پُلِيس	جهاز شرطة الولاية
count·y po·lice	كاوْنيي پُلِيس	جهاز شرطة القضاء
cit·y po·lice	سِديي پُلِيس	جهاز شرطة المدينة
FBI	أَف بيي آي	جهاز أمن الدولة داخل أمريكا

CIA	سيي آي أي	جهاز أمن الدولة خارج أمريكا
mil·i·tar·y force	مِلِتَـ ْوري فـــو س	الجيش
ar·my	ءَ ْميي	عسكرية
na·vy	نَــيْ ڤـــي	القوة البحرية
ma·rine	مَـ ْوريـــن	بحار / أمر له علاقة بالبحرية

pop·u·la·tion	پــىَ پْيــوولَــيْ شَــن	سكان/ عدد النفوس
in·come tax	إنكَـ ءَم تـــاكس	ضريبة الدخل
pro·per·ty tax	پْ وْرَىْ پَـ تيي تـــاكس	ضريبة الأملاك
treas·ur·y	تَـ وْرَژَ وْريي	خزينة الدولة
in·fla·tion	إنفلَـــيْ شِن	هبوط عملة وكساد اقتصادي
bank·rup·tcy	بـــانك وْرءَپْسيي	إفلاس مالي

low in·ter·est rates	لـو إنتَـ وْرَسْت وْرَيْتس	انخفاض فوائد قروض البنك
un·em·ploy·ment	ءَنْ إمْپلــويْ مَـنْـت	بطالة
cap·i·tal·ism	كاپِـتلِـزم	رأسمالية
cor·po·ra·tion	كـــو پَـ وْرَيْ شِن	شركة تعاونية
sin·gle pro·pri·e·tor	سِنْگِل پْـ وْرو پْـ وْرايَـ تَـ	مالك واحد

In the U. S.

fac·to·ry/ shop	فاكتِـوْريي/ شـىٰپ	مصنع/ معمل
in·sur·ance	إنْشــوو وْرَنْز	تأمين
fi·nance	فــايْنـانْس	مالي
loan	لـون	قرض
good cred·it	گـُد كـْوْرَدِت	سمعة مالية جيدة

col·lat·er·al	كـْلادِ وْرَل	رهن مقابل قرض
pay·ments	پـَيْمَنْتْس	أقساط
ca·reer	كـُوْريـيـوْر	مهنة
job	جـىٰب	عمل
work	وْو ك	وظيفة/ عَمَلْ
em·ploy·er	إمـْپـْلــويـه	صاحب العمل

em·ploy·ee	إمـْپـْلــويــي	عامل/ موظف
un·ion	يــوو نـْيـَن	نقابة
I.D. card/ i·den·ti·fi·ca·tion	آيْ ديي كــا د/ آيْدَنـفـكـَيْشِن	بطاقة هَويَة
driv·er's li·cense	جـْوْرايْفـَ ز لايْسِنـس	إجازة السَوق

نماذج

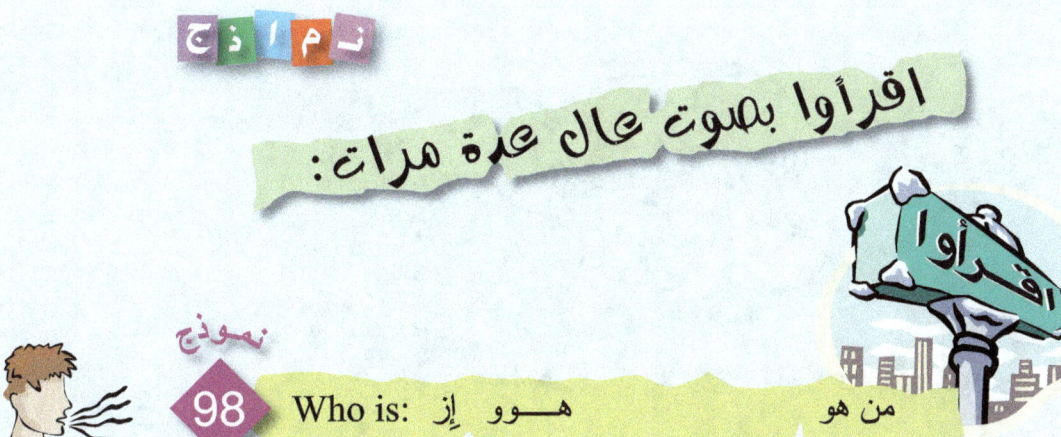

اقرأوا بصوت عال عدة مرات:

نموذج

98 Who is: هـــوو إز من هو

Who is the Pres·i·dent of the U·nit·ed States?

Who is the vice-pres·i·dent of the U·nit·ed States?

Who is the gov·er·nor of the state of Ca·li·for·ni·a?

Who is the may·or of the city of Los An·gels?

Who is the rep·re·sen·ta·tive of the Dem·o·crat·ic Par·ty?

Who is the rep·re·sen·ta·tive of the Re·pub·li·can Par·ty?

نموذج

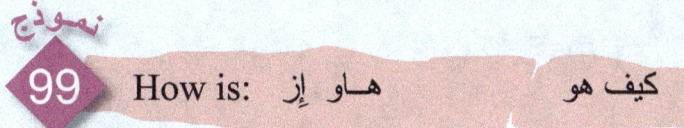

99 How is: هــاو إز كيف هو

How is the sys·tem in the U. S.?

How is the U. S. gov·ern·ment?

How is the fed·er·al gov·ern·ment in the U. S.?

How is the state gov·ern·ment in the state of Ca·li·for·ni·a?

How is the White House?

How is Wash·ing·ton DC?

How is in·fla·tion in the state of Mi·chi·gan?

How is un·em·ploy·ment in the city of Det·roit?

How is wel·fare in the city of Dear·born in Mi·chi·gan?

Both the city of Det·roit and the city of Dear·born are in the state of Mi·chi·gan.

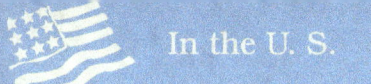

نماذج

اقرأوا بصوت عال
وركزوا على النطق.

نموذج

100 How are: هــاو ئ كيف هم ؟

How are the e·lec·tions held?

How are the can·*di*·dat*e*s do·ing?

How are the city po·lic*e* do·ing?

How are the coun·ty po·lic*e* do·ing?

How are the stat*e* po·lic*e* do·ing?

How are the fed·er·al po·lic*e* do·ing?

نموذج

101 I lived in: آي لِـڤـْد إن أنا سكنت في

I lived in *th*e U. S. fo*r* thirty year*s*.

I no long*er* **live in** *th*e U. S.

It was a long tim*e* a·go since **I lived in** *th*e U. S.

I lived in *th*e U. S. when Ji*m*·my Car·ter was the pres·i·dent.

I lived in *th*e U. S. when Dis·co Danc·ing was pop·u·la*r*.

I lived in *th*e U. S. when bell·bo*t*toms we*r*e in styl*e*.

At first, **I lived in** Det·roit, Mi·chi·gan, an*d* then I moved to San Di·e·go, Ca·li·fo*r*·ni·a.

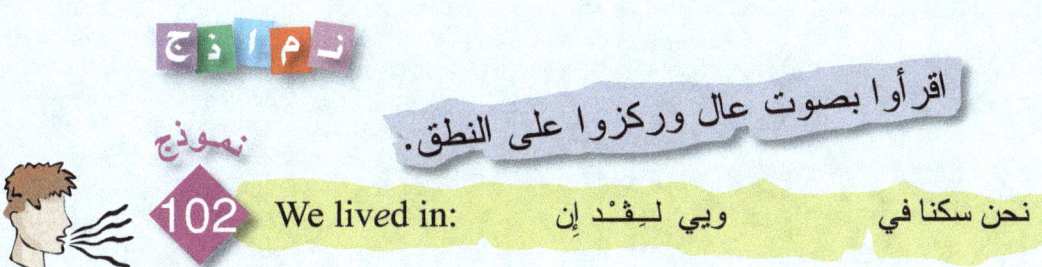

102 We lived in:

We **lived in** *th*e U. S. fo*r* thi*r*ty yea*r*s.

We no long*er* **live in** *th*e U. S.

It was a long tim*e* a·go sin*ce* we lived in *th*e U. S.

We **lived in** *th*e U. S. when Ji*m*·my Ca*r*·te*r* was the p*r*es·i·dent.

We **lived in** *th*e U. S. when Dis·co Danc·ing was pop·u·la*r*.

We **lived in** *th*e U. S. when bell·bo*t*toms we*r*e in styl*e*.

At first, **we lived in** Det·roit, Mi·chi·gan, an*d* then we move*d* to San Sac·ra·men·to, the cap·i·tal of Ca·li·for·ni·a.

103 They lived in:

They lived in *th*e U. S. fo*r* thi*r*ty yea*r*s.

They no long*er* **live in** *th*e U. S.

It was a long tim*e* a·go sin*ce* **they lived in** *th*e U. S.

They lived in *th*e U. S. when Ji*m*·my Ca*r*·te*r* was the p*r*es·i·dent.

They lived in *th*e U. S. when Dis·co Danc·ing was pop·u·la*r*.

They lived in *th*e U. S. when bell·bo*t*toms we*r*e in styl*e*.

At first, **they lived in** Det·roit, Mi·chi·gan, an*d* then they moved to San Di·e·go, Ca·li·for·ni·a.

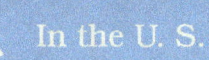

نماذج

نموذج

104 You lived in: يـوو لِـفْـدْ إِن أنت سكنتَ/ انتم سكنتم في

You lived in the U. S. for thirty years.

You no longer **live in** the U. S.

It was a long time a·go since **you lived in** the U. S.

You lived in the U. S. when Jim·my Car·ter was the pres·i·dent.

You lived in the U. S. when Dis·co Danc·ing was pop·u·lar.

You lived in the U. S. when bell·bottoms were in style.

At first, **you lived in** Det·roit, Mi·chi·gan and then you moved to San Di·e·go, Ca·li·for·ni·a.

اقرأوا سوية بصوت عالٍ وبنغمةٍ واحدة.

نموذج

105 He lived in: هيي لِـفْـدْ إِن هو سكنَ في

He lived in the U. S. for thirty years.

He no longer **lives in** the U. S.

It was a long time a·go since **he lived in** the U. S.

He lived in the U. S. when Jim·my Car·ter was the pres·i·dent.

He lived in the U. S. when Dis·co Danc·ing was pop·u·lar.

He lived in the U. S. when bell·bottoms were in style.

At first, **he lived in** Det·roit, Mi·chi·gan and then he moved to San Di·e·go, Ca·li·for·ni·a.

نماذج

نموذج

106 I have been liv·ing in: أنا سكنتُ وما أزال ساكن

I have been liv·ing in the U. S.

I have been in the U. S. for thirty years.

I still live in the U. S.

It **has been** a long time a·go since **I start·ed liv·ing in** the U. S.

I have been liv·ing in the U. S. since Jim·my Car·ter was the pres·i·dent.

I have been liv·ing in the U. S. since 1973 when Dis·co Danc·ing was pop·u·lar.

I have lived in the U. S. since 1973 when bell·bottoms were in style.

I have lived in Brook·lyn, New York, and **I have been liv·ing in** Dear·born, Mi·chi·gan since 1991.

اقرأوا بصوت عال وركزوا على النطق.

نموذج

107 We have been liv·ing in: نحن سكنا وما نزال نسكن

We have been liv·ing in the U. S.

We have been in the U. S. for thirty years.

We still live in the U. S.

It has been a long time a·go since **we start·ed liv·ing in** the U. S.

We have been liv·ing in the U. S. since Jim·my Car·ter was the pres·i·dent.

We have been liv·ing in the U. S. since 1973 when Dis·co Danc·ing was pop·u·lar.

We have lived in the U. S. since 1973 when bell·bottoms were in style.

We have lived in Brook·lyn, New York, and **we have been liv·ing in** Dear·born, Mi·chi·gan since 1991.

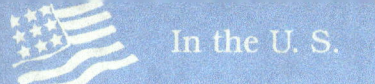

نماذج

اقرأوا بصوت عالٍ عدة مرات:

نموذج

108 They have been liv·ing in: هم سكنوا في وما زالوا يسكنوا

They have been liv·ing in the U. S.

They have been in the U. S. for thirty years.

They still live in the U. S.

It has been a long time a·go since **they start·ed liv·ing in** the U. S.

They have been liv·ing in the U. S. since Jim·my Car·ter was the pres·i·dent.

They have been liv·ing in the U. S. since 1973 when Dis·co Danc·ing was pop·u·lar.

They have lived in the U. S. since 1973 when bell·bottoms were in style.

They have lived in Brook·lyn, New York, and **they have been liv·ing in** Dear·born, Mi·chi·gan since 1991.

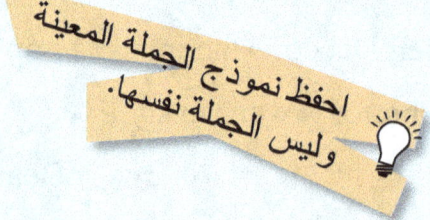

احفظ نموذج الجملة المعينة وليس الجملة نفسها.

الامتحان التحريري السابع

اكتب عشرة جمل أو أكثر لكل من هذه النماذج من الجُمل المدروسة. أي اكتب ما مجموعه 240 جملة أو أكثر متذكرا بأن تبدأ كل جملة بحرف كبير Capital letter وتنهي هذه الجمل البسيطة بنقطة أو بعلامة سؤال:

94 What is the difference?

95 Where is

96 Why is

97 Why was

98 Who is

99 How is

100 How are

101 I lived in

102 We lived in

103 They lived in

104 You lived in

105 He lived in

106 I have been living in

107 We have been living in

108 They have been living

امتحان شفوي

ردد عشرة جمل أو أكثر لكل نموذج من الجُمل المكتوبة أعلاه. أي ردد ما مجموعه 240 جملة أو أكثر بصوت عال وواضح.

إن عملية تعلم النماذج في اللغة تشبه عملية بناء البيت حجر فوق حجر، والنموذج الواحد هو بمثابة حجر في عملية بناء البيت.

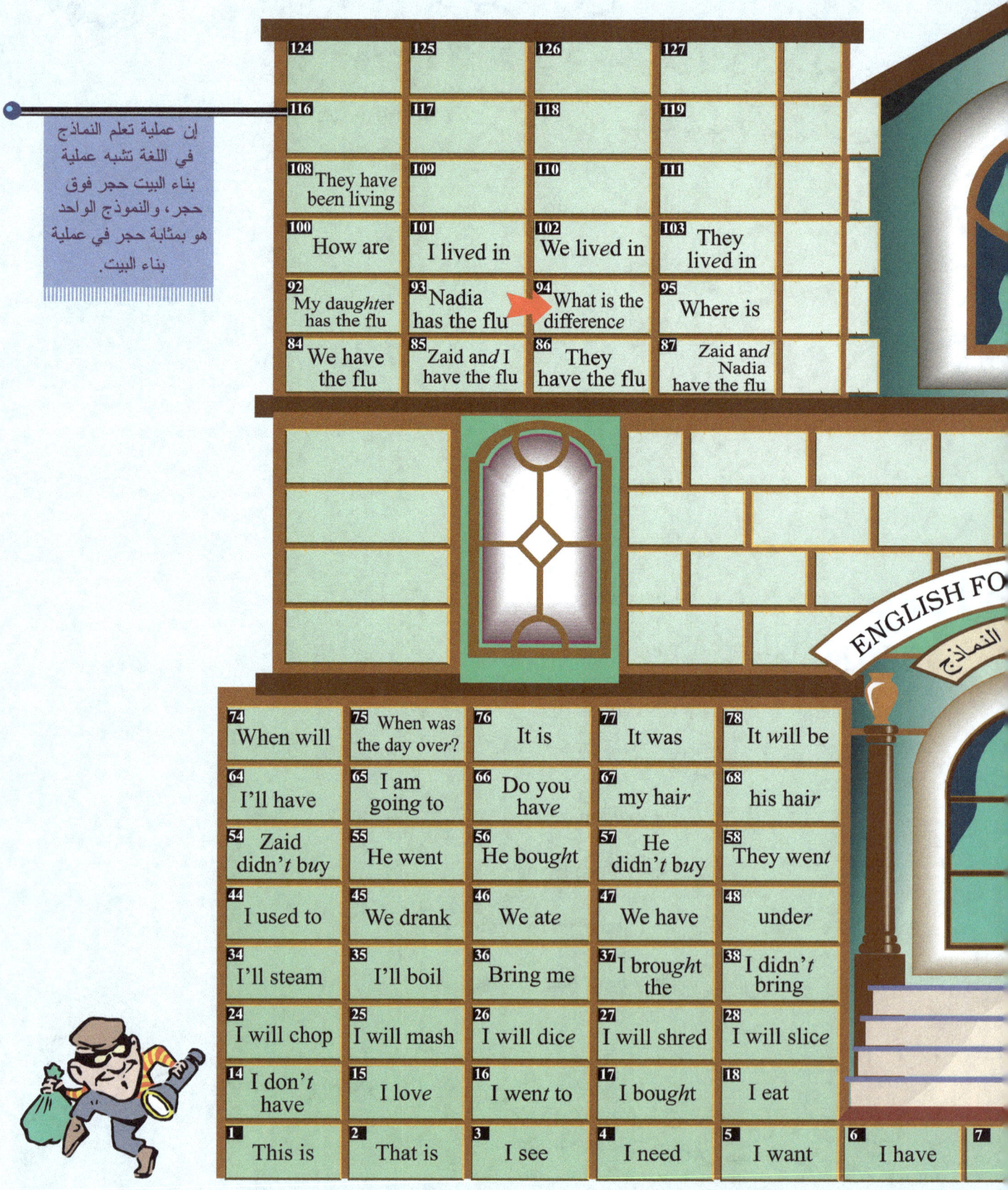

In the U. S.

حين تحقق سلاسة في أي نموذج معين، تكون قد وضعت حجراً لا يتزحزح في الذاكرة.

120	121	122	123
112	113	114	115
104 You lived in	105 He lived in	106 I have been living in	107 We have been living in
96 Why is	97 Why was	98 Who is	99 How is
88 He has the flu	89 My son has the flu	90 Zaid has the flu	91 She has the flu

79 It will not be	80 My cat is	81 My aunt had	82 My uncle	83 I have the flu
69 her hair	70 The man is	71 Zaid's car is	72 Zaid's	73 When
59 They tried on	60 We tried on some	61 I tried on many	62 I didn't try on	63 May I
49 We went	50 We bought	51 We didn't buy	52 Zaid went	53 Zaid bought
39 Take out	40 I used	41 I didn't use	42 I made	43 I use
29 I will toss	30 I will peel	31 I'll squeeze	32 I'll wash	33 I'll cook
19 I don't eat	20 I didn't eat	21 I will not eat	22 I ate	23 I will cut
8 These are	9 Those are	10 I will own	11 I will buy	12 I saw	13 I like

وصولك لهذه الصفحة يُعد تقدم رائع.

217

أيها الطالب:

- كرر القراءة الشفوية والنطق للكلمة الجديدة خمس مرات كي تحفظ لفظها ومعناها.
- إقرأ التمارين كلها بالإنكليزية بصوت عال إلى أن تحقق السلاسة في القراءة.
- فكر بصوت عال وانطق باللغة الإنكليزية كل ما تفعله وتفكر فيه منذ الصباح حتى المساء.
- ردد شفويا الجُمل المدروسة في نماذج معينة مع مستمع محايد أو بدونه في الصف أو خارجه.
- انطق فستتكلم بسلاسة وستحفظ من حيث لا تدري ومثلما يحفظ الطفل.
- ركز فقط على نماذج الجُمل البسيطة وستأتيك الجُمل المركبة تلقائيا ومن حيث لا تدري ومثلما تأتي للطفل.
- ركز على السرعة أثناء تمارين الكلام، ولا تركز على صحة قواعد الجُمل التي تقولها.
- لا تسمح لأحد أن يصحح لك أثناء الكلام، لأنك ستفقد الثقة بنفسك فتسكت.
- انطق وإذا اضطررت، كرر نطق الجمل نفسها التي قلتها كي تحافظ على **الاستمرارية** عندك وكي لا تتلكأ أو تبطئ.
- لا تسمح لأحد أن يقاطع الاستمرارية عندك ليساعدك أو ليصحح لك لأن التصحيح أثناء الكلام مرفوض لكنه مقبول أثناء الكتابة.
- لا تجبر نفسك على الحفظ، لأن الحفظ الإجباري هو قسري وقاس على الدماغ، وتؤدي -أي القسوة- إلى بطء وصول الأوكسجين إلى الدماغ، ومن ثم إلى بطء في الاستيعاب، فمن الأفضل أن تسترخي قليلا لتسمح للدماغ القيام بعمله.

Chapter Sixteen
الفصل السادس عشر
كُلية/ معهد سنتين

ألفاظ ومعان – واستخدام أكثر من 30 مفردة

Col·lege/ Jun·ior Col·lege	كِىْلِج/ جوونْيَـ كِىْلِج	كلية/ معهد سنتين
u·ni·ver·si·ty	يوونِڤِـرْسِدِيي	جامعة
de·gree	دِگْوْرِيي	شهادة
two-year col·lege de·gree	توو يِيـوْرْ دِگْوْرِيي	شهادة كلية مدة سنتين
four-year university de·gree	فـو يِيـوْرْ دِگْوْرِيي	شهادة جامعة مدة 4 سنوات

en·roll·ment	إنْوْرولْمِنْتْ	تسجيل أولي في كلية أو جامعة
fi·nan·cial aid of·fice	فايْنانْشِل أيْد ىِفِس	مكتب مساعدات ومنح مالية
fi·nan·cial aid ap·pli·ca·tion	فايْنانْشِل أيْد آپْلِكِيْشِن	عريضة وتُملأ مرة في السنة
se·mes·ter	سِمَسْتَـ	فصل دراسي وهو 4 أشهر
choice of ma·jor	چويْس أڤ مَيْجَـ	اختيار الفرع/ اختصاص

College

un·de·cid·ed ma·jor	عَنْدِسَايْدِد مَيْجَ	اختصاص غير مُحدد بَعْد
col·lege cat·a·logue	كىلج كادَلىگ	كتلوك الكلية به معلومات عنها
class reg·is·tra·tion	كْلاس وْرَجِسْتْوْرَيْشن	عملية التسجيل قبل كل فصل
coun·sel·or	كىنْسِلَ	ناصح لإختيار الدروس
u·nits/cred·it hours	يوونِتْس	مجموع ساعات الدراسة

full-time stu·dent	فْل تايْم سْتودِنْت	دوام 12 ساعة أسبوعيا
half-time stu·dent	هاف تايْم سْتودِنْت	دوام 6 ساعات في الأسبوع
vo·ca·tion·al school	ڤوكَيْشِنِل سْكوول	مدرسة مهنية/ تدريبية
com·mu·ni·ty col·lege	كِمْيوونِيدي كىلج	كلية حدها سنتين فقط
As·so·ci·ate Art De·gree/ AA	أسوسِيَت ئت دِگْوْرِيي	شهادة كلية سنتين/ فرع أدَبي

College

شهادة كلية سنتين/ فرع علمي	أسوسِيَت سايَنْس دِگْرْيي	As·so·ci·ate Sci·ence De·gree/ AS
شهادة جامعة 4 سنوات/ أدبي	باچِلَ إن لِبْوْرَل ىتْس	Bach·e·lor in Lib·er·al Arts/ BA
شهادة ماجستير سنة بعد الجامعة/ أدبي	ماسْتَـز إن لِبْوْرَل ىتْس	Mas·ters in Liberal Arts/ MA
شهادة ماجستير / علمي	ماسْتَـز إن سايَنْس	Mas·ters in Sci·ence/ MS
دكتوراه سنتين بعد الماجستير	پي أيْچ دیي	Ph. D.

خطوات التسجيل في كلية أمريكية للمقيمين في أمريكا:
التخرج بشهادة كلية سنتين يعني دراسة ما مجموعه 60 يـوونِتْس/ 60 ساعة.
التخرج بشهادة جامعة 4 سنوات يعني دراسة ما مجموعه 120 يـوونِتْس/ 120 ساعة.

1. التسجيل بالكلية مرة واحدة بالبداية.
2. ملء طلب المعونة المالية مرة كل سنة.
3. مرة قبل كل فصل، كل 4 شهور لاختيار الدروس.

1. Enrollment, once only.
2. Financial aid, once a year.
3. Class registration, before every semester.

نماذج

اقرأ أو اقرأوا سوياً شفوياً في الصف ناطقين كل جملة خمس مرات وبصوت عال ودائماً ركزوا على النطق:

نموذج

109 If …., then ….: فيما إذا لو ......، إذاً

If you are o·ver 18 and do not yet have a high school de·gree, **then** the two-year col·lege will still ac·cept you.

If you need to go to a u·ni·ver·si·ty, you may go af·ter high school or af·ter your two-year col·lege.

If you need to go to a four-year u·ni·ver·si·ty, your two-year col·lege can be trans·ferred with you.

If your grades from high school are too low for a u·ni·ver·si·ty, the two-year col·lege will still ac·cept you, and then you may trans·fer to a u·ni·ver·si·ty.

If you want a two-year col·lege de·gree with·out trans·fer·ring to a four-year u·ni·ver·si·ty, you may do so and earn an As·so·ci·ate De·gree.

If you need to grad·u·ate from a jun·ior col·lege, you must fin·ish at least 60 hours (u·nites).

If you need to know the dif·fer·ence a·mong a two-year col·lege, a jun·ior col·lege and a com·mu·ni·ty col·lege, there is no dif·fer·ence; all are dif·fer·ent names for one thing.

If you need to go to a two-year col·lege to save on tu·i·tions, you may do that be·fore go·ing to a u·ni·ver·si·ty.

If you are a le·gal res·i·dent in the US and in need of fi·nan·cial sup·port, you may go to the fi·nan·cial aid of·fice for free grants or/and for stu·dent loans.

College

If you need continuous financial aid, you must fill out an application once a year.

If you want to start going to a college for the very first time, you must enroll in that college one time only and that is a very easy step; it takes less than an hour.

If you know what to major in, you may state that when you enroll.

If you do not know what you are majoring in, you may write "Undecided" on your enrollment form.

If you want to start attending classes, you have to register through class registration before every semester.

If you need to attend classes every semester, you must register beforehand.

If you do not know which classes are required for your major, read the college catalogue.

If you still do not know which classes are required for your major, ask a student counselor before class registrations.

If you want to double check, you may ask a counselor before every semester during or before class-registration time.

If you wish to attend as a full-time student, you must be registered and attending 12 hours (unites) or more per week per semester. Usually, no more than 18 hours are allowed in a semester.

If you wish to attend as a half-time student, you may register for six hours per week per semester.

If you wish to be a part-time student, you may register for one class or more. Each class is three or four hours a week until the end of the semester. Each unit earned is for each hour you attended throughout the entire semester. For instance, **if** you register in an history class that is three hours a week and continue to attend the same history class for the entire four-month semester, you will in the end of the semester earn three hours.

If you take 12 hours per semester for four years, you will have earned 30 unites per year, 120 unites by the end of four years.

After you earn a four-year university degree, you may enroll in a graduate school in the same university or at a different one. A four-year degree is an undergraduate degree. Any degree after the four-year degree is called a graduate degree. After you earn your BA or BS, you may enroll in an MA or MS program or directly in a Ph.D. program. You may transfer your MA/MS unites to your Ph.D. program.

If you know ahead of time that you want to go to a Ph.D. program, it is best to enroll in it directly right after graduating from MA/MS. The reason for that is you will not lose any unites that the Ph.D. program may not accept from you while you transfer from one program into the other. Transferring can always make you lose credits.

Chapter Seventeen

الفصل السابع عشر
الإختصاصات المهنية
Professions

ألفاظ ومعان واستخدام أكثر من 65 مفردة

Pro·fes·sions	پْروفَشِنْز	الاختصاصات المهنية في العمل
ca·reer	كُوْريِ وْر	مهنة
oc·cu·pa·tion	ىكْيووپَيْشِن	حرفة
spe·cial·ist	سْپْشْلِسْت	مُختص
job	جِىْب	وظيفة/ عمل
work	وو وْرْك	عمل

line of work	لايْن أفْ وو وْرْك	نوعية العمل
trade	تْوْرَيْد	تجارة
teach·er	تِييچَ	معلم/ مُدَرس
school teach·er	سْكوول تِييچَ	معلم بمدرسة
col·lege in·struc·tor	كىلْج إنْسْتْ وْرىكْتَ	مُحاضر بكلية أو معهد

u·ni·ver·si·ty pro·fes·sor	يوونِڤِرْسِدِيي پْـوْروفِسَـ	بروفسور بجامعة
sci·en·tist	سـايْنتِسْت	عالِم
re·sear·cher	وْريـيِسِـ وْرْچِـ	باحث
bi·ol·o·gy ma·jor	بـايَلَجيي مَـيْجَـ	مختص بعلم الأحياء
at·tor·ney/ law·yer	أتَـ وْرْنيي/ لـويَ	محامي
lin·guist	لِنگْوِسْت	مختص بالألسنية

phy·si·cian	فِزِشِن	طبيب
phar·**ma**·cist	فَىٰمَسِسْت	صيدلي
en·gi·neer	إنْجِنِيي	مهندس
civ·il en·gi·neer	سِـڤِـل إنْجِنِيي	مهندس مدني
ar·chi·tect	ىٰكِتِكْت	مهندس معماري
e·lec·tri·cal en·gi·neer	إيِيلَكْتْ وْرِكِل إنْجِنِيي	مهندس كهربائي

me·chan·i·cal en·gi·neer	مِكانِكِل إنْجِنِيي	مهندس ميكانيكي
chem·i·cal en·gi·neer	كَمِكِل إنْجِنِيي	مهندس كيميائي
oil en·gi·neer	عويَل إنْجِنِيي	مهندس مختص بالنفط
com·pu·ter ma·jor	كَمْپْيووتَ مَـيْجَـ	اختصاص حاسوب
com·pu·ter pro·gram·mer	كَمْپْيووتَ پْـوْروگْـ وْرامَ	مُبَرمِج بالحاسوب

net·work spe·cial·ist	نَتْ وو وْرْك سْپِشِلِسْت	مختص بشبكة الاتصالات
tel·e·com·mu·ni·ca·tion spe·cial·ist	تَلَ كَمْيوونِكَيْشِن سْپِشِلِسْت	مختص بالاتصالات
di·rec·tor	دِ وْرَكْتَ	مدير
film di·rec·tor	فِلْم دِ وْرَكْتَ	مخرج سينمائي
film pro·du·cer	فِلْم پْ وْرودْيووسَ	منتج سينمائي
ac·tor	آكْتَ	ممثل

ac·tress	آكْتْ وْرِس	ممثلة
play·wright	پْلَيْ وْرايْت	كاتب مسرحي
art·ist	ءَتِسْت	فنان
paint·er	پَيْنْتَ	رسام
mu·si·cian	مْيووزِشِن	موسيقار
pi·an·ist	پِيانِسْت	عازف البيانو

maes·tro	مايْسْتْ وْرو	قائد الفرقة الموسيقية
man·ag·er	مانِجَ	مُنظِم/ المسؤول
bro·ker	بْ وروكَ	دلال
Chief Ex·ec·u·tive Of·fi·cer (CEO)	سيي إيي عو	مدير عام
Chief Fi·nan·cial Of·fi·cer (CFO)	سيي أف عو	مدير الحسابات و المالية

Professions

CPA	سيي پـيي أي	محاسب قانوني
ac·count·ant	أكاوْنـتِـنـْت	موظف في الحسابات
no·ta·ry pub·lic	نوتـ وْريي پـبْـلِك	كاتب العدل
co·nsult·ant	كـنـْصَلـتِـنـْت	مُستشار
bank tell·er	بانـْك تـلـَ	موظف بمصرف
busi·ness own·er	بـِزْنـِز عونـَ	مالك المؤسسة التجارية

book·shop own·er	بُك شـىٰپ عونـَ	صاحب مكتبة لبيع الكتب
cor·po·rate lead·er	كو وْرپـَ وْرِت عونـَ	مسؤول أول في شركة تعاونية
sin·gle pro·pri·e·tor	سِنـْگـِل پـْ وْروپـْ وْرايَـتـَ	مالك واحد لشركة
prod·uct sup·pli·er	پـْ وْرىٰدَكـْت سَـپْـلايـَ	مُجهز السلعة
mar·ket a·na·lyst	مىٰكِت آنـلـَسْت	محلل حالة السوق والتسويق
mar·ket·ing spe·cial·ist	مىٰكِت سـپـَـشِـلـِـسْت	مختص بالتسويق

fi·nance ma·jor	فـــايْنانْس مَـــيْجَـ	اختصاص بالسوق النقدي
ad·ver·tis·ing spe·cial·ist	آدْفِـ تــايْزِنْ سْپَـشِـلِـسْت	مختص بالدعاية و الإعلانات
me·di·a spe·cial·ist	ميي دْيــا سْپَـشِـلِـسْت	مختص بالإعلام
jour·na·list	جُـ وْرْنـلِسْت	صحفي
writ·er	وْرايْدَ	كاتب/ مؤلف

au·thor	ىَثْـ	مؤلف كتاب
tech·ni·cal writ·er	تَـكْنِكِـل وْرايْدَ	كاتب تقني
ed·i·tor	أدِتَـ	منقح ومصحح لغوي
proof·reader	پْـوْرووف وْريي دَ	مدقق بروفات
chief ed·it·or	چيي ف أدِتَـ	رئيس التحرير

Professions

إقرأ الآتي مستخدما القاموس عند الحاجة:

What type of work do you do? I teach, and you? I am a writ·er; I write books.

What do you do for liv·ing? I am an e·lec·tri·cal en·gi·neer, and I work for the city of De·troit.

What do you do? I work for an oil com·pa·ny as an en·gi·neer, and you? I work for a firm as a mar·ket a·nal·yst.

What is your ma·jor? I ma·jored in phi·los·o·phy, but I own my own busi·ness.

Where did you stud·y? I grad·u·at·ed with a BA in Phi·los·o·phy from Mi·chi·gan State U·ni·ver·si·ty.

نماذج

نموذج رقم 110

110. Pos·ses·sive Forms	پوسـَسِف فو مْز	صيغ التملك
my book	مــاي بُك	كتابي
your book	يــوو بُك	كتابك
your book	يــوو بُك	كتابكم
our book	آوَ بُك	كتابنا
their book	ذَيْ وْر بُك	كتابهم
his book	هِز بُك	كتابه
her book	هـِ بُك	كتابها
its book	إتْس بُك	كتابه للمجهول أو لغير العاقل

Teach·ers try to reach **their** stu·dents, and writ·ers try to reach **their** read·ers. **My** ca·reer may be dif·fer·ent from **your** ca·reer, but I en·joy **my** work. You like **your** writ·ing and I like **my** teach·ing. **Our** jobs are sim·i·lar in many ways.

We may a·gree or dis·agree on cer·tain is·sues. How·ever, the most im·port·ant thing that **your** au·di·ence and **my** au·di·ence need to re·mem·ber is that **our** goals are a·like.

In **your** last book, the pro·tag·o·nist went to a fu·ner·al hall and of·fered **his** con·dole·nces to the fam·i·ly of the dis·eased. **Their** cus·toms were to take the corpse to the cem·e·ter·y after·ward.

Zaid's sis·ter and **her** hus·band were there too. **His** sister's hab·its were to be·have po·lite·ly dur·ing fu·ner·als. **Her** hus·band, how·ever, want·ed to go home in·stead of go·ing to the cem·e·ter·y. The hus·band's be·hav·ior em·bar·rassed Zaid's sis·ter.

Her hus·band's per·son·al·i·ty and **hers** were dif·fer·ent. She was shy and of·ten felt em·bar·rassed by **her** hus·band. Never·the·less, she felt that **her** hon·or and **her** hus·band's hon·or were one and the same.

Their fa·mi·ly's rep·u·ta·tion was re·spect·ed in **their** so·ci·e·ty. **Its** (the family's) se·crets were not ex·posed to any·one. It did not want any·one to smear **its** rep·u·ta·tion with gos·sip.

اختر كلمة أو أكثر مما يمكن أن يستخدم في هذه الجمل لملأ الفراغات:

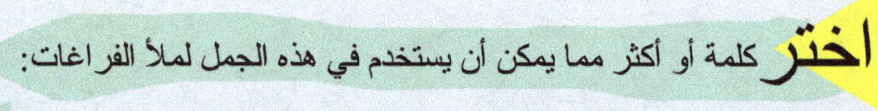

my your our their his her its

1. ______________ sister's book is on the desk.
2. ______________ husband is a very nice man.
3. ______________ wife is nice too.
4. We talked with ______________ boss.
5. How many brothers are ______________ brothers?

Chapter Eighteen

الفصل الثامن عشر

الخروج للنزهة

The Outdoors

ألفاظ ومعان واستخدام 50 مفردة مع قواعد

The Out·doors	ذيي أوْدْو ز	الخروج للنزهة
street	سْتْ وْرييـــت	شارع
road	وْرود	طريق
av·e·nue/ Ave	آڤـِـنْـيو	شارع عريض
ma·jor street	مَـيـجَ سْتْ وْرييـت	شارع عام
side street	ســايِد سْتْ وْرييـت	شارع جانبي

street signs	سْتْ وْرييـت ســايْـنز	إشارات السير والمرور
traf·fic lights	تْ وْرافِك لايْـتْس	إنارة السير والمرور
block	بْلـــى ك	فرع/ صف في شارع
black	بْلاك	أسود
free·way	فْ وْريــي وَي	خط سريع

side·wal*k*	ســـايْد وىٰك	رصيف
park·ing lot	پـْـىكِنْ لـــىٰط	موقف عربات
car	كـــــىٰ	سيارة
bus	بـءَص	باص
bu*s* stop	بـءَص سْتــىٰپ	موقف الباص
tax·i·cab/ ta·xi/ cab	تاكْسيي/ كـــاب	تكسي

train	تـْوْرِيْنَ/ چـْوْرِيْن	قطار
rail·road tracks	وْرَيْل وْرود جـْوْراكْس	سكة قطار
tro*l*·ley	تـْوْرىٰليي	عربة الترام
sub·way	ســءَبْ وَي	قطار تحت الأرض
pe·des·tri·ans	پِـدَسـْتْ وْرِيـَنْز	مُشاة
b*u*ild·ings	بِلـْدِنـْز	بنايات

school	سْكـــوول	مدرسة
bank	بـــانْك	مصرف/ بنك
po·lice sta·tion	پُليــيس سْتـَيْشِن	مركز شرطة
dan·ger·ous ☠	دَيـْنـْجـْ ـوْرَس	خطر
fish **mar**·ket	فِش مـــىٰكِت	سوق السمك

sail·boat	ســـَيْل بـــوت	قارب شراعي
o·cean	عوشـِن	محيط
beach	بييـــچ	ساحل
moun·tain	مـــاوِنـْتِن	جبل
park	پـــىٰك	منتزه

trees	جْ وْرييــز	أشجار
cof·fee shop	كــىٰفيي شــىٰپ	مقهى
res·*tau*·rant	وْرِستـْ وْرىٰنـْت	مطعم
bak·e·ry	بــيْكَ وْريي	مخبز
hot·dog stand	هــىٰدىٰك ستــانـْد	كُشك

eth·nic fes·ti·val	أثْنِك فَزْتِـڤِـلْ	مهرجان دولي
fit·ness cen·ter/ gym	جِم	نادي رياضي
dance club	دانْس كْلـءَب	مرقص
shop	شـىٰپ	معمل صغير / دكان صغير
bi·cy·cle shop	بـاىْ سِكِل شـىٰپ	محل دراجات

of·fice sup·plies shop	ىٰفِس سـءَپـلاىْز	سوق القرطـاسية
mu·se·um	مْيـووزييـءَم	متحف
the·a·ter	ثِـيـيدَ وْر	مسرح
mov·ies/ cin·e·ma	مـووڤييز / سِنـَمـا	سينما
li·brar·y	لاىْبْ وْرَ وْريي	مكتبة

نماذج

نموذج رقم 111

Adjectives describe Nouns الصفة تصف الاسم

Zaid was slow

Noun -1

الاسم ويسمى noun: الاسم هو إي شيء أو مجموعة أشياء موجودة حولنا أو في مخيلتنا. كافة الأمثلة الآتية هي أسماء مفردة أو أسماء جمع لأشياء موجودة حولنا، قد نلمسها أو لا نلمسها كما في: إنسان، اسم، ناس، حيوان، حصان، نبات، نباتات، شجر، وردة، صخرة، جبل، نهر، منطقة، دولة، اسم دولة، الكويت، كتُب، مكتبة، ناديا، ناديا وأطفالها، المعلم والطلبة، حسام وأصدقاؤه، زيد، الخ.

إن الاسم هو أي شيء أو مجموعة أشياء موجودة حولنا أو في مخيلتنا، فمن الأمثلة عن الأشياء الموجودة كمفاهيم في مخيلتنا نذكر منها ما لا نراه، ولا نلمسه، ولا نسمعه، ولا نشمه، ولا نذوقه لأنه موجود في ذهننا وليس حولنا: مثلا الحرية هي شيء موجود كمفهوم في الذهن وكذلك هي الوطنية والحب والجمال والفرح والحزن والاعتقاد والسلوك، الخ.

ومن الممكن أن يكون الاسم فاعل أو مفعول به أو موصوف كما هو الاسم Zaid في هذه الجمل الثلاث:

Zaid stepped on an ant. subject ---> زيد هو فاعل

Zaid was stepped on by an elephant. object ---> زيد هو مفعول به

Zaid is tall. Zaid is being described ---> زيد هو موصوف

Adjective -2

الصفة وتسمى ad·jec·tive: راجع الفصل السابع للاستفادة من أكثر من 70 صفة. الصفة slow تصف الاسم Zaid سواء كان Zaid فاعلا أو مفعولا به أو موصوفا، كما في هذه الجمل:

Zaid, who stepped on an ant, was slow. ---> زيد هو فاعل وموصوف

Zaid, who was stepped on by an elephant, was slow. ---> زيد هو مفعول به وموصوف

Zaid, who is tall, is slow. ---> زيد الذي هو طويل موصوف بالبطء

نموذج رقم 112

Adverbs describe Verbs — الظرف يصف الفعل

Zaid drove slowly

3- Verb

الفعل ويسمى verb: الفعل drove هو الحركة التي قام بها الاسم الفاعل Zaid في جملة (.Zaid drove). فقط زيد كفاعل يستطيع أن يفعل الفعل. حين يكون زيد هو الفاعل subject الذي قام بالحركة، يكون قد فَعَلَ فعل السَوْق. وما من أحد يفعل الفعل إلا الفاعل. أما زيد كمفعول به أو كموصوف، فهو لا يقوم بالفعل. وهذا يعني إن الفعل هو أي **حركة** يقوم بها الفاعل، أي الفعل هو any action done by a subject. راجع فصول الأفعال في كتاب الإنكليزية لمتكلمي العربية رقم 2 للتعرف على مئات الأفعال والطرق المتعددة لإستخدام كل فعل.

4- Adverb

الظرف ويسمى ad·verb : (زيد ساق ببطء) .Zaid drove slowly. إن الظرف slowly يصف حالة حدوث الفعل الذي قام به زيد، ولا يصف زيد على الإطلاق. مثلا، الظرف يصف **كيف** ساق زيد وهي حالة البطء التي ساق بها زيد وليس زيد نفسه. فحين نقول أن زيدا ساق ببطء، هذا لا يعني أن زيدا نفسه هو شخص بطيء. **زيد** هو الاسم، و **ساق** هو الفعل، و **ببطء** هو **ظرف** الحالة التي ساق بها زيد. الظرف هنا يصف **كيف** هو حال حدوث الفعل، كما في حال حركة السَوْق التي يقوم بها الفاعل زيد. لاحظ أن كلمة verb هي داخل كلمة ad·verb بسبب علاقة الوصف التي هي بينهما.

املأ الفراغات مختارا الجواب الصحيح من بين الأقواس ثم اذكر السبب لاختيارك:

1. Zaid is _____ (slow, slowly).

2. Zaid drove _____ (slow, slowly).

3. Zaid, who sang, was _____ (happy, happily).

4. Zaid, who was robbed, became _____ (careful, carefully).

5. Zaid, who is smart, is _____ (nice, nicely).

6. Zaid's singing was _____ (wonderful, wonderfully).

7. Nadia is _____ (kind, kindly).

8. Nadia spoke _____ (soft, softly).

9. Zaid and Nadia are _____ (polite, politely).

10. Zaid and Nadia act _____ (polite, politely) in the museum.

11. Nadia meets people _____ (spontaneous, spontaneously).

12. She is very _____ (unique, uniquely).

13. _____ (sudden, suddenly), they came back.

14. Zaid drinks milk. Zaid is _____ (a subject, an object, being described)?

15. Zaid drinks milk. Milk is _____ (a subject, an object, being described)?

16. Milk is white. Milk is _____ (a subject, an object, being described)?

ظرف الزمان:

الظرف الإنكليزي مثل الظرف العربي هو ظرف حال ويصف كيف هي حالة حدوث الفعل كما في كافة الأمثلة التي درستموها أعلاه. إلا أن وقت حدوث الفعل هو **ظرف زمان** لأنه يصف زمن حدوث الفعل، إي يصف في إي وقت ومتى هو حدوث الفعل كما في هذه الكلمات أو العبارات: فظرفٍ الزمان يصف متى يحدث الفعل في الصباح أو أثناءه، في المساء أو أثناءه، ظـُهرا، وقت الغداء، بعد الظهر، قبل الظهر، عصراً، فترة العشاء، في وضح النهار، أثناء/ في الليل، أثناء/ في وقت متأخر، أثناء/ في وقت مبكر، في الساعة السابعة، أحياناً، في يوم ما، مرة كل سنة، مرة، قبل يومين، بعد أسبوعين، كل ربيع، أثناء العطلة، في وقت مفاجئ، في الماضي، في الحاضر، في المستقبل، وأي كلمة أو عبارة بها كلمة (وقت) أو تشير إلى (وقـــت حـــدوث الفعـــل). هل لاحظـــت إن ظـــرف الزمـــان قد يكـــون في عـــدة كلمـــات (في بعض الأحايين **some of the times**) أو في كلمة واحدة (أحيانا **sometimes**)؟

ظرف المكان:

ظرف المكان الإنكليزي مثل ظرف المكان العربي، يخبرنا عن **موقع** حدوث الفعل، إي يصف في إي مكان أو **أين** where هو مكان وقوع الفعل. مثلا ظرف المكان يصف أين حدث الفعل في المدرسة، على الجبل، تحت الشجرة، فوق الماء، وكما في هذه الأمثلة:

here, there: right here; over here; in here; right there; over there; up there
up, down: it's up; it's down; upstairs; downtown; went up; go down
in, out: in schools; in a book; in *th*e mind; out of here; out of that place
inside, outside: inside buildings; outside of a country; outside of a dispute
on, under: on TV; on mountains; on a page; under the sink; under the sun
below: below his level; below what is expected of him; right below you
over: over here; over there; over my mother's house; over the counter
in front of, behind: in front of the judge; behind you; behind what was said
near, away from: near a park; away from a park; away from something
nearby: nearby; a nearby school; a nearby mall; a nearby location
by: by the school; Egypt is by Sudan; a store by a house
beside: right here beside us; right beside the car; beside that; beside this
close: a store is close; her house is close to my house.
next to: parking lot next to a hospital; fork next to a spoon; next to your house
around: around the house; around us; just around the corner; around the block
between: between two rivers; between you and me; between any two things
among: among all three of us; among friends; among any three or more things

املأ الفراغات مختارا الجواب الصحيح من بين هذه الاختيارات الأربعة، ثم اذكر السبب لاختيارك:

a noun   a verb   an adjective   an adverb

1. An adjective describes a noun.
2. An adverb describes ....
3. The house is big. (big) is ....
4. We play in the park. (in the park) is ....
5. I will see you later. (later) is ....
6. They live by us. (by us) is ....
7. He lives nearby. (nearby) is ....
8. He sits next to her. (next to) is ....
9. The page is inside the book. (inside) is ....
10. The good book is here. (good) is ....
11. The good book is here. (here) is ....
12. He meets with them every week. (every week) is ....
13. He meets with them every week. (meets) is ....
14. We go out sometimes. (sometimes) is ....
15. In the past, life was difficult. (In the past) is ....
16. In the past, life was difficult. (difficult) is ....
17. Zaid had lunch at noontime. (noontime) is ....
18. My friend and I had lunch. (My friend and I) is ....
19. Two days ago, it was hot. (Two days ago) is ....
20. Two days ago, it was hot. (hot) is ....
21. The radio is loud. (loud) is ....
22. The radio is loud. (The radio) is ....
23. Read slowly. (slowly) is ....
24. Read aloud. (aloud) is ....
25. We read aloud slowly. (read) is ....

Chapter Nineteen

الفصل التاسع عشر

الريـاضيـات

Mathematics

ألفاظ ومعان - واستخدام أكثر من 45 مفردة

Math·e·mat·ics/ Math	ماثمــادِكْس/ مــاث	رياضيات
ar·ith·met·ics	أوْرِثْمَتِكْس	حساب
add	آد	يضيف
ad·ding	آدِنْ	إضافة
plus (+)	پْلـعَص	زائدا/ علامة الزائد
sub·tract·ing	سـعَبْتْ وْراكتِنْ	طرح/ تنقيص

mi·nus (–)	مـــايْنـعَس	تنقيص/ علامة الناقص
mul·ti·pli·ca·tion	مـعَلْتِپْلِكَـيْشِن	عملية الضرب الحسابية
times (x)	تـــايْمْز	علامة الضرب/ في
di·vi·sion	دِفِـژِن	قسمة
by (÷)	بـــاي	علامة التقسيم/ تقسيم

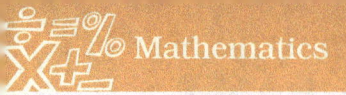

e·qual (=)	إيِيـــكْوِل	يساوي/ متساوي
per·cent·age (%)	پِـرسَنِج	نسبة مئوية
par·al·lel (//)	پـا وْرَلَل	موازي
frac·tions (¾)	فـْ وْراكشِـنْز	نسبة كسر
dec·i·mal (1.5)	دَسمَـل	كسر عشري
ge·o·met·ry	جيي ىٰمَتـْ وْريي	هندسة

rec·tan·gle (▭)	وْرَكتانـگِل	مستطيل
tri·an·gle (Δ)	جـْ وْرايْ أيْنـگِل	مثلث
cir·cle (O)	سـِ وْرْكِل	دائرة
square (□)	سكْوَيْـ	مربع
line (—)	لايْن	خط
per·pen·dic·u·lar	پـِ وْرْپـَنـْدِكلِـ	عامودي

ver·ti·cal	ڤـِ وْرْدِكِل	عامودي/ رأسي
up·right	ءَپْ وْرايْت	عامودي/ مستقيم
hor·i·zon·tal	هــو وْرَزىٰنـتِل	أفقي
al·ge·bra	ألـْجِبـْ وْرا	ألجبر
e·qua·tion	إيِيـــكْوَيـْژْن	معادلة

prob·lem	پْ ورىٰبْلِم	مسألة حسابية
cal·cu·lus	كـــــالْكِلَس	حساب التفاضل والتكامل
dol·lars = $	دىٰلَـ ز	دولارات
cent	سَنْت	الأمريكي قرش/ فلس/ المليم
hun·dred = 100	هَنْدْ وْرِد	مئة
thou·sand = 1000	ثــاوْزِنْد	ألف
one hundred dol·lars = $100.00	وَن هَنْدْ وْرِد دىٰلَـ ز	مائة دولار

إن هذه الأرقام هي مكتوبة بحروف وأرقام:

five hundred fifty dollars and ten cent*s* = $550.10

fifteen hundred dollars = $1,500.00 = $1,500

fifteen thousand dollars = $15,000.00 = $15,000

fifteen hundred books = 1,500.00 books = 1,500 books

five thousand five hundred books = 5,500.00 books = 5,500 books

Numbers between twen*t*y-one and ninety-nine are hyphenated, as in twen*t*y-one.

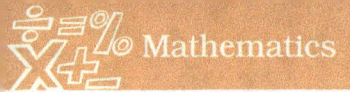

نماذج

اقرأ أو اقرأوا سوياً شفوياً في الصف ناطقين كل جملة خمس مرات وبصوت عال ودائماً ركزوا على النطق:

had, has, have دائما استعمل الماضي البعيد بعد

نموذج

113 Past Participles after have: have الفعل الماضي البعيد بعد

I have gone to this bank before.

I have tak·en a bus to go to this bank.

I have seen this mov·ie be·fore.

I have been to this mov·ie the·a·ter be·fore.

I have driv·en on this road.

I have walked down this block.

I have en·joyed go·ing to the mu·se·um.

I have owned a car.

I have had a car.

I have had this car for a ver·y long time.

You have gone to this bank before.

You have tak·en a bus to go to this bank.

You have seen this mov·ie be·fore.

You have been to this mov·ie the·a·ter be·fore.

You have driv·en on this road.

You have walked down this block.

You have en·joyed go·ing to the mu·se·um.

You have owned a car.

You have had a car.

You have had this car for a ver·y long time.

تكملة

We hav*e* gon*e* to this bank befo*re*.
We hav*e* tak·*en* a bus to go to this bank.
We hav*e* seen this mov·ie be·fo*re*.
We hav*e* been to this mov·ie the·a·te*r* be·fo*re*.
We hav*e* driv·*en* on this road.
We hav*e* wa*l*k*ed* down this block.
We hav*e* en·joy*ed* go·ing to the mu·se·um.
We hav*e* own*ed* a car.
We hav*e* had a car.
We hav*e* had this car for a ver·y long tim*e*.

They hav*e* gon*e* to this bank befo*re*.
They hav*e* tak·*en* a bus to go to this bank.
They hav*e* seen this mov·ie be·fo*re*.
They hav*e* been to this mov·ie the·a·te*r* be·fo*re*.
They hav*e* driv·*en* on this road.
They hav*e* wa*l*k*ed* down this block.
They hav*e* en·joy*ed* go·ing to the mu·se·um.
They hav*e* own*ed* a car.
They hav*e* had a car.
They hav*e* had this car for a ver·y long tim*e*.

They hav*e* driv·*en* on this road.
They hav*e* wa*l*k*ed* down this block.
They hav*e* en·joy*ed* go·ing to the mu·se·um.

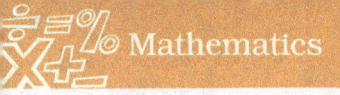

114 Past Participles after has: has الماضي البعيد بعد

He has gone to this bank befo*re*.
He has tak·en a bus to go to this bank.
He has seen this mov·ie be·fo*re*.
He has been to this mov·ie the·a·te*r* be·fo*re*.
He has driv·en on this road.
He has wa*l***ked** down this block.
He has en·joy*ed* go·ing to the mu·se·um.
He has own*ed* a car.
He has had a car.
He has had this car for a ve*r*·y long tim*e*.
She has gon*e* to this bank befo*re*.
She has tak·en a bus to go to this bank.
She has seen this mov·ie be·fo*re*.
She has been to this mov·ie the·a·te*r* be·fo*re*.
She has driv·en on this road.
She has wa*l***ked** down this block.
She has en·joy*ed* go·ing to the mu·se·um.
She has own*ed* a car.
She has had a car.
She has had this car for a ve*r*·y long tim*e*.

The family (**it**) has gon*e* to this bank befo*re*.
It has tak·en a bus to go to this bank.
It has seen this mov·ie be·fo*re*.
It has been to this mov·ie the·a·te*r* be·fo*re*.
It has driv·en on this road.
It has wa*l***ked** down this block.
It has en·joy*ed* go·ing to the mu·se·um.
It has own*ed* a car.
It has had a car.
It has had this car for a ve*r*·y long tim*e*.

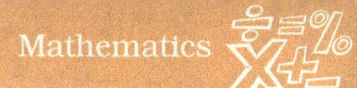

نموذج 115 — Past Participles after had: الفعل الماضي البعيد بعد had

I had gone to this bank before.
I had tak·en a bus to go to this bank.
I had seen this mov·ie be·fore.
I had been to this mov·ie the·a·ter be·fore.
I had driv·en on this road.
I had walked down this block.
I had en·joyed go·ing to the mu·se·um.
I had owned a car.
I had had a car.
I had had this car for a ver·y long time.

الامتحان التحريري الثامن

اكتب عشر جمل أو أكثر لكل من هذه النماذج من الجُمل المدروسة. أي اكتب حوالي 100 جملة أو أكثر متذكرا بأن تبدأ كل جملة بحرف كبير Capital letter وتنهي هذه الجمل البسيطة بنقطة أو بعلامة سؤال.

109. If, then
110. Possessive forms
111. Adjectives describe nouns
112. Adverbs describe verbs
113. have + verb
114. has + verb
115. had + verb

امتحان شفوي

ردد عشر جمل أو أكثر لكل نموذج من الجُمل المكتوبة أعلاه. أي ردد حوالي 100 جملة أو أكثر بصوت عال وواضح. لو لم يسنح الوقت للمعلم أن يستمع لكل الطلبة، فمن الأفضل أن يسجل كل طالب ما يردده على شريط الكاسيت ويعطيه للمعلم لتقييم صوت الطالب وسلاسته وسرعته في ترديد هذه الجمل.

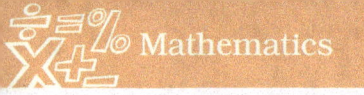

إن عملية تعلم النماذج في اللغة تشبه عملية بناء البيت حجر فوق حجر، والنموذج الواحد هو بمثابة حجر في عملية بناء البيت.

124	125	126	127	
116	117	118	119	
108 They have been living	109 If, then	110 Possessive forms	111 Adjectives describe nouns	
100 How are	101 I lived in	102 We lived in	103 They lived in	
92 My daughter has the flu	93 Nadia has the flu	94 What is the difference	95 Where is	
84 We have the flu	85 Zaid and I have the flu	86 They have the flu	87 Zaid and Nadia have the flu	

74 When will	75 When was the day over?	76 It is	77 It was	78 It will be	
64 I'll have	65 I am going to	66 Do you have	67 my hair	68 his hair	
54 Zaid didn't buy	55 He went	56 He bought	57 He didn't buy	58 They went	
44 I used to	45 We drank	46 We ate	47 We have	48 under	
34 I'll steam	35 I'll boil	36 Bring me	37 I brought the	38 I didn't bring	
24 I will chop	25 I will mash	26 I will dice	27 I will shred	28 I will slice	
14 I don't have	15 I love	16 I went to	17 I bought	18 I eat	
1 This is	2 That is	3 I see	4 I need	5 I want	6 I have	7

ENGLISH FO

الإنكليزية لمتكلمي العربية   250   للمؤلفة كاميليا صادق

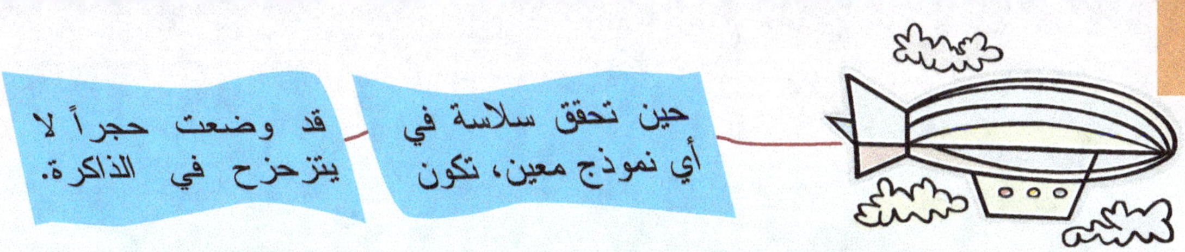

Mathematics

حين تحقق سلاسة في أي نموذج معين، تكون قد وضعت حجراً لا يتزحزح في الذاكرة.

120	121	122	123
112 Adverbs describe verbs	113 have + verb	114 has + verb	115 had + verb
104 You lived in	105 He lived in	106 I have been living in	107 We have been living in
96 Why is	97 Why was	98 Who is	99 How is
88 He has the flu	89 My son has the flu	90 Zaid has the flu	91 She has the flu

C SPEAKERS
أهلاً بـ

79 It will not be	80 My cat is	81 My aunt had	82 My uncle	83 I have the flu
69 her hair	70 The man is	71 Zaid's car is	72 Zaid's	73 When
59 They tried on	60 We tried on some	61 I tried on many	62 I didn't try on	63 May I
49 We went	50 We bought	51 We didn't buy	52 Zaid went	53 Zaid bought
39 Take out	40 I used	41 I didn't use	42 I made	43 I use
29 I will toss	30 I will peel	31 I'll squeeze	32 I'll wash	33 I'll cook
19 I don't eat	20 I didn't eat	21 I will not eat	22 I ate	23 I will cut
8 These are	9 Those are	10 I will own	11 I will buy	12 I saw	13 I like

الإنكليزية لمتكلمي العربية   251   للمؤلفة كاميليا صادق

ماذا قيلَ؟ أهم من، كيف قيل الكلام؟

لا تركز على صحة القواعد الإنكليزية أثناء الكلام، لأن التفكير بصحة القواعد **يسحبك** من الكلام نفسه إلى **التفكير** في صحة الكلام، وهذا التشتت في التفكير هو ما يسبب السكوت. لا تركز على صحة الكلام لأن الطفل لا يركز على صحة الكلام ونفهم قصده. لا تسكت لأن الطفل لا يسكت حين يخطئ لأننا نفهم قصده ونسامحه، والمهم هو أن يفهم الآخر قصدك والأهم هو أن تستمر في الكلام. في البداية لا يهم **كيف** قيلت العبارة أو الجملة بل ما يهم هو **ماذا** قيل، أي الذي يقصده المتحدث. مثلا، لو كنت مسافرا وسألت صاحب الفندق:

I taxi go museum. سيفهم قصدك، ولست مضطرا كمبتدئ أن تفكر في صحة القواعد وتقول:

I need a taxi to go to the museum. ويجب ألا تسمح لأحد أن يصحح لك القواعد الإنكليزية أثناء الكلام، لأنك ستفقد الثقة بنفسك ثم تسكت. ولو اقتضت الحال قلّ للذي يصحح لك بأنه إذا فهم قصدك، فلا مبرر للتصحيح. ومن الأفضل أن لا يُشجع المعلم الطالب الذي يستخدم الجمل المركبة أمام بقية الطلبة لان ذلك يُربكهم ويجبرهم على افتعال السرعة، بدلا من الوصول إليها بالطريقة الطبيعية.

لا تسمح لأحد أن يقاطعك ليصحح لك أثناء الكلام، حتى لو كان هذا الشخص هو معلمك. فهذا البرنامج يرفض فيه التصحيح **أثناء** الكلام، ولو اضطر المعلم في بعض الحالات أن ينبه الطالب بان ما يقوله غير مفهوم، فيجب أن يفعل ذلك بشفافية **وبعد** انتهائه من الكلام. ويوصيه أن لا يخجل من الخطأ إذ أنه قد يتعلم من أخطائه، فالأخطاء ربما مفيدة.

الفصل العشرون

كيف تسأل السؤال

Asking Questions

قرأ هذا الفصل بصوت عال خمس مرات.

في صيغة السؤال، ابدأ الجملة بالفعل المساعد.

نموذج 116

Do you cook? هل أنت تطبخ؟

Do you eat?

Do you eat eggs?

Do you like eggs?

Do you read?

Do you read books?

Do you like read·ing?

Do you like to read?

Do you like peo·ple?

Do you need mon·ey?

Do you need help?

Do you lis·*t*en to mu·sic?

Do you have a prob·lem?

Do you have to wor*k*?

Do you speak Eng·lish?

Do you read books?

Asking Questions

نماذج

اقرأوا بصوت عال وركزوا على النطق.

نموذج

117 Do they cook? هل هم يطبخون؟

Do they have to go?

Do they need mon·ey?

Do they have mon·ey?

Do they speak Eng·lish?

Do they read in Eng·lish?

Do they write in Eng·lish?

Do they spell cor·rect·ly in Eng·lish?

Do they need help with Eng·lish?

Do they fol·low in·struc·tions?

Do they read and speak a·loud?

نموذج

118 Does she cook? دَشيي كُك؟ هل هي تطبخ؟

Does she eat?

Does she play?

Does she go?

Does she need to go?

Does she want mon·ey?

Does she need mon·ey?

Does she have mon·ey?

Does she have to have mon·ey?

Do they speak Eng·lish?
Do they read in Eng·lish?
Do they write in Eng·lish?

نماذج

نموذج

119 Did he cook? هل هو طبخ؟

Did he work?

Did he have mon·ey?

Did he speak Eng·lish?

Did he want to learn Eng·lish?

Did he read a·loud?

Did he ut·ter the new words to mem·o·rize them?

Did he ut·ter the sen·ten·ces that he read?

Did he ut·ter sen·ten·ces to him·self?

Did he still read si·lent·ly?

في صيغة السؤال ضع الفعل المساعد مباشرة بعد

Why, Who, Where, When, What

نموذج

120 What is that? وَدِز ذات ما هو ذاك؟

What is this?

What is the prob·lem?

What are these?

What was lost?

What were they doing?

What do you do?

What do you know?

What did you say?

What can I do for you?

What will we sing?

Asking Questions

نماذج

نموذج

121 When is the par·ty? متى / أي وقت هي الحفلة؟

When are you leav·ing?
When are they com·ing back?
When are we mov·ing?
When are you go·ing to go home?
When are we go·ing to talk?
When were you here?
When were you with them?
When was she born?
When do you sleep?
When did we meet?
When did it end?
When will you read a·loud?

نموذج

122 Where is the book? أين هو الكتاب؟

Where do you live? أين أنت تسكن؟
Where do they live?
Where does he live?
Where does she live?
Where did he live?
Where did she live?
Where are the books?
Where are you eat·ing?
Where were you born?
Where was he a judge?
Where will they go?

طالب يتكلم وطالب يصغي له !

Asking Questions ?

نماذج

اقرأ أو اقرأوا سوياً شفوياً في الصف ناطقين كل جملة خمس مرات وبصوت عال ودائماً ركزوا على النطق:

نموذج

123 Who am I? من أنا؟ / من هو أنا؟

Who are you?
Who are they?
Who is he?
Who is she?
Who is this?
Who is that?
Who was lost?
Who was it?
Who does that?
Who did this?
Who wants this?
Who plays here?
Who will do this?
Who is go·ing to eat this?

Who did this?

Asking Questions

نماذج

اقرأ أو اقرأوا سوياً شفوياً في الصف ناطقين كل جملة خمس مرات وبصوت عال ودائماً ركزوا على النطق:

نموذج

124 Why am I here? لماذا أنا موجود هنا؟/ لماذا أنا هنا؟

Why are you here?
Why is Zaid here?
Why is she here?
Why is Na·di·a here?
Why is it here?
Why is the dog here?
Why is every·one si·lent?
Why are we here?
Why are they here?
Why are we eat·ing?
Why was he lost?
Why were you read·ing si·lent·ly?
Why don't you read a·loud?
Why do you not fol·low di·rec·tions?
Why did you read si·lent·ly?
Why will you not read a·loud?
Why is he here?

سر التعلم هو بالقراءة بصوت عال وبالنطق.

نماذج

اقرأ أو اقرأوا سوياً شفوياً في الصف ناطقين كل جملة خمس مرات وبصوت عال ودائماً ركزوا على النطق.

في صيغة السؤال ضع have أو has أو had في بداية الجملة.

نموذج

125 Begin with have to ask a question: Have ابدأ بـ

Have I **gone** to this bank be·fore?
Have I **tak·en** a bus to go to this bank?
Have I **seen** this mov·ie before?
Have we **been** to this mov·ie the·a·ter be·fore?
Have we **driv·en** on this road?
Have we **walked** down this block?
Have we **en·joyed** go·ing to the mu·se·um?
Have we **owned** a car?
Have we **had** a car?
Have we **had** this car for a long time?

Have you **gone** to this bank be·fore?
Have you **tak·en** a bus to go to this bank?
Have you **seen** this mov·ie before?
Have you **been** to this mov·ie the·a·ter be·fore?
Have you **driv·en** on this road?
Have you **walked** down this block?
Have you **en·joyed** go·ing to the mu·se·um?
Have you **owned** a car?
Have you **had** a car?
Have you **had** this car for a ver·y long time?

ردد الجمل بصوت عال
واحفظ نموذج الجملة لا الجملة نفسها.

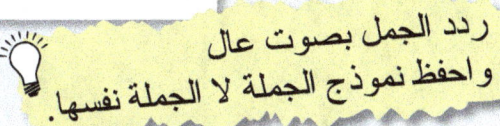

Asking Questions

نماذج

اقرأوا بصوتٍ عالٍ وبنغمةٍ واحدة.

نموذج

126 Begin with has to ask a question   Has ابدأ بـ

Has he **gone** to this bank be·fore?

Has he **tak·en** a bus to go to this bank?

Has he **seen** this mov·ie be·fore?

Has he **been** to this mov·ie the·a·ter be·fore?

Has he **driv·en** on this road?

Has he **walked** down this block?

Has he **en·joyed** go·ing to the mu·se·um?

Has he **owned** a car?

Has he **had** a car?

Has he **had** this car for a ver·y long time?

تابع نموذج

126 Begin with has to ask a question — Has ابدأ بـ

Has she **gone** to this bank be·fore?

Has she **tak·en** a bus to go to this bank?

Has she **seen** this mov·ie before?

Has she **been** to this mov·ie the·a·ter be·fore?

Has she **driv·en** on this road?

Has she **walked** down this block?

Has she **en·joyed** go·ing to the mu·se·um?

Has she **owned** a car?

Has she **had** a car?

Has she **had** this car for a ver·y long time?

Asking Questions

126 Begin with has to ask a question   Has ‍ابدأ بـ

Has the fam·i·ly (it) **gone** to this bank be·fo*re*?

Has it **tak·en** a bus to go to this bank?

Has it **seen** this mov·ie befo*re*?

Has it **been** to this mov·ie the·a·ter be·fo*re*?

Has it **driv·en** on this road?

Has it **walked** down this block?

Has it **en·joyed** go·ing to the mu·se·um?

Has it **own**e**d** a car?

Has it **had** a car?

Has it **had** this car for a ver·y long tim*e*?

Has the fam·i·ly (it) **gon***e* to this bank be·fo*re*?

Asking Questions

اقرأ أو اقرعوا سوياً **شفويا** في الصف ناطقين كل جملة خمس مرات وبصوت عالٍ ودائما ركزوا على النطق.

127 Begin with had to ask a question   ابدأ بِ Had

Had I **gone** to this bank be·fo*re* I met you?

Had I **tak·en** a bus to go to this bank be·fo*re* we bou*gh*t a car?

Had I **seen** this mov·ie be·fo*re* I mar·ried you?

Had we **been** to this mov·ie the·a·ter be·fo*re* ou*r* ba·by was bo*r*n?

Had we **driv·en** on this road be·fo*re* we *k*new them?

Had we **wa***l***ked** down this block be·fo*re* we built ou*r* hous*e*?

Had we **en·joyed** go·ing to the mu·se·um be·fo*re* we met them?

Had we **own***ed* a car be·fo*re* they help*ed* us?

Had we **had** a car be·fo*re* we work*ed*?

Had we **had** this car for a ver·y long tim*e*, I mean be·fo*re* we grad·u·at·ed?

طالب يتكلم وطالب يصغي له !

Asking Questions

إملأ الفراغات محولا الجمل الآتية إلى صيغة السؤال كما في المثلين الأولين:

Example: <u>They</u> cook. <u>Who cooks?</u>

Example: <u>Yes</u>, we cook. <u>Do you cook?</u>

1. Yes, he cooks. _____ ?
2. No, she does not cook. _____ ?
3. Yes, the family cooks. _____ ?
4. Yes, he cook*ed*. _____ ?
5. Yes, they cooked. _____ ?

Example: They cook*ed* <u>chickens</u>. <u>What did they cook?</u>

6. My friend cook*ed* chickens. _____ ?
7. They cook*ed* at noon. _____ ?
8. She cook*ed* in the kitchen. _____ ?
9. He cook*ed* because he was hungry. _____ ?
10. Zaid cook*ed*. _____ ?
11. Yes, I have gone th*ere* bef*ore*. _____ ?
12. Yes, you have studied this lesson. _____ ?
13. Yes, they have *k*nown it. _____ ?
14. No, she hasn't play*ed* this game. _____ ?
15. Yes, he has taken the book. _____ ?
16. Yes, Zaid had had this food. _____ ?

Asking Questions

امتحان تحريري

اكتب عشر جمل أو أكثر لكل من هذه النماذج من الجُمل المدروسة. أي اكتب حوالي 110 جملة أو أكثر متذكرا بأن تبدأ كل جملة بحرف كبير (Capital letter) وتنهي هذه الجمل البسيطة بنقطة أو بعلامة سؤال.

115. A Subject + had
116. Do you cook?
117. Do they cook?
118. Does she cook?
119. Did he cook?
120. What?
121. When?
122. Where?
123. Who?
124. Why?
125. Have?
126. Has?
127. Had?

امتحان شفوي

ردد عشر جمل أو أكثر لكل نموذج من الجُمل المكتوبة أعلاه. أي ردد حوالي 110 جملة أو أكثر بصوت عال وواضح. لو لم يسنح الوقت للمعلم أن يستمع لكل الطلبة، فمن الأفضل أن يسجل كل طالب ما يردده على شريط الكاسيت ويعطيه للمعلم لتقييم صوت الطالب وسلاسته وسرعته في ترديد هذه الجمل.

الإنكليزية لمتكلمي العربية   265   للمؤلفة كاميليا صادق

Asking Questions

إن عملية تعلم النماذج في اللغة تشبه عملية بناء البيت حجر فوق حجر، والنموذج الواحد هو بمثابة حجر في عملية بناء البيت.

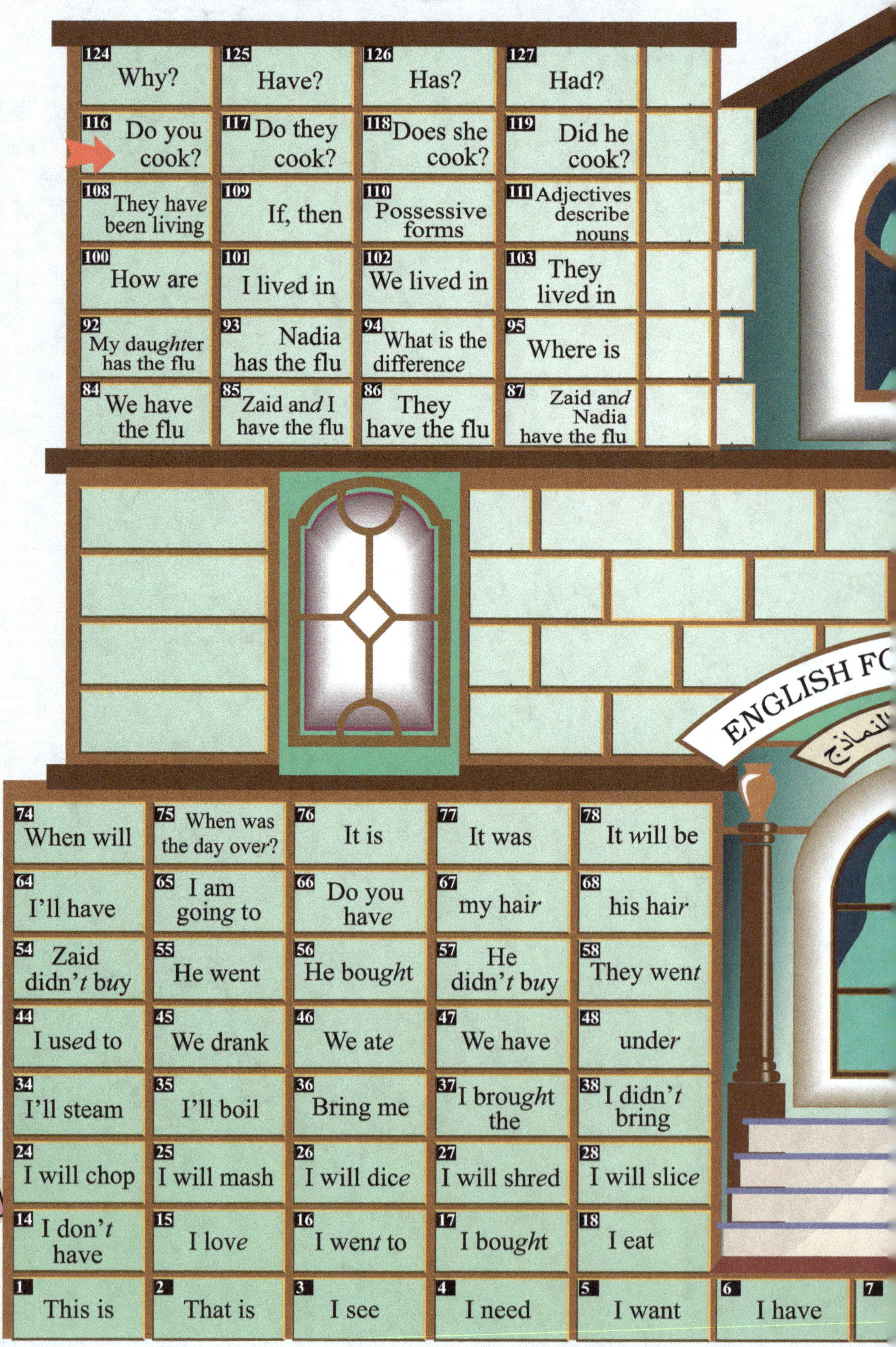

124 Why?	125 Have?	126 Has?	127 Had?
116 Do you cook?	117 Do they cook?	118 Does she cook?	119 Did he cook?
108 They have been living	109 If, then	110 Possessive forms	111 Adjectives describe nouns
100 How are	101 I lived in	102 We lived in	103 They lived in
92 My daughter has the flu	93 Nadia has the flu	94 What is the difference	95 Where is
84 We have the flu	85 Zaid and I have the flu	86 They have the flu	87 Zaid and Nadia have the flu

74 When will	75 When was the day over?	76 It is	77 It was	78 It will be
64 I'll have	65 I am going to	66 Do you have	67 my hair	68 his hair
54 Zaid didn't buy	55 He went	56 He bought	57 He didn't buy	58 They went
44 I used to	45 We drank	46 We ate	47 We have	48 under
34 I'll steam	35 I'll boil	36 Bring me	37 I brought the	38 I didn't bring
24 I will chop	25 I will mash	26 I will dice	27 I will shred	28 I will slice
14 I don't have	15 I love	16 I went to	17 I bought	18 I eat
1 This is	2 That is	3 I see	4 I need	5 I want	6 I have	7

Very good.

حين تحقق سلاسة في أي نموذج معين، تكون قد وضعت حجراً لا يتزحزح في الذاكرة.

120 What?	121 When?	122 Where?	123 Who?
112 Adverbs describe verbs	113 have + verb	114 has + verb	115 had + verb
104 You lived in	105 He lived in	106 I have been living in	107 We have been living in
96 Why is	97 Why was	98 Who is	99 How is
88 He has the flu	89 My son has the flu	90 Zaid has the flu	91 She has the flu

C SPEAKERS

أهلا بك

	79 It *will* not be	80 My cat is	81 My aunt had	82 My uncle	83 I have the flu
	69 her hair	70 The man is	71 Zaid's car is	72 Zaid's	73 When
	59 They tried on	60 We tried on some	61 I tried on many	62 I didn'*t* try on	63 May I
	49 We went	50 We bou*ght*	51 We didn'*t* buy	52 Zaid went	53 Zaid bou*ght*
	39 Take out	40 I used	41 I didn'*t* use	42 I ma*de*	43 I use
	29 I will toss	30 I will peel	31 I'll squeeze	32 I'll wash	33 I'll cook
	19 I don'*t* eat	20 I didn'*t* eat	21 I will not eat	22 I a*te*	23 I will cut
8 These are	9 Those are	10 I will own	11 I will buy	12 I saw	13 I li*ke*

سر التعلم هو بالقراءة
بصوت عال وبالنطق.

في الصف:

استمروا بالقراءة بصوتٍ عالٍ وبنغمةٍ واحدة.

Chapter Twenty-one

الفصل الحادي والعشرون
قواعد في اللفظ لمتكلمي العربية

Pronunciation Rules for Arabic Speakers

إن الغاية الأساس من ممارسة اللفظ الصحيح هي من اجل فهم المتحدث بالإنكليزية وليست بالضرورة من أجل تغير طريقة اللفظ عند متكلمي العربية. وإلغاء اللفظ التقليدي الغير الصحيح وإحلال اللفظ الصحيح محله هو أصعب من تعلم اللفظ الصحيح مباشرة. والحل في هذه الحالة هو تكرار القراءة بصوت عال لتعويد عضلات العقل واللسان على التصحيح التلقائي.

Pronunciation Rules

21.	Pronunciation Rules for Arabic Speakers	فهرست قواعد في اللفظ لمتكلمي العربية	
21.1.	All the Silent Letters	كافة الحروف الصامتة في فصل واحد	271
21.2.	Pronunciations of R	كيفية تلفظ صوت R لمتكلمي العربية	281
21.3.	Pronunciations of T	كيفية تلفظ صوت T لمتكلمي العربية	285
21.4.	Pronunciations of D	كيفية تلفظ صوت D لمتكلمي العربية	287
21.5.	Pronunciations of S	كيفية تلفظ صوت S لمتكلمي العربية	288
21.6.	Double Letters	كيفية تلفظ الحروف المتكررة	288
21.7.	Pronunciations of K or G	كيفية تلفظ K أو G لمتكلمي العربية	289
21.8.	Pronunciations of B or P	كيفية تلفظ B أو P لمتكلمي العربية	290
21.9.	Pronunciations of F or V	كيفية تلفظ F أو V لمتكلمي العربية	291
21.10.	Pronunciations of Plurals	كيفية تلفظ كلمات الجمع لمتكلمي العربية	292
21.11.	Pronunciations of U	كيفية تلفظ صوت U لمتكلمي العربية	292
21.12.	Pronunciations of G	كيفية تلفظ صوت G لمتكلمي العربية	293
21.13.	Pronunciations of e in ed	كيفية تلفظ صوت e في ed	294
21.14.	Pronunciations of Y	كيفية تلفظ صوت Y	296
21.15.	Difference Between **it's** and **its**	الفرق بين **it's** و **its**	298
21.16.	Pronunciations of **ve**	كيفية تلفظ صوت **ve**	299
21.17.	Pronunciations of Letters' Names	كيفية تلفظ أسماء الحروف الإنكليزية	300
21.18.	Pronunciations of a Vowel	كيفية تلفظ حرف العلة لمتكلمي العربية	301
21.19.	Pronunciations of a Consonant	تلفظ الحرف الصحيح لمتكلمي العربية	302
21.20.	Pronunciations of Long and Short **Vowels**	كيفية تلفظ حرف **العلة** الطويل والقصير	304
21.21.	Pronunciations of Words "l**u**nch, l**au**nch"	مقارنة كلمات ذات لفظ متشابه عند متكلمي العربية	309

Pronunciation Rules

21.1. All the Silent Letters — كافة الحروف الصامتة في فصل واحد

انطق كل الكلمات في هذا الفصل عدة مرات لأن فهم اللفظ الصحيح لا يعني شيئاً دون ممارسته.

ملاحظة:

يدل الحرف ذو الخط الإنكليزي المائل *Italic* في هذا الكتاب على أنه حرف صامت (الصامت هو الذي يكتب ولا يُلفظ)، ومن اجل حفظ الحروف الصامتة، الفظها بينك وبين نفسك إلى أن تتذكرها.

إن بعض هذه الحروف مثل الـ w في الـ wr كما في write التي هي صامتة بالنسبة لمتكلمي العربية، هي في الواقع غير صامتة بالنسبة لمتكلمي الإنكليزية، ومن الأفضل إضافة w قبل كل r إثناء تلفظ r في بداية أي كلمة تبدأ بـ r. مثلا، تخيل وجود w قبل r أثناء تلفظ كلمة Robert أو كلمة right.

b صامت

لحم غنم	مِشط	قنبلة	رمي القنابل
lam*b*	com*b*	bom*b*	bom*b*·ing

غبي	فتات	إبهام	خدران
dum*b*	crum*b*	thum*b*	num*b*

ضريح	يتسلق	سَباك	أغبى
tom*b*	clim*b*	plum*b*·er	dum*b*·er

دَين	إحضار	يشك
de*b*t	su*b*·poe·na	dou*b*t

p صامت

وَصِل re·ceipt	فارغ emp·ty	دواليب مطبخ cup·boards	أعراض symp·toms
ذات الرئة pneu·mo·nia	توت rasp·ber·ries	انقلاب بحكومة coup	هيئة/ جماعة corps
علم النفس psy·chol·o·gy	مزيف pseu·do	إختصاصي أمراض عقلية psy·chi·a·try	

g صامت

خلفية back·ground	يبالغ ex·ag·ger·ate	سيادة sov·er·eign·i·ty	تصميم de·sign
المثال par·a·digm	يستدعي للمحاكمة ar·raign	شحنة con·sign·ment	مستمر بالعب play·ing
حَملة cam·paign	الملك sov·er·eign	إشارة sign	حجاب حاجز di·a·phragm
عهد reign	يستقيل re·sign	بيضة egg	تمثال gnome
أجنبي for·eign	مستمر بالعمل work·ing		

n صامت

عامود بصفحة col·umn	لعنة damn	لعن damned	خريف au·tumn
ادان con·demned	جدّي sol·emn	يدين con·demn	

m صامت

وسائل تذكير
mne·mon·ics

h صامت

ساعة hour	شرف hon·or	صادق hon·est	عشب herb
عشبي herb·al	عربة ve·hi·cle	توماس Thom·as	تايلاند Thai·land
زعتر thyme	عرض فني ex·hib·it	يحث ex·hort	يُتعِب ex·haust
مقفى rhyme	إيقاع rhythm	بلاغة rhet·o·ric	شبح ghost
حي شعبي ghet·to	سـبـگـتـي spa·ghet·ti		

gh صامت

عالي high	خفيف light	بصر sight	بصيرة in·sight
حق right	بعض الشّيء slight·ly	لامع bright	اشترى bought
جَلبَ brought	يَجِبُ أَنْ ought to	مع ذلك thought	مع أنه though
بالرغم من أن al·though	معمولِ مباشرة wrought	مستقيم straight	ثمانية eight
وزن weight	يزن weigh	جار neigh·bor	ابنة daugh·ter
مسكَ caught	علّمَ taught	شقي naugh·ty	شامل thorough

Pronunciation Rules

صامت k

يعرِفُ **k**now	معرفةٌ **k**nowl·*edge*	يعترفُ ac·**k**nowl·*edge*	عَلِمَ **k**new
ركبةٌ **k**nee	يسجد **k**neel	عُقدةٍ **k**not	دقةِ باب **k**nock
مِقبض **k**nob	يحوك **k**nit	فارس **k**nig*h*t	يُرَوِّض **k**nead

صامت w

جواب an·s**w***er*	سيف s**w**o*r*d	الذي (للفاعل) **w**ho	الذي (للتملك) **w**hos*e*
أي كان **w**ho·ev·*er*	الذي (للمفعول به) **w**hom	أي كان (للمفعول به) **w**hom·ev·*er*	كُلّ **w**hol*e*
بيع بالجملة **w**hol*e*·sal*e*	متكامل **w**hol*e*·som*e*	القزم d**w**arf	مُجَر dra**w**·er

صامت l

سلمون sa**l**·mon	لوز a**l**·monds	يتكلم ta**l**k	يتبع خفية sta**l**k
يمشي wa**l**k	طباشير cha**l**k	سبورة cha**l**k·boa*r*d	قَوْم fo**l**k
نِصْف ha**l**f	عِجل ca**l**f	مصباح bu**l**b	هادئ ca**l**m
هدوء ca**l**m·ness			

Pronunciation Rules

d صامت

قاضي	وأنا أيضا	منديل	وسيم
ju*d*ge	an*d* me	han*d*·ker·chief	han*d*·some

خرطوشة	معرفة	شارة	ميزانية
car·tri*d*ge	knowl·e*d*ge	ba*d*ge	bu*d*·get

جيبوتي	الأربعاء	جسر
*D*ji·bou·ti	We*d*nes·day	bri*d*ge

هناك خياران لتلفظ wh في هذه الكلمات. الطريقة الأولى هي أن يكون *h* صامتا، والطريقة الثانية –وهي الأفضل– وبها تلفظ hw معكوستين كما لو كانت wh*en* هي hw*en*. اقرأ الآتي بالطريقة التي تُفضلها:

hw أو *h*w

الذي للجماد	لماذا	أين	متى
*wh*ich	*wh*y	*wh*ere	*wh*en

يرشق	يرشق/ يضرب	في حين أن	بينما
*wh*am	*wh*ack	*wh*ere·as	*wh*ile

أزيز	عجلة	حنطة	حوتاً
*wh*eeze	*wh*eel	*wh*eat	*wh*ale

ضربة	سوط/ يجلد	أنين	أبيض
*wh*ip·lash	*wh*ip	*wh*ine	*wh*ite

إلى حيث	دوّامة مائية	يهمس	الصافرة
*wh*ith·er	*wh*irl·pool	*wh*is·per	*wh*is·*t*le

	مَغْمُور	هائل	سواء
	o·ver·*wh*elmed	*wh*op·per	*wh*eth·er

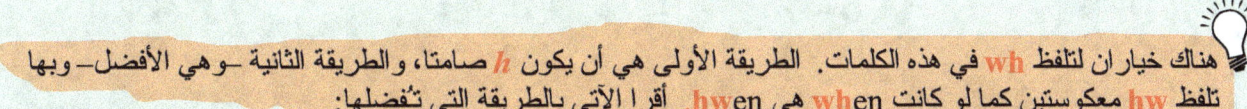

Pronunciation Rules

th صامت	ملابس clo*th*es	ربو as*th*·ma	في البيت in *th*e hous*e*

ch صامت		دائرة/ مكتب ya*ch*t

ea صامت	جميل b*ea*u·ti·ful	يخت bu·r*ea*u

d صامت

فاكهة fru*i*t	جولة cru*i*se	عصير ju*i*ce	يستلمْ re·ce*i*ve
		رئيسي ma*i*n	بذلة su*i*t

s أو c صامت

صوت حرف العلة الضعيف s*c*hwa	مشهد *sc*ene	عالِم *sc*i·en·tist	كرة القدم soc·*c*er
مهمة mis·sion	تعقيم san*c*·ti·fy	عضلة mus·*c*le	شْمِت *S*chmi*d*t
جزيرة is·land	ضمير con·*s*cious	جلسة se*s*·sion	صحراء de*s*·sert
جزيرة i*s*le	مترف lus·*c*ious	ممر a*i*sle	مسحور fa*s*·ci·nat·ed
			يُشَرَح di*s*·sect

Pronunciation Rules

a صامت

شاي te*a*	لحم me*a*t	معطف co*a*t	قارب bo*a*t
الزرق gl*au*·co·ma	خبز bre*a*d	يترك le*av*e	يتكلم spe*a*k
نيروبي N*ai*·ro·bi	سايكان S*ai*·gon	تايلاند Th*ai*·land	جزيرة *a*isle

e صامت

يلتقي mee*t*	عليه دَين ow*e*	الجناح suit*e*	كيك cak*e*
يتأمل hop*e*	بيتر Pet*e*	طريف cut*e*	فطيرة pi*e*
شكوى su*e*	إصبع القدم to*e*	ميل mil*e*	استحقاق du*e*
يجادل ar·gu*e*	اندفاع im·puls*e*	غرض pur·pos*e*	اشتكى su*ed*
لعنة curs*e*	يستمر con·tin·u*e*	عِلو h*eigh*t	الأسواء wors*e*
داء النسيان للمسنين Alz·*hei*·mer	يوافق على en·dors*e*	تخيل i·ma·gin*e*	هاي دي H*ei*·di
يدهن greas*e*	بضعة f*ew*	ثلاثاء Tu*es*·day	برج إيفل *Ei*f·fel Tow·*er*
محايد n*eu*·tral	زيادة in·creas*e*	عَلِمَ kn*ew*	أوربا *Eu*·rope
مجوهرات jew·el·ry	نمى gr*ew*	هاوي am·a·*teur*	إيجار بعقد leas*e*

e صامت

مصنع للبيرة brew·er·y	دفاع de·fense	يترك leave	تزيف coun·*ter*·feit
سياج fence	يسترجع re·trieve	إحساس sense	كبير large
دقيقة min·ute	متوتر tense	يُجَمِد freeze	إيلين E·laine
لو وْرَيْن Lo·raine	مليونير mi*l*·lion·aire	شَيْ كَسْبِيي وْر Shake·speare	روماني ro·maine
مليارديرِ bi*l*·lion·aire	كلَوْد Claude	أوكراني Uk·raine	لعبة ورق sol·i·taire
الست گد Ms. Goode	مايونيْس May·*on*·naise	مساعِد aide	

o صامت

ناس peo·ple	يؤجل ad·jo*u*rn	جماعة group	ضعف/ مرتين dou·ble
مهذب cou*r*·te·ous	أنت you	الزوج cou·ple	اثنان two
تبليغ رسمي su*b*·poe·na	دءَك Doug	أيضا too	ذئب البراري coy·o·te
رِحلة jou*r*·ney	شارع رئيسي وكبير boul·e·vard	فيينِكْس Phoe·nex	مجلة jou*r*·nal

u صامت

ضَيْف guest	نقابة guild	فتى guy	يخمن guess
يبني build	حارس guard	كيتار gui·tar	بناية build·ing
ولي الأمر guard·i·an	دليل guide	بنى built	ضمان guar·an·tee
ذنب guilt	يشتري buy	يتقنع/ قناع dis·guise	

ue صامت

فريد u·nique	فريق league	لسان tongue	تقنية tech·nique
زميل عمل col·league	طاعون plague	تحفة an·tique	يثير اهتمام in·trigue
حوار بين عدة di·a·logue	نقد cri·tique	إرهاق fa·tigue	كلام بمفرده mon·o·logue
دكان bou·tique	مبهم vague	التقديم pro·logue	غموض mys·tique
بشكل مبهم vague·ly			

t صامت

دولاب coun·ter	يراقب watch	سحارة witch	عشرون twen·ty
يليق match	طعنة إبرة stitch	ثلاثون thir·ty	حكة itch
يخط sketch	أربعون for·ty	تأشيرة سيارة hitch·hike	مطبخ kitch·en
قصاب butch·er	يربط الحزام fas·ten	قلعة cas·tle	إبريق pitch·er
يُعجِل has·ten	يصارع wres·tle	مِچِل Mitch·ell	غالبا of·ten
مصارع wres·tler	رهن البيت mort·gage	ينعس soft·en	يدخل en·ter
يصغي lis·ten	مُنَعِم soft·en·er	دَخلَ en·tered	دخول en·ter·ing
خدمة إيقاف السيارة val·et	شفْـروْ لَيْ Chev·ro·let	يُسلي en·ter·tain	بيت صيفي cha·let
كورسيَ cor·set	يطهر sanc·ti·fy	المقصف buf·fet	الروح es·prit
باليه bal·let	باقة bou·quet	مستودع de·pot	

21.2. Pronunciations of R — كيفية تلفظ صوت R لمتكلمي العربية

R = أقل من ¼ ر

يختلف صـــوت حـــرف الراء العربي عن صـــوت r الإنكليـــزي اختلافـــا كليـــا. إن صوت r الإنكليزي ضعيف للغاية ويعادل اقل من نصف ربع صوت حرف الراء العربي في قوة تلفظه. لذلك، خفف جدا أو لا تلفظ r في معظم الحالات. إن لفظ حرف الراء العربي أثناء التحدث بالإنكليزية يسبب سيطرة الراء العربية على الفم سيطرة كاملة، وذلك يؤدي إلى تحشرج بقية الأصوات في الفم وعدم القدرة على اللفظ الصحيح لبقية الحروف. والحل هو أن **تطيـــل** زمن تلفظ حرف العلة **قبل** r وتستمر فترة طويلة جدا أثناء تلفظه. فحين تطيـــل في تلفظ حرف العلة ثم تأتي لتلفظ r تكون طاقتك قد نفدت، فيضعف عندك تلفظ صوت r تلقائيا.

كمتحدث بالعربية، من الأفضل أن تخفف جدا أو لا تلفظ حرف r في معظم الحالات أو الفظه مثل حرف w لكن بشكل ضعيف كأن تلفظ (white) و (right) بنفس الطريقة. إن أول من ترجم صوت الحرف r للعربية أخطأ، لان صوت r كان يجب أن لا يمثل في الحرف العربي ر بل في حرفي وْر سوية كما في كلمة أوْراق وكما في كلمة دَوْري. بالطبع يوجد فرق بين صوت الحرف واسم الحرف، وأن أول من ترجم صوت **اسم** الحرف R للعربية أيضا أخطأ، لان صوت **اسم** الحرف R كان يجب أن يمثل بالحرف العربي ى، أي بالألف المقصورة.

r بنهاية الكلمة شبه **صامت** أو الفظ w خفيف جدا عوضا عنه

1 عندما يكون حرف r في نهاية الكلمة، لا تلفظه أو الفظ حرف w ضعيف جدا بدلا عنه. وأيضا ركز على الإطـــــالة في لفظ حرف العلة الذي هو **قبل** r، كما في:

الأذن ear إيـيــــــــــ	يسمع hear هـيـيــــــــــ	عزيز dear دييـــــــــ
شعْر hair هَـــــيــــ	المعرض/ عدالة fair فَـــيـــ	لأجل for فـــــو
أو or عو	باب door دو	يسكب pour پـــــو
أعلى higher هـــــايَـ	فقير poor پـــــو و	دُب bear بَـــيَـ
سيد Sir ســـِ	لها her هـــَ	الفراء fur فـــِ

من الأفضل أن تخفف من لفظ حرف الراء حين تتحدث بالعربية كما في كلمة سياوْرَة

2 عندما يكون حرفا **re** في نهاية الكلمة، لا تلفظ **re** أو الفظ حرف **w** ضعيفا جدا بدلا عنهما. وأيضا ركز على الإطـــــــالة في لفظ حرف العلة الذي هو **قبل** **re**، كما في:

re بنهاية الكلمة **صامت**

هم بالبيت they'*re* home ذَيْ وْرْ هوم	النار fi*re* فَـــايَـ	يهتم ca*re* كَـــيَـ
نحن هنا he*re* we ar*e* هي وِيْ ى	هنا he*re* هـيـيـــ	أجرة fa*re* فَـــيَـ
مقدماً befo*re*·hand بِفو هانْد	آمِن se·cu*re* سِكْيُيـــو	مستقبل fu·tu*re* فْيُـــوو
مزيدا من النقود mo*re* mon·ey مــو مَـنـي	مزيدا من الوقت mo*re* time مو تايْم	دكان sto*re* سْتــو
هم هنا they'*re* he*re* ذَيْ وْر هييوْر	ها هم هنا he*re* they are هييـ ذَيْ ى	عاري ba*re* بَـــيَـ
الم البلعوم so*re* throat سو وْر ثْـ وْروت	نحن سعداء we*re* hap·py وِ وْر هاپي	قبل الـ be·fo*re* the بِفو ذَ
موقد جداري fi*re*·plac*e* فـايَ پلَـيْس	حطب النار fi*re*·wood فـايَ وُد	جبين fo*re*·head فو هـَد
حذِر ca*re*·ful كيَـ فُل	حافي القدمين ba*re*·foot بيَـ فـُت	جدي/ مخلص sin·ce*re* سِنْـسِيِيـ

أحيانا يسيطر **r** على **t** الذي يسبقه في كلمات معدودة وفي حالة انتهاء الكلمة **بمقطع** **ter** كما في **wa·ter**، الفظ **d** بدلا عن **t**، والفظه بسرعة جدا لدرجة تحوله إلى رِ مثل رَرِ كما في هذه الكلمات القليلة العدد:

ماء wa·*ter* وَدَرَ	الزبد but·*ter* بَـرَرَ	أحسن bet·*ter* بَـرَر
القاطع cut·*ter* كَـرَرَ	رُبع quar·*ter* كْـوورَرَ	أرباع quar·*ter*s كْـوورَرْز

ar سوية مثل ىَ

3 في معظم الحالات، الفظ **ar** سوية كما في **art** صوتا واحدا وهو صوت حرف العلة العربي (ىَ) أي صوت الألف المقصورة العربية. ركز على الإطـــــــــــالة في لفظ حرف العلة العربي (ىَ) وتحديدا في هذه الكلمات:

فن **ar**t ىَت	فنان **ar**tist ىَتِست	اصطناعي **ar**·ti·fi·cial ىَتفِشِل
ذكي sm**ar**t سْمَــىَت	عسكري m**ar**·tial مَــىَشَل	جزئي p**ar**·tial پَــىَشَل
جزء من p**ar**t پَــىَرت	منتزه p**ar**k پَــىَك	بعيد f**ar** فَــىَ
حقل f**ar**m فَــىَم	سيارة c**ar** كَــىَ	قرمزي sc**ar**·let سْكَــىَلِت
ندبة sc**ar** سْكَــىَ	بطاقة c**ar**d كَــىَرد	جرة j**ar** جَــىَر
قطران t**ar** تَــىَ	ثوم g**ar**·lic گَــىَلِك	حديقة زهور g**ar**·den گَــىَدِن
هم **ar**e ىَ	ىَ **R** ىَ	نجمة st**ar** سْتَــىَ

r زائدا حرف صحيح صامت

4 لا تلفظ **r** حين يتبعه حرف صحيح أو الفظ حرف **w** ضعيفا جدا بدلا من **r**، وركز على الإطـــــالة في لفظ حرف العلة الذي **يسبق r**، كما في:

بنت gi*r*l گِـل	دوران whi*r*l وِ وْرِل	ألؤلؤة pea*r*l پِـوْرِل
عالم wo*r*ld وُ لْد	ميناء po*r*t پو ت	طلب o*r*·de*r* ءودَ
إلى الأمام fo*r*·wa*r*d فو وَ وَرْد		

وْر r

5 الفظ (و) كما في كلمة (واحد) قبل حرف **r** حين يتبعه حرف علة كما لو كانت كلمة **rat** هي (وْرات) أي **wr**at. لاحظ أن حرف **w** في كلمة مثل writ*e* هو في الواقع حرف غير صامت ولفظه يعني تدوير الشفتين قبل **r** وتدوير الشفة وسحبها إلى الأمام كما في كلمة (أوْراق)، وركز هنا على الإطالة أثناء لفظ حرف العلة الذي يقع **بعد** **r**، كما في:

يقرأ read وْريـيـد	أحمر red وْرَد	أرنب rab·bit وْرابِت
شجرة tree تْـوْريـي	ثلاثة three ثْـوْريـي	يركض run وْرَن
حلم dream دْوْريـيـم	أخضر green گْـوْريـيـن	حُر free فْـوْريـي
مطر rain وْرَيْن	يركض ran وْران	فأر rat وْرات
مدور round وْراوْنْد	يكتب writ*e* وْرايْت	صحيح rig*h*t وْرايْت
وْرىَـبِـ وْرْت Rober*t* وْرَىـبَـت	فستان dress دْوْرَس	أرض خارجية ground گْـوْراونْد
بُني brown بْـوْراوْن	شواية grill گْـوْرِل	وجبة إفطار break·fast بْـوْرَكْفَسْت
قشطه cream كْـوْريـيـم	خبز bread بْـوْرَد	أخ broth·*er* بْـوْرَذ
حنجرة throat ثْـوْروْت	حاولَ tri*e*d جْـوْرايْد	يبكي cry كْـوْراي
سعيد mer·ry مَـيْـوْري	يتزوج mar·ry مَـيْـوْري	توت ber·ry بَـيْـوْري
توت العليق rasp·ber·ries وْرازبَـيْـوْريـز	اسم لأنثى Ma·ry مَـيْـوْري	غدا to·mor·row تِـمو وْرو
مطعم res·*tau*·rant وْرَسْتْـوْرانْت	اسم لمذكر Lar·ry لَـيْـوْري	اسم لمذكر Jer·ry جَـيْـوْري
		اسم لمذكر Ga·ry گَـيْـوْري

Pronunciation Rules

وْر wr

وحرف **w** في بداية هذه الكلمات هو غير صامت ويعادل حرف الواو كما في كلمة واحد بالعربية:

يلف wrap وْراپ	يكتب write وْرايْت	كتبَ wrote وْروت
رسغ wrist وْرِسْت	يعصر الملابس wring وْرِنْگ	عصر الملابس wrung وْرءَنْگ
مكتوبة writ·ten وْرتِن	كتابة writ·ing وْرايْدِنْگ	خطأ wrong وْرىٰنْگ
تجعيد wrin·kle وْرنْكِل	ورق تغليف wrap·per وْراپَ	يصارع wres·tle وْرصِل

21.3. Pronunciations of T — كيفية تلفظ صوت T لمتكلمي العربية

غالبا ما يلفظ حرف **t** مثل **d** حين يقع في منتصف الكلمة، فالكلمتان **ladder** و **latter** لهما اللفظ نفسه. اقرأ بصوت عال لتتمكن من حفظ صوت وتهجي هذه الكلمات. كرر القراءة بصوت عال إلى أن تتدرب عضلات لسانك على اللفظ الصحيح والتلقائي.

1 صوت t مثل d

أسمن fat·ter	ابنة daugh·ter	الآكِل eat·er	حرف/ رسالة let·ter
لاحقا la·ter	المستأنف ذكره lat·ter	اليرقة ca·ter·pil·lar	مؤيدون sup·por·ters
نفايات lit·ter	دردَش chat·ted	طبطبَ على ظهر pat·ted	عينَ الموقع lo·ca·ted
أدب مكتوب lit·er·a·ture	غير أمي/ يقرأ ويكتب lit·er·ate	مسحور fas·ci·nat·ed	شُرفة pat·i·o
خس let·tuce	ضئيل lit·tle	معدن met·al	مضاد حيوي an·ti·bi·ot·ics
نموذج/ نمط pat·tern	خطاب بليغ rhet·o·ric	كتابة writ·ing	كتبَ wrote
سكتة قلبية heart at·tack	سپَگـدي spa·ghet·ti	حي شعبي ghet·to	الاقتراع bal·lot
ثمانون eight·y	سبعون sev·en·ty		

Pronunciation Rules

t صامت

2 هذه كلمات فرنسية الأصل وحرف **t** في نهاياتها هو صامت تماما:

منزل صيفي cha·le*t*	خدمة توقيف السيارة val·e*t*	باليه bal·le*t*	شفـْرُلَـي Chev·ro·le*t*
مستودع de·po*t*	كو ْرْسـَي cor·se*t*	باقة bou·q*u*e*t*	مقصف bu*f*·fe*t*
			حيوية/ روح es·pri*t*

t صامت

3 إن حرف **t** صامت حين يسبقه n أو s أو r أو f كما في:

آلة طباعة prin*t*·*er*	مركز cen·*t*er	ادخل en·*t*er	دولاب coun*t*·*er*
تسعون nin*e*·*t*y	عشرون twen·*t*y	مضاد حيوي an·*t*i·bi·ot·ics	أرادَ wan*t*·ed
يصغي lis·*t*en	ذهب للبيت wen*t* hom*e*	ليس هنا isn'*t* her*e*	طبيب اسنان den·*t*ist
يَتعِس sof*t*·en	غالبا of·*t*en	يصارع wres·*t*le	يربط الحزام fas·*t*en
دَين العقار mor*t*·gag*e*	أربعون for·*t*y	ثلاثون thir·*t*y	مُتعِس sof*t*·en·*er*

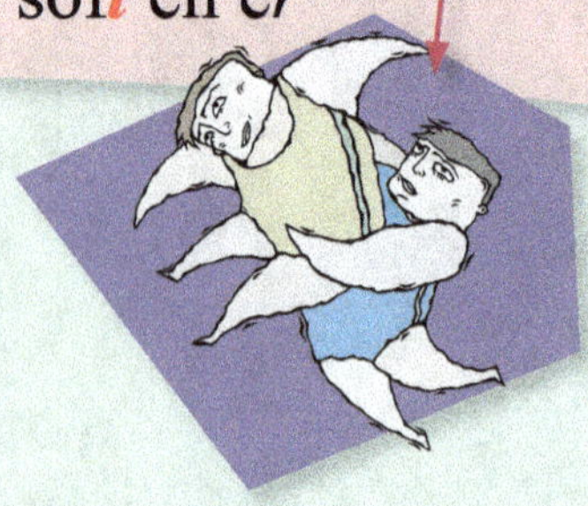

Pronunciation Rules

21.4. Pronunciations of D — كيفية تلفظ صوت D لمتكلمي العربية

حرف d يلفظ t كما في (سْتـىٰپْت) stopped عندما نضيف ed بعد:

p | k | s | x | sh | ث‍ th | چ‍ ch | ف‍ gh | ف‍ ff

صوت d مثل t

خبز bak**ed**	واقف park**ed**	مُجَهَز e·qui**pp**ed	اخذ قيلولة na**pp**ed
غسَل wash**ed**	لمّعَ wax**ed**	مَرَّ بِ pa**ss**ed	توجَع ach**ed**
محشو stu**ff**ed	ضحك laugh**ed**	رَّهَمَ ma**t**ch**ed**	فموي mou**th**ed

mou**th**ed
wax**ed**
ma**t**ch**ed**
laugh**ed**

21.5 Pronunciations of S — كيفية تلفظ صوت S لمتكلمي العربية

كما في (روز) rose، حين يقع حرف s بين حرفي علة غالبا ما يكون صوته كصوت z. وغالبا ما نكتب
c بين حرفي علة لنحصل على صوت s كما في decision, decide, face. اقرأ s مثل z:

صوت s مثل z

وردة جُمبد rose	يرتفع rise	حكيم wise	ممارسة ex·er·cise
مفاجأة sur·prise	أنف nose	يستاء res·ent	نتيجة re·sult
إبن العم cous·in	يستعمل use (v.)	مشغول bus·y	يُسعِد please (v.)

21.6. Double Letters — كيفية تلفظ الحروف المتكررة

عندما يتكرر الحرف الصحيح نفسه داخل كلمة إنكليزية، يكون الأول صامتا كما في:

أول الحرفين المكررين صامت

تفاحة ap·ple	سُلّم lad·der	ضئيل lit·tle	أسمَن من fat·ter
وقفَ stopped	تسوّق shop·ping	مقطع كلمة syl·la·ble	حساب مالي ac·count
يتألم suf·fer	نضال strug·gle	سنجاب squir·rel	المُهمّة mis·sion
هائل mas·sive	پيي تـزا piz·za	حضنَ hugged	صيف sum·mer

21.7. Pronunciations of K or G — كيفية تلفظ K أو G لمتكلمي العربية

للتميز بين صوت **g** وصوت **k** ما عليك إلا أن تكرر قراءة الآتي بصوت عال مرات عديدة وتقارن بين الكلمتين ناطقا الأصوات إلى أن تحفظ الفرق في الصوتين:

لتميز تلفظ **كـ k** عن **گ g**

شيء يفكر **think, thing**	قدح درْس **class, glass**	نظارات دُروس **clas·ses, glas·ses**
عنزة مِعطف **coat, goat**	هدف فحم **coal, goal**	صمغ دلالة **clue, glue**
سَداد ينتف **pluck, plug**	قفازة فص **clove, glove**	نمى طاقم **crew, grew**
يقيس قفص **cage, gage**	كيس ظَهْر **back, bag**	حديقة خلفية **back·yard**
خلفية **back·ground**	رد فعل ضربة مصرف/ضفة **bank, bang**	يغني يغطس **sink, sing**
لدغة نتن **stink, sting**	فريق تسرب **leak, league**	ساق بحيرة **lake, leg**
معيق للتسرب ساعة كجهاز **clock, clog**	سِجِل يقفل **lock, log**	طاعون تكلس أسنان **plaque, plague**
يقلل **de·crease**	يذّوب **de·grease**	مذيب الدهون **de·greas·er**

21.8. Pronunciations of B or P

كيفية تلفظ B أو P لمتكلمي العربية

للتميز بين صوت **p** وصوت **b** ما عليك إلا أن تكرر قراءة الآتي بصوت عال وتقارن بين معان الكلمتين إلى أن تحفظها، ولفظ صوت **p** يعني إخراج هواء من بين الشفتين:

لتميز تلفظ بـ **b** عن پـ **p**

مقلاة حَضير **b**an, **p**an	يحزم للرحيل ظَـهْر **b**ack, **p**ack	قمة منقار **b**eak, **p**eak
غطاء تكسي ca**b**, ca**p**	حُضن مختبر la**b**, la**p**	يصفع كتلة sla**b**, sla**p**
حنفية فاتورة ta**b**, ta**p**	حَبْل عباءة ro**b**e, ro**p**e	ممسحة عصابة mo**b**, mo**p**
شرطي غلاف الدُرة co**b**, co**p**	لكمة باقة **b**unch, **p**unch	كوب شبل cu**b**, cu**p**
بطانة رديء **b**ad, **p**ad	دبوس سلة مهملات **b**in, **p**in	شفة تحرر li**b**, li**p**
منتزه ينبح **b**ark, **p**ark	ماسكة ورق متوازن sta·**b**le, sta·**p**le	فـَخرْ عروس **b**ride, **p**ride
مضخة يرتطم **b**ump, **p**ump	مدير مدرسة prin·ci·**p**al	مبدأ prin·ci·**p**le

21.9. Pronunciations of F or V — كيفية تلفظ F أو V لمتكلمي العربية

للتمييز بين صوت f وصوت v ما عليك إلا أن تقرأ الآتي بصوت عال ونقارن بين الكلمتين ناطقاً الأصوات الى أنت تحفظها، إن لفظ v يعني إخراج الأسنان العليا فوق الشفة السفلى في حين أن لفظ f يعني أن تبقى الأسنان في الفم ملتصقة بالشفة السفلى. وقارن معاني هذه الكلمات لتسهيل حفظ أصواتها:

لتميز تلفظ فـ f عن ڤ v

أوتوبيس مروحة fan, van	ينقذ/ يوفر أمان safe, save	يصدق اعتقاد belief, believe
لصوص لص thief, thieves	زوجات زوجة wife, wives	يترك ورقة شجرة leaf, leave
يُريح إغاثة re·lief, re·lieve	يعيش حياة life, live	يكافح نضال strife, strive
خمسة آلة موسيقية fife, five	وشاح scarf	مهرجان fes·ti·val
شهادة خطية بقسم af·fi·da·vit	مجرفة يخلط أوراق shuf·fle, shov·el	محادثة con·ver·sa·tion
شر e·vil	برج إيفل *Eif·fel Tower*	إبطال مِن أُف of ,ئڤ off

21.10. Pronunciations of Plurals كيفية تلفظ كلمات الجمع لمتكلمي العربية

هناك بعض الكلمات التي لا تأتي بصيغة المفرد بل هي دائما بصيغة الجمع لأنها تعد زوجا، كزوج من الأحذية. ها هي معظم هذه الكلمات:

كلمات تأتي فقط بصيغة **الجمع**

زوج نعال a pair of slipper**s**	زوج من الجزم a pair of boot**s**	بنطلون a pair of pant**s**	زوج من الأحذية a pair of shoe**s**
كفوف a pair of glove**s**	جوارب a pair of sock**s**	مقص a pair of scissor**s**	ملقط للشَعر a pair of tweezer**s**
بيجامة a pair of pajama**s**	زردية a pair of plier**s**	مقص أظافر a pair of nail clipper**s**	

21.11. Pronunciations of U كيفية تلفظ صوت U لمتكلمي العربية

1 لا تلفظ الـ **u** بعد **g** في هذه الكلمات ولحرف **u** الصامت فائدة هنا، وهي لجعل **g** صلبا، وبدون **u** فكلمة مثل (گَسْت) g*u*est تصبح (جَسْت) gest. اقرأ الآتي عدة مرات لأن أكثرية هذه الكلمات هي مفيدة أي هي كثيرة الاستعمال:

u صامت بعد g

ضيف g*u*est گ	يخمن g*u*ess	مذنب g*u*ilty	قيثارة g*u*i·tar
دليل g*u*ide	فتى g*u*y	ضمان g*u*ar·an·tee	حارس g*u*ard
طاعون plag*ue*	فريق/ اتحاد leag*ue*	زميل العمل col·leag*ue*	غوريلا g*ue*·ril·la

2 صوت **u** بعد **q** هو مثل صوت الحرف الصحيح **w**، ولا يعد **u** حرف علة في هذه الحالة:

u مثل صوت **w**

سريع q**u**ick	سائل liq·**u**id	يتطلب re·q**u**ire	مُجَهَز e·q**u**ipped
سؤال q**ue**s·tion	طَلَب re·q**ue**st	كثيرا وتكرارا fre·q**ue**nt·ly	مأدبة ban·q**ue**t
تسلسل se·q**ue**nce	مَلِكة q**ue**en	معادلة رياضية e·q**ua**·tion	المقولة q**uo**·ta·tion

Pronunciation Rules

21.12. Pronunciations of G
كيفية تلفظ صوت G لمتكلمي العربية

صوت g في ing هو صامت ولا يَعي معظم متكلمي الإنكليزية لكونهم لا يتلفظون الـ g في ألـ ing كما في:

g صامت في ing

يُزَوِج	رَش	البقاء	اللعب
ma**r**·ry·in*g*	spray·in*g*	stay·in*g*	play·in*g*

يستمر بالبكاء	يستمر بالطيران	مستمر بالمحاولة	مستمر بالتسرع
cry·in*g*	fly·in*g*	try·in*g*	hu**r**·ry·in*g*

يستمر بالتمتع	موت	شراء	يستمر بالقلي
en·joy·in*g*	dy·in*g*	b*u*y·in*g*	fry·in*g*

مستمر بالكلام	يستمر بالعمل	اللعب	استخدام
speak·in*g*	work·in*g*	toy·in*g*	em·ploy·in*g*

يحب	يناقش	يعرف	مستمر بالذهاب
lov·in*g*	dis·cuss·in*g*	*k*now·in*g*	go·in*g*

			يحمل
			car·in*g*

Pronunciation Rules

21.13 Pronunciations of e in ed — كيفية تلفظ صوت e في ed

1 كما في stopp**ed**، لا يلفظ حرف e في ed — e في ed صامت

سألَ as**k**ed	وّقفَ park**ed**	تسوّقَ sho**pp**ed	توقفَ sto**pp**ed
تناظرَ match**ed**	غسلَ wash**ed**	لمَعَ wax**ed**	مضى pass**ed**
أزعجَ bothe**r**ed	محشو stuff**ed**	ضحك laugh**ed**	تفوة mouth**ed**
ملأ fi**l**led	سجلّ logg**ed**	سرقَ ro**bb**ed	أنقذَ sav**ed**
لعبَ play**ed**	خيطَ s**ew**ed	حجبَ ba**nn**ed	تسلقَ claim**ed**
انتقل mov**ed**	أخرج أسنان teeth**ed**	استحمَ bath**ed**	اندهش amaz**ed**
حكم بـِ ju**dg**ed	كذبَ li**ed**	حررَ fre**ed**	طعنَ sta**bb**ed
واجَة fac**ed**	أسكنَ hous**ed**	لخصَ su**mm**ed	سحبَ pull**ed**
			اهتمَ car**ed**

294

2 يلفظ حرف **e** في **ed** وهو غير صامت فقط بعد **t** أو بعد **d** وهذه هي معظم الأمثلة

e في ed ليس صامت

أرادَ want·**ed**	فعلَ act·**ed**	كرَةَ hat·**ed**	زرعَ plant·**ed**
أجلِسَ seat·**ed**	طبطبَ pat·t**ed**	دردَشَ chat·t**ed**	قررَ de·cid·**ed**
بطّنَ pad·d**ed**	توجّهَ head·**ed**	أنهى end·**ed**	أضافَ ad·d**ed**
ساعدَ aid·**ed**	طوى fold·**ed**	أرسى land·**ed**	مُبطن القصد em·bed·d**ed**
أوجدَ found·**ed**	أدلى بشهادته plead·**ed**		

21.14. Pronunciations of Y — كيفية تلفظ صوت Y

إن صوت y في نهاية الكلمة كما في fly أو نهاية المقطع كما في fly·ing يتحول إلى صوت حرف علة.

1. كما في sky، صوت y في نهاية الكلمات القصيرة -ذات المقطع الواحد- هو صوت ī الطويل نفسه.
2. كما في hap·py، صوت y في آخر الكلمات الطويلة -ذات المقطعين أو أكثر- هو صوت ē الطويل نفسه.
3. كما في day، صوت ay هو صوت ā الطويل نفسه.
4. كما في boy، صوت oy فيه صوت ōi الطويل نفسه.

صوت y مثل ī

يبكي cry	يجفف dry	يحاول try	يقلي fry
يشتري buy	يطير fly	سماء sky	يتجسس pry
			فتى guy

صوت y مثل ē

يُزوِج mar·ry·ing	يتزوج mar·ry	يحمل car·ry	سعيد hap·py
		محظوظ luck·y	جغرافية ge·og·ra·phy

صوت ay مثل ā

قول/ يقول say·ing	يوم day	Jay	يقول say
ربما may·be	ربما may	نيسان May	مقالة es·say
يدفع pay	يتمدد lay	يوافق o·kay	طريقة way

Pronunciation Rules

صوت oy مثل ة

لعب t**oy**	يقاطع b**oy**·cott	وِلادي b**oy**·ish	وَلَدْ b**oy**
توظيف em·pl**oy**	يُزعِج a*n*·n**oy**	متعة j**oy**	تمتّع en·j**oy**
			مُوالي l**oy**·al

قارن

الطيّة يلعب pl**ay**, pl**y**	يتجسس يصلي pr**ay**, pr**y**	مُلكي ربما m**ay**, m**y**
يتمدد يمدد l**ay**·ing, l**y**·ing	يقلي شِجار fr**ay**, fr**y**	حليف يُهدئ re·pl**ay**, re·pl**y**
ماكر يذبح sl**ay**, sl**y**	رَدّ يكرر عزف al·l**ay**, al·l**y**	فتى فرحان g**ay**, g**uy**

21.15. Difference Between **it's** and **its** الفرق بين **it's** و **its**

مهم: تذكر أن لا تضع هذه العلامة الفاصلة **'** في حالة التملك

it's أم **its**

تملك

its door = بابه
its door is small = بابه صغير

فعل الكينونة

it is = **it ~~i~~s** = **it's** هُوَ
it is = **it's** a big house = إنه (هو) بيت كبير

It's a big house, but **its** door is small.

they're أم **their** أم **there**

فعل الكينونة	تملك	هناك
they are = **they ~~a~~re** = **they're** = هُم	**their** = مالهم	**there** = هناك
they are children	**their** house is far	The children are **there**.
they're children	The children are playing in **their** room.	The children are **there**, in the room.
they're good children		
they're playing		

مهم تذكر أن وظيفة العلامة الفاصلة **'** هي لتحل محل الشيء المحذوف.

They are = **They ~~a~~re** = **They're** good children, and **they're** playing over **there**, in **their** room.
They are = **They ~~a~~re** = **they're** children, and **their** house is far.
They are = **They ~~a~~re** = **they're** good children, **there** is **their** house.

Pronunciation Rules

21.16. Pronunciations of ve   كيفية تلفظ صوت ve

يتبع كل v في نهاية الكلمة حرف e ويكون حرف e حرفا صامتا كما في:

ve بآخر الكلمة

حُب	حمامة	كف	ينقذ
lo*ve*	do*ve* (n.)	glo*ve*	sa*ve*
يَحلق	يعيش	خمسة	يترك
sha*ve*	li*ve*	fi*ve*	lea*ve*
يستلم	إيڤ	طباخ غازي	فص ثوم مثلا
re·cei*ve*	E*ve*	sto*ve*	clo*ve*
بستان	ساقَ	ينقل/ ينتقل	
gro*ve*	dro*ve*	mo*ve*	

299   الإنكليزية لمتكلمي العربية   للمؤلفة كاميليا صادق

21.17. Pronunciations of Letters' Names — كيفية تلفظ أسماء الحروف الإنكليزيـــة

الفظ اسم كل حرف كما هو مترجم هنا بالعربية وانتبه للفظ الصحيح لاسم حرفي **h** و **r**، وانتبه لصوت ألفتحة في (أَ) وليس ألكسرة (إ) في كل من أسماء الحروف:

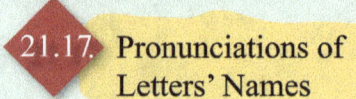

X أَكْس   S أَسْ   N أَنْ   M أَمْ   L أَلْ   F أَف

تصحيح في الطريقة التقليدية لتلفظ **أسماء** بعض من الحروف الإنكليزية.

A أيْ	B بيي	C سيي	D ديي
E إيي	F أَف	G جيي	**H** أَيْچ
I آي	J جَـيْ	K كَـي	L أَلْ
M أَمْ	N أَنْ	O عو	P پيي
Q كْيوو	**R** ى	S أَسْ	T تـيي
U يــوو	V ڤيي	W دَبـِل يــوو	X أَكْس
Y واي	Z زيي		

ركز على الترجمة الجديدة التي تختلف عن الطرق التقليدية لتلفظ بعض من هذه الحروف والكلمات:

H أَيْچ	R ى	are ى
where وَيْـ	wear وَيْـ	**were** وِرْ
Don دىن	Dan دان	use (n.) يــووس
use (v.) يـــووز	please (n.) پْلــييس	please (v.) پْلــييز
bean بيين	been بـِن	crisis كْ وْرايْسِز
crises كْ وْرايْسييز	**can** (v.) كِن	can (n.) كـــان
De·troit دييـتْ وْرويْت	Mich·i·gan مِشِـگَنْ	**of** أَڤْ
off ىف	San Diego سـانْ دييـيَـگـو	

Pronunciation Rules

21.18. Pronunciations of a Vowel   كيفية تلفظ حرف العلة لمتكلمي العربية

قاعدة عامة: إن لفظ الحروف الصحيحة الإنكليزية كافة هو ضعيف جدا مقارنة مع حروف العلة.

استمر بنطق حرف العلة vowel وأطِلْ زمن نطقه قبل أن تنتقل لنطق الحرف الصحيح consonant الذي يتبع حرف العلة. إذ حين تطيـــل أثناء تلفظ حرف العلة، يتضاءل تلقائيا صوت الحرف الصحيح الذي يتبعه ثم يخمد.

الفظ حرف العلة الإنكليزي لفترة طويلة في هذه الكلمات، وليُمثل الخـــــــط الطويل ــ بعد حروف العلة ــ الفترة الزمنية الطويلة لتلفظ حرف العلة الإنكليزي.

تخيّل الحرف الصحيح بآخر الكلمة **شبه صامت**   *خذ وقتك*

m**a**n →	ma_____	→ n	مـــان
m**ai**n →	mai_____	→ n	مَـــيْن
f**a**t →	fa_____	→ t	فـــات
f**a**te →	fa_____	→ te	فَـــيْتْ
s**ea**t →	sea_____	→ t	سيـــت
s**i**te →	si_____	→ te	ســايْت
n**o**t →	no_____	→ t	نــــت
c**o**t →	co_____	→ t	كــــت
c**oa**t →	coa_____	→ t	كــوت
c**u**te →	cu_____	→ te	كيــووت

خذ وقتك

21.19. Pronunciations of a Consonant
تلفظ الحرف الصحيح لمتكلمي العربية

1 إن أكثر الحروف الصحيحة صمتا في آخر الكلمة هو حرف **r** الذي درسناه أعلاه ثم يليه حرف *t* كما في:

هو سوف لا
he *w*ill no*t* هيـيل نـــــىٰ

لست أنا الذي
I'm no*t* آمْ نــــىٰ

اشتريت بعضا
I boug*ht* some آي بـــىٰ صَم

إنها حارّة
it's ho*t* إتْس هــــىٰ

ماذا؟
wha*t*? وَ

ذهبنا للبيت
we wen*t* hom*e* ويي وَنْ هــوم

اعطني القبعة
giv*e* me the ha*t* گِـمـيي دِ هـــا

2 وحرف **t** في **n'*t*** التي هي مختصر **not** هو حرف صامت:

هم غير مشغولين
they aren'*t* busy

ليست مزدحمة
it isn'*t* crowd·ed

لم يكونوا كبار العمر
they weren'*t* old

هي لم تكن في البيت
she wasn'*t* hom*e*

يجب أن لا تتحرك
you shou*l*dn'*t* mov*e*

لا أستطع الذهاب
I can'*t* go

هي لن تبقى
she didn'*t* stay

لو كنت أنا، لما ذهبت
I wou*l*dn'*t* go

وحرفا **th** في ***th*e** صامتان في هذه العبارات بعد **in**:

في البيت
in *th*e hous*e* إنِـ هــاوْس

في الصباح
in *th*e morning إنْ نِـ مــونِن

3 في هذه المجموعة من الكلمات حرف *t* الأول هو صامت لأن حرف **t** آخر يتبعه أو لأنه متبوع بـِ **y**:

لا أستطع السفر I cannot travel	جلسوا مع بعضهم they sat together	أنا مجبر على أن I got to
في الثانية at two	في العاشرة at 10	في العاشرة at ten
	لما تصل عشرون at twenty	في اثنا عشر at twelve

4 في هذه المجموعة من الكلمات حرف **t** هو غير صامت لكن صوته هو كصوت **d**:

الكثير من الأشياء a lot of things أ لـــىَـ دِ ثِنـْز	في السادسة at six آد سِكـْس
هل هي حقاً أكلت؟ did she eat? دْشيي إيي د؟	اسمن fatter فــادَ وْر
أرسلته I sent it آي سَنـْد إد/ سَنِد	وهو كذلك it is إدْ إز

Pronunciation Rules

21.20. Pronunciations of Long and Short Vowels
كيفية تلفظ حرف العلة الطويل والقصير

قاعدة الأصوات رقم **1** لتهجي ولتلفظ صوت حرف العلة الطويل

ملاحظة: هذه الدروس الخمسة مأخوذة من كتاب "اقرأ الإنكليزية فوراً"

Lesson 1: ea

تطبيق قاعدة الأصوات رقم 1 في **ea**: حين يتجاور حرفا علة في مقطع، مثل الحرفين **ea** في **meat**، ينطق الأول وهو **e** اسمه أي اسم الحرف **E**، ويكون الثاني **a** صامتا. أي حين يتجاور الحرفان **e** و **a** في **meat** فالأول وهو **e** ينطق اسم الحرف **E** والثاني وهو **a** يكون صامتا كما في:

neat نييت مُرتّب وأنيق	seat سييت مَقعد	meat مييت لحم
weak وييك ضعيف	eat إييت يأكل	mean مييـن يعني
hear هييـوْر يسمع	heal هييـل يشفي	seal سييـل يغلق ويختم

أما الصوت القصير لحرف العلة **e** فهو صوت متميز ولا يشبه صوت اسم الحرف **E** وهو مثل صوت الفتحة العربية كما في كلمة (سَت) **set**. قارن بين الصوت الطويل والصوت القصير لحرف العلة **E**:

met مَت التقى	meat مييت لحم
set سَت طقم	seat سييت مَقعد
net نَت شبكة	neat نييت مُرتّب وأنيق
men مَن رِجال	mean مييـن يعني
hell هَل جحيم	heal مييـن يشفي

304 الإنكليزية لمتكلمي العربية   للمؤلفة كاميليا صادق

Pronunciation Rules

Lesson 2: oa

تطبيق قاعدة الأصوات رقم 1 نفسها في oa: حين يتجاور حرفا علة في مقطع، مثل الحرفين oa في boat، ينطق الأول وهو o اسمه أي اسم الحرف O، ويكون الثاني a صامتا. أي حين يتجاور الحرفان o و a في boat فالأول وهو o ينطق اسمه O والثاني وهو a يكون صامتا كما في:

عنزة	goat گـوت	معطف	coat كـوت	زورق	boat بـوت
يُحمِل	load لـود	طريق	road رُود	الشوفان	oat ءوت
قرض	loan لـون	جون	Joan جـون	ذكر الضفدع	toad تـود
صابون	soap سـوپ	عصا الراعي	goad گـود	يُنقِع	soak سـوك

أما الصوت القصير لحرف العلة o فهو صوت متميز ولا يشبه اسم الحرف O وهو يعادل صوت الألف المقصورة العربية كما في (گـىْد) God. قارن بين الصوت **الطويل** والصوت **القصير** لحرف العلة O:

سرير متنقل	cot كـىْت	معطف	coat كـوت
يحصل	got گـىْت	عنزة	goat گـوت
تـىْد	Todd تـىْد	ضفدع	toad تـود
قضيب	rod رىْد	طريق/ شارع	road رُود
الجورب	sock سـىْك	يُنقِع	soak سـوك

Lesson 3: ai

تطبيق قاعدة الأصوات رقم 1 نفسها في ai: حين يتجاور حرفا علة في مقطع، مثل الحرفين **ai** في **rain**، ينطق الأول **a** اسمه أي اسم الحرف **A**، ويكون الثاني **i** صامتا. أي حين يتجاور الحرفان **a** و **i** في **rain** فالأول وهو **a** ينطق اسمه **A** والثاني وهو **i** يكون صامتا كما في:

ألم **pain** پـَين	رَئيسي **main** مَـين	مطر **rain** رَ يـن
بريد **mail** مَـيل	ذيل **tail** تـَيل	سطل **pail** پـَيل
مُساعِد **aide** أَيد	مساعِدة/ يساعد **aid** أَيد	يبحر **sail** سَـيل
هدف/ يهدف **aim** أَيم	عادي/ بسيط **plain** پلـَين	خادِمة **maid** مَـيد

أما الصوت القصير لحرف العلة **a** فهو صوت متميز ولا يشبه اسم الحرف **A** وهو يعادل صوت المَدَّة العربية كما في (آن) **an**. لاحظ أن صوت **a** القصير **يدعى** قصيرا لأن صوته لا يشبه اسم الحرف **A**، لا لأن فترة تلفظه قصيرة.

قارن

بين الصوت **الطويل** والصوت **القصير** لحرف العلة **A**:

رجُل **man** مـــان	رئيسي **main** مـَين
مقلاة **pan** پـــان	ألـم **pain** پـَين
رَكـَضَ **ran** وْران	مطر **rain** وْرَيـن
النخالة **bran** بـْوْران	دماغ **brain** بـْوْرَيـن

قارن

van	ڤان	شاحِنة	vain	ڤـيْن	مغرور
plan	پْلان	خُطة	plain	پْلَـيْن	عادي
mad	مـاد	غضبان	maid	مَـيْد	خادمة
Brad	بْـرْاد	بْـرْاد	braid	بْـرَيْد	يضفر الشعر/ ضفيرة
pad	پـاد	مادة كالوِسادة	paid	پَـيْد	دفع الثمن
am	آم	هو ذا	aim	أيْم	هَدَف/ يهدف
bat	بـات	مِضربة	bait	بَـيْت	طعْم للصيد
pal	پـال	الصاحِب	pail	پَـيْل	سطل

Lesson 4: ei

ei
I

تطبيق قاعدة الأصوات رقم 1 نفسها في ie: حين يتجاور حرفا علة في مقطع، مثل الحرفين **ie** في **die**، ينطق الأول **i** اسمه أي اسم الحرف **I**، ويكون الثاني **e** صامتا. أي حين يتجاور الحرفان **i** و **e** في **die** فالأول وهو **i** ينطق اسمه **I** والثاني وهو **e** يكون صامتا كما في:

lie	لاي	يكذب/ كذبة	tie	تـاي	يربط	die	داي	يموت
lied	لايْد	كَذب	tied	تـايْد	رَبَطَ	died	دايْد	توفِيَ

Lesson 5: ue

يلفظ حرف **U** الطويل بطريقتين: (يــوو) **yoo** كما في contin**ue** أو (وو) **oo** بدون الـ **y** كما في (بْلــوو) bl**ue**.

تطبيق قاعدة الأصوات رقم 1 نفسها في ue: حين يتجاور حرفا علة في مقطع، مثل الحرفين **ue** في **ar·gue**، ينطق الأول وهو **u** اسمه أي اسم الحرف **U**، ويكون الثاني **e** صامتا. أي حين يتجاور الحرفان **u** و **e** في **ar·gue** فالأول وهو **u** ينطق اسمه **U** والثاني وهو **e** يكون صامتا كما في:

يجادل
ar·g**ue** آگيْوو

يستمر/ استمر
con·tin·**ue** كـءَنـْتِنـْيـوو

تمثال
stat·**ue** سْتاچيْوو

مكان/ مُتـنـفـس
ven·**ue** ڤــَنــْيــوو

موضوع الجدل
is·s**ue** إشـْيـوو

ينقذ
res·c**ue** وْرَسْـكـيْوو

21.21. Pronunciations of Words "lunch, launch"

مقارنة كلمات ذات لفظ متشابه
عند متكلمي العربية

قارن بين ألفاظ ومعاني الكلمات الآتية مصححا بعض الأخطاء الشائعة:

ندرس — ثابت ومضمون
- We **stud·y** to have a **stead·y** job some·day.

انقلاب عسكري — عش الطيور
- A mil·i·ta·ry **coup** scared the birds in *the* **coop.**

بَحارين — الجثة
- The ma·rine **corps** found a **corpse.**

مَلأتُ — فشِلتُ
- I **filled** up the tank af·ter I **failed** the test.

أعبىء سائل إلى أن يمتلئ — أملأ الورقة
- I **fill up** a pitch·er and I **fill out** a form.

خطأ — شلالات
- Is it true or **false** that you saw Ni·ag*a*·ra **Falls**?

حمِلتُ ثم سحبت — قاعة
- I **hauled** my fur·ni·ture to the big **hall.**

صلب وأكيد — سَلَطة
- My stand is **so·lid** a·bout not eat·ing any **sa·lad.**

ضوضاء — أنف
- It heard a **noise,** and then it scratched its **nose.**

متطفل — عالي الصوت
- Don'*t* be **no·sy,** and don'*t* be **noi·sy** ei·ther!

ابنة أخي/ أختي — حَسِنة
- My **niece** is very **nice.**

عربي — العربية
- He is an **Arab** and he speaks **Arab·ic.**

ألغيته — مخفي
- I **can·celed** it. He had a **con·cealed** gun.

قُنصَل   يقدمَ استشارة
- The **coun·cil** was as*k*ed to **coun·sel** kids.

أمسح   خريطة
- I'll **mop** the floo*r*s. I'll look a*t* the **map.**

غداء   شنوا
- I at*e* **lunch** when they **launch*ed*** an a*t*·tack.

فحص   تذَّوق
- To **test** the food, you must **tast*e*** it.

غرباً   ضيعت
- I wen*t* **west** an*d* **wast·ed** my tim*e*.

السادي   أحزن الكل
- The **sa·dist** may be the **sa*d*·dest** pe*r*·son.

باستقامة   مضيق مائي
- I drov*e* **straig*ht*** throu*gh* the **strait** of wa·ter.

أمدِد   اتمَدد
- I **lay** my tow·el on *the* floo*r*, an*d* then I **lie** on it.

شامة   مجمع للتسوق
- He*r* fa·cial **mol*e*** looke*d* good a*t* the **mall.**

ألكلي   حفرة
- The **whol*e*** town saw that **hol*e*** in the ground.

عامود   مسبح
- It hit a **pol*e*** an*d* land·ed in a swi*m*·ming **pool.**

ألكفالة   جرس
- She'll **bail** him out of jail. The **bell** rang.

ممثل   ممثلة
- He's a good **act·*or*** an*d* she's a good **ac·tress.**

نادل   نادلة
- He's a **wait·*er*** an*d* she's a **wait·ress.**

المُضيف   المُضيفة
- He was the **host** an*d* she was the **host·ess.**

طالب يتكلم وطالب يصغي له !
مبتسماً

البطل — البطلة
- He is a **he·ro** and she is a **her·o·ine.**

الأمراء — الأميرة
- The men are **prin·ces,** she is a **prin·cess.**

شاعِر — قصيدة
- He is a **po·et** and he wrote a **po·em.**

الفقير — يسْكُب
- The **poor** man will **pour** me some cof·fee.

ظَهري — كيس
- My **back** hurts from car·ry·ing the **bag.**

تسرق — روب
- She did not **rob** the **robe.**

حركة — مزاد
- There wasn't much **ac·tion** in the **au·ction.**

تسوسوا — جيل
- His teeth **de·cayed** in the last **de·cade.**

تسوس — طاعون
- Having **plaque** on ones teeth isn't a **plague.**

سأرسله — أرسلته
- I'll **send** it to·mor·row. I **sent** it yes·ter·day.

قلم — دبوس
- Use a **pen** to write. Use a **pin** to the **pin** clothes.

حروف — أرمي القمامة
- I write **letters;** but, Idon't **lit·ter.**

جاد — مسلسل
- I was **se·rious** about watch·ing a TV **se·ries.**

هيئة الحكام — مجوهرات
- The **ju·ry** thought the **jew·el·ry** was sto·len.

قلت له وأمرته — سألت/ طلبت بأدب
- I **told** a dog to go. I **asked** a friend to stay.

أضحي بـِ
- I **sac·ri·fice** my time for my chil·dren.

حديقة ورود　　روضة أطفال
- There is a nice flow·er **gar·den** in that **kin·*der*·gar·ten.**

أسوأ　　الأسوأ
- I feel **worse.** This is the **worst** one.

أسوَد　　فرع/ شارع في حي
- Its col·or is **black.** I live on this **block.**

قنبلة　　متسكع
- A **bomb** fell on a **bum** dur·ing bom·*b*ing.

رب العمل　　باص
- My **boss** rode the **bus.**

سلطة عادية　　خبز مُسخن
- I ate **tossed** sal·ad and a **toast.**

ركس　　نهضَ
- Mr. **Ross** **rose** from bed dur·ing sun·rise.

جن (اسم فتى)　　جون (اسم فتاة)
- **John** is a nice boy, and **Joan** is a good girl.

جاك　　جَيْك
- **Jack** and **Jake** are broth·ers.

الحية　　وجبة خفيفة
- The **snake** does not eat any **snacks.**

أصلع　　داكن/ جريء
- The **bald**·headed man used **bold** let·ters.

يصلي　　يتجسس
- I **pray** that he is not go·ing to **pry** on peo·ple.

الأخير　　سُلم
- The **lat·ter** per·son climbed up the **lad·der.**

يستلم　　وَصْل
- I'll will **re·ceive** my **re·ceipt** in the mail.

Pronunciation Rules

- Tell me the tale a·bout the dog's tail!
  (قول / حكاية / ذَنب)

- Sell me the sail·boat when it goes on sale.
  (بيع لي / يبحر / بيع/ تخفيضات)

- I fell down; I fall when I run. I'll fail a test.
  (وقعت / أقع / أخفِق)

- Use "capital" and for·get a·bout "capitol."
  (عاصمة/ رأسمال / بناية رسمية)

- The lem·on grove was huge and beau·ti·ful.
  (بستان)

- Rain and hail came to·geth·er, and it felt like hell.
  (البَرَد / جحيم)

- He put jell on his hair be·fore go·ing to jail.
  (كريم للشَعر / سجن مؤقت)

- Their king's throne was thrown a·way.
  (عرش / مرمي)

- Which was the mov·ie that had a witch in it?
  (أيهم / ساحِرة)

- Guess what! We had a guest.
  (أحزر / ضيف)

- He scratched his chest while play·ing chess.
  (صَدْر / شطرنج)

- She is from Greece and she is Greek.
  (اليونان / يوناني)

- His teeth de·cayed in the last de·cade.
  (تسوسوا/ خَربوا / العقد/ الجيل)

- We got a sil·ver chain from Spain for sou·ve·nir.
  (حاجة للتذكار)

- I won·der wheth·er they will with·er a·way.
  (فيما إذا لو / يختفي)

313

فيما إذا لو — مناخ

- I won·de*r* **wheth·*er*** they *w*ill **with·*er*** a·way in this storm·y **weath·*er***

جذر — طريق مؤدي إلى

- The **root** o*f* the prob·lem was that the bus took the wrong **rout*e*.**

المُرفق مع

- En·clos*e***d** are a cov·er le*t*·ter and my re·sume.

لكن (أداة تلغي ما يسبقها) — وَ (أداة لا تلغي ما يسبقها)

- I love him **but** he is al·ways lat*e*. I love him **an*d*** he is al·ways lat*e*.

Final Test

الإمتحان النهائي

امتحان تحريري أخير

اكتب عشر جمل أو أكثر لكل من هذه النماذج من الجُمل الـ 127 التي هي مدروسة مسبقا في هذا الكتاب. أي اكتب حوالي 1300 جملة أو أكثر. تذكر بأن تبدأ كل جملة بحرف كبير Capital letter وتنهي هذه الجمل البسيطة بنقطة وأحيانا بعلامة سؤال.

1.	This is	2.	That is
3.	I see	4.	I need
5.	I want	6.	I have
7.	I had	8.	These are
9.	Those are	10.	I will own
11.	I will buy	12.	I saw
13.	I like1	14.	I don't have
15.	I love	16.	I went to
17.	I bought	18.	I eat
19.	I don't eat	20.	I didn't eat
21.	I will not eat	22.	I ate
23.	I will cut	24.	I will chop
25.	I will mash	26.	I will dice
27.	I will shred	28.	I will slice
29.	I will toss	30.	I will peel
31.	I'll squeeze	32.	I'll wash
33.	I'll cook	34.	I'll steam

Final Test

35.	I'll boil	36.	Bring me
37.	I brought the	38.	I didn't bring
39.	Take out	40.	I used
41.	I didn't use	42.	I made
43.	I use	44.	I used to
45.	We drank	46.	We ate
47.	We have	48.	under
49.	We went	50.	We bought
51.	We didn't buy	52.	Zaid went
53.	Zaid bought	54.	Zaid didn't buy
55.	He went	56.	He bought
57.	He didn't buy	58.	They went
59.	They tried on	60.	We tried on some
61.	I tried on many	62.	I didn't try on
63.	May I	64.	I'll have
65.	I am going to	66.	Do you have
67.	my hair	68.	his hair
69.	her hair	70.	The man is
71.	Zaid's car is	72.	Zaid's
73.	When?	74.	When will
75.	When was the day over?	76.	It is
77.	It was	78.	It will be
79.	It will not be	80.	My cat is
81.	My aunt had	82.	My uncle ?
83.	I have the flu	84.	We have the flu
85.	Zaid and I have the flu	86.	They have the flu
87.	Zaid and Nadia have the flu	88.	He has the flu

89. My son has the flu
90. Zaid has the flu
91. My daughter has the flu
92. She has the flu
93. Nadia has the flu
94. What's the difference
95. Where is
96. Why is
97. Why was
98. Who is
99. How is
100. How are
101. I lived in
102. We lived in
103. They lived in
104. You lived in
105. He lived in
106. I have been living in
107. We have been living in
108. They have been living
109. If, then
110. Possessive forms
111. Adjectives describe nouns
112. Adverbs describe verbs
113. (I, we, you, they) + have
114. He has, she has, it has
115. A Subject + had
116. Do you cook?
117. Do they cook?
118. Does she cook?
119. Did he cook?
120. What?
121. When?
122. Where?
123. Who?
124. Why?
125. Have?
126. Has?
127. Had?

امتحان شفوي

ردد عشر جمل أو أكثر لكل من نفس هذه النماذج من الجُمل التي كتبتها أعلاه. أي ردد حوالي 1300 جملة أو أكثر بصوت عال وواضح. لو لم يسنح الوقت للمعلم أن يستمع لكل الطلبة، فمن الأفضل أن يسجل كل طالب ما يردده على شريط الكاسيت ويعطيه للمعلم لتقيم صوت وسلاسة وسرعة الطالب في ترديد هذه الجمل البسيطة. لا تنسى أن التقييم الجيد هو للسرعة والسلاسة والوضوح وليس لترديد جمل صعبة ومركبة والتلكؤ بها.

الخاتمة

إحصائية ووصف عن تضخم حجم الأمية في أمريكا الشمالية وبريطانية

آفة الأمية تنهش بأمريكا الشمالية وبريطانية

الإحصائية الآتية مأخوذة من مجلة أمريكية ذات سمعة واسعة ومرموقة، وتقدِر المجلة بأن فقط 30% من سكان أمريكا هم النخبة الغير أمية والتي لا تقرأ وتكتب الإنكليزية بشكل صحيح. والواقع هذا لا يقتصر على أمريكا وحدها لأن حوالي 70% من سكان بريطانية –أيضا– يعانون من الأمية. فمنهم من لا يستطيع القراءة نهائيا ومنهم من يقرأ بشكل ضعيف ويستطيع الجري في المدارس لكنه لا يتهجأ الكلمات التي يقرأها بشكل صحيح أثناء الكتابة. وتنتشر في هذه الدول مراكز هائلة في عددها لمحو الأمية ولديهم تشخيصات متعددة للأسباب وأيضا لديهم تسميات مختلفة للذين يعانون من صعوبات القراءة والتهجي كتسمية الدِس لكسيا وتسمية الـ ADD وغيرها، وما زالت الحلول الناجحة لحل آفة الأمية مجهولة بالنسبة لهم.

"Half of the adults in the U. S. are not able to read books written at an eighth-grade level." (Jonathan Kozol, 1985, Illiterate American). The U. S. News and World Report says, "It is forecasted that the decline in reading skills will lead in two decades to an elite, literate class of no more than 30% of the population."

مشاهير من أهل الإنكليزية لديهم مستويات مختلفة من الأمية

ألبرت اينشتاين، جيمس جويس، توماس أدسن، أجاثا كرستي، ونستن جرجل، نلسن روكفلر. والفنانون توم كروز، تم كانواي، روبن وليمس، جورج برنز، شَير، وُبي كولدبرك، والقائمة طويلة.

مقالة أمريكية تصف مأساة الأمية في أمريكا

The following article is from a report published by the San Diego Council on Literacy:

"Illiteracy is not dramatic, but it does set the stage for the drama. It is not murder, AIDS, drugs, poverty, or unemployment. At the same time, it is all these things. It is the 3rd grader with low self-esteem, the wife beater and victim of family violence, the drop-out, the pregnant teenager, the unemployed mother, the man behind prison walls, the neglected child, the gang member, the drug dealer, the cancer patient, and the marooned family members lacking access to the health and human services a community can offer. Many individuals have a difficult time finding health and human services because they cannot read. They do not know how to look up services in the telephone book. They cannot read the United Way's list of social service agencies. They do not know to call Ask-A-Nurse for medical advice. They do not have access to information.

Literacy is many things. It is power. It is a political act. It is freedom and it is a tool for discovering one's personal incarceration. It is a key to success. It is discovering God and salvation. It is family unity. It is communication and interaction with other people. It is survival with room for error. More than anything, it is a tool for acquiring knowledge and functioning in society. Society is complex enough as it stands. Basic literacy is vital to the individual and to our way of life. It affects everybody. It is a starting place for solutions."

الأمية سجن.

حكاية طفل أمريكي درسته المؤلفة
في ستة أيام ما لم تعلمه المدارس خلال ست سنوات

كان (لــي) في السادس الإبتدائي وعمره 12 سنة، إلا أن امتحانات مدرسية خاصة بحالته شخصت كونه يقرأ ويكتب بمستوى الصف الأول الابتدائي وبأن حالته ميئوس منها لأنه مصاب بالدِس لكسْيا وبالـ ADD. ولم تنجح معه كافة المحاولات التي قدمتها له مَدرَسَته ومدارس أخرى مختصة بحالته. والآتي هو نموذج من كتابته قبل أن يدرس مع المؤلفة، وكان قد قضى (لــي) خمس ساعات لإكمال الرسالة التالية:

"Hi my name is Lee Ray I am 12 I lik to do a lot of thangs. I kane ansr the kwashtanse .I have a bruthr thas a brat. He is 5 and has name is Jrme. hnave a sastr she is 14 and hre name is uteu. She liks to bos me a round . But I stul luf tham. My mom is 30 .My stap dad is 34 and he is a mukanak. I luv tham all. The resan I wont to lrn to rede is reding is upotan to me. Reding is upotan bekus if you don't know hao to rede you wal nafr gat a raund. I dount tak ubaot my rede a lot bekus I gat upsat wan pepol tes me. So I ban wrking hord at it. I thank you for haping me and wonting to halp me lrn to rede. Ilik the saund of your voes. Thak you a lot. I kant wat to see you. I lik you for halping me. I haf nafr mat a prsa lik you.I hop nafr tote to a famas prsan I haf a lot of faling that you wal halp me Ihaf mane thgs to sae to you. I lik you . got luk on the the show. Ples tal your frand thank you thas mans a lot to me."

بعد ٦ أيام

منذ 5 - 11 آب عام 1999 تعلم الطفل (لــي) القراءة وشرع يقرأ لافتات الشوارع لأول مرة في حياته ومن ثم قرأ قائمة الطعام في المطعم وطلب الوجبة من النادل بنفسه. وهذه هنا رسالة (لـــي) بعد مرور ثمانية أشهر على تعلمه القراءة:

"Hi Camilia I want to thank you. I miss you and I hope to see you soon. I have been writing better. I like reading. It is easyer to read. I want to tell you about my family. I have a brother that is six and I have a sister that is fourteen. I have a mom and a dad. I love them a lot. I am thirteen. It is still hard to write but I am not going to quit. I will practice and practice, I am getting better. I have been telling people about the system. I love you. Ps I am sorry for not writing you. I am writing how the words sounded." Lee

تدرّس اكتشافات ألمؤلفة، كاميليا صادق، في بعض المدارس والمراكز لمحو الأمية في أمريكا، حيث يطبق الطالب الأمريكي قاعدة واحدة، ويحفظ قراءة وتهجيا من خمسين إلى مائة كلمة مرة واحدة.

شهادات تدعم جهود المؤلفة
من مؤسسات تعليمية ومن أساتذة لغة إنكليزية ومن طلبة في دولٍ مختلفة

الشهادات إلتي تدعم المؤلفة

A. من معلمين

After giving a workshop on the rules that govern phonics and English spelling for the Commission on Adult Basic Education (COABE) at their 1999 National Convention, English teachers wrote these comments:

- “Thank you, Camilia for teaching me how to better teach my students.”
- “Bring her back next year!!!”
- “Exciting approach, informative.”
- “This presentation was wonderful and has certainly great information that will be helpful for my students and for myself.”
- “Thank you. Keep on telling people that English spelling makes sense.”
- “She needs a bigger room.” “Excellent”
- “I can’t wait to order the book! Thank you so much.”
- “Great information.”
- “I wish to open Camilia’s head to see inside and learn how it works.”
- “I am on the Language Arts Curriculum Work Team for the Kansas City, Missouri School District. I don’t know yet if you truly realize the scope of what you have done. Your program is sensible, yet comprehensive. Bravo!!!!”

B. شهادات من سُجناء ومسؤوليهم

- After teaching a three-hour class to prisoners in Missouri, Leslie Riggs, State Attorney for the prison system and for Charter Schools wrote, "Camilia: I am pleased that you have found a life's work that promises to help so many people. I am glad you came to America."

- Nancy Leazer, prison superintendent said, "My wish is for Camilia to come back to Missouri, to teach, to train our teachers and put me out of business."

- Inmates: Student prisoners had this to say:

   "Can we keep this book?

   Can we buy this book in a bookstore?

   Will you promise to come back?

   If you aren't coming back,

   will you remember to tell us where we can get this book?

   Here are our names and addresses to let us know where we can get this book.

   Please promise not to forget us.

   Remember me! Remember me! I love this; I can use these big words when I write letters."

- They expressed the feeling that big words had only been accessible to a certain class of people, but not to them. Now, the opportunity was open to them!

مسجون بسبب الأمية.

C. شهادات من طلبة

Testimonials and Quotes from Students:

❖ Al Graham, College student age 44, both of his parents were professors. He was Sadik's student at Cuyamaca College in 1999. Al wrote, "I took the CBEST and past it the first time, all three sections. I know you know this but you probably still enjoy hearing it, that your class I think got me and is getting me through my spelling difficulties. I will always be thankful! I really feel your program is helping make the difference in my success." Al was told that he had dyslexia, learning disability, and possible brain problems due to a motorcycle accident. He said, "My parents had tried hundreds of tutors and teachers and everyone gave up on me." Al is currently a first-grade teacher teaching reading and spelling.

❖ Eleazar Heguera, age 11, grade 6 from Cajon Valley School District, El Cajon, CA where Sadik taught a two-week pilot program. Eleazar's pre-spelling test was 19/100 and after 12½ hours of instructions he scored 90/100. Eleazar said, "I was used to reading without looking at the way words are spelled because my other teachers always told me to read fast." "I thought I could never learn to spell." "Spelling isn't as difficult as I thought it was." "I wish that someone had told me about these spelling rules before."

❖ Natalie Muno, age 15, grade 9 from The Charter School of San Diego. Her pre-test was 41/100 and after a total of 11½ hours of instructions she scored 100/100. Natalie said, "In the future, I will teach my kids to spell." Natalie went on to say, "I didn't learn how to read until I was in fourth grade and I never learned how to spell. This class helped me learn to spell. I especially liked Ms. Sadik's techniques for remembering things." Natalie said she would absolutely participate in this class again. "I'd do it in a heartbeat."

❖ B.J. Penic, age 13, grade 8 from The Charter School of San Diego. His pre-test 50/100 and after nine hour of instructions, he scored 99/100 on a post-test. B. J. said, "Now, I know how to spell. Spelling is easy. Ask me any words, and I will spell them." B.J.'s father said that his son told him that he was learning the spelling of thousands of words everyday and that his vocabulary was increasing. A year later, B.J. expressed that he was one of the best students in his class. He said, "I get straight As in every class."

D. شهادات في العراق

في تشرين الثـاني من عام 2003 دربت الأستــاذة صـادق أساتذة لغـة إنكليزيـة تجمعوا من كافة المحافظات العراقية في دورة مكثفة دامت أربعة أيام في وزارة التعليم العالي والبحث العلمي، مركز تطوير المِلَكات. وهذا جزء مما كتبه وعلق عليه الأساتذة:

- كتبَ أحد الأساتذة بأن هذه الدورة جعلته يفهم الفيلم الأمريكي من دون قراءة الترجمة.

- وكتب آخر أن الأيام الأربعة علمته أكثر مما علمته المدارس خلال خمسة عشر عاما.

- وتساءل أحد الأساتذة عن مدى تأثير العالم اللغوي "نم جمسكي" على اكتشافات صادق وأجاب لؤي وهو أستاذ متقدم في اللغة ومسؤول قدير في قسم المكتبات بأن صادق نفسها هي نم جمسكي آخر.

- قالت أستاذة في قسم الحاسوب وهي خريجة ماجستير من لندن بأنها وأطفالها في المدارس بحاجة ماسة إلى هذا البرنامج لأن لندن لم تعلمها اللغة بشكل صحيح.

- وقال آخر أن الدورة غيرت عنده كافة المفاهيم القديمة في دراسة اللغة الإنكليزية وتدريسها، وبأنه سيكون للأستاذ الذي يدخل في هذه الدورة إمكانيات هائلة في ممارسة اللغة الإنكليزية وفي أساليب تدريسها.

- وهناك المزيد من هذه الشهادات في دورات تعليمية أخرى في العراق.

شهادات في الكويت .E

عند وقوف المؤلفة في الكويت لبضعة أيام عام 2003:

- طلبت الست نُها مسئولة وحدة اللغة الإنكليزية لمركز اللغات في جامعة الكويت السعي لإدخال كاميليا في مناهج الجامعة. وأضافت المسئولة بأنه يجب السعي لإدخال هذا البرنامج لا في الكلية فحسب، بل في كافة المراحل الدراسية في الكويت، ابتداء من الابتدائية كي يأتي الطلبة وقد تعلموا الإنكليزية مسبقا، وما على الجامعة إلا تعليمهم الأدب الإنكليزي مباشرة.

- نشرت صحيفتي القبس والرأي العام الكويتيتان مقابلة صحفية قيمة مع المؤلفة بخصوص اكتشافاتها.

في عام 2005 ألقت المؤلفة محاضرتين قصيرتين مرتين، مرة لأساتذة اللغة الإنكليزيـة وأخرى للطلبة مع الأساتذة بالجامعة العربية المفتوحة.

- وعلق أحد الأساتذة بأنه بحاجة إلى المزيد من هذه المحاضرات وبأنه بحاجة ماسة إلى هذه الكتب.

- وعلقت أستاذة بأنها في البداية اعتقدت بأنها ليست بحاجة لهذه المحاضرة، لكنها غيرت رأيها بعد المحاضرة وقالت "ما كنت أتوقع أن هناك قواعد مثل قواعد التهجي هذه باللغة الإنكليزية لأن هذا شيء لم نكن نسمع به سابقا."

- وأضافت أستاذة أخرى بأن هذا البرنامج مفيد وقالت أخرى بأنها تتمنى أن تعلم طلبتها المحادثة وهم بحاجة للمحادثة وهي تدرسهم المحادثة لكنهم لا يتحدثون. وأسعدها رؤية طلبتها كلهم ينطقون جمل عديدة في غضون ساعة.

- وقالت أستاذة أخرى بأن هذا برنامج مفيد ومهم وترغب أن تستمر بالتعرف على المزيد منه.

- وكان هناك المزيد من الكلمات المشجعة من نفس الجامعة.

أجرت الفضائية الكويتية لقاءين قيمين مع المؤلفة تحاورها عن اكتشافاتها، الأول في عام 2003 والثاني في عام 2005.

المؤلفة والباحثة اللغوية كاميليا صادق

1. التحصيل العلمي للباحثة اللغوية كاميليا صادق

الباحثة اللغوية والمكتشفة كاميليا صادق حاصلة على شهادة الليسانس بالفلسفة من جامعة (Wayne State University) في أمريكا، ودبلوم الماجستير في علم اللغات (الألسنية) من (San Diego State University) وأيضا حاصلة على شهادة ورخصة للتدريس في كاليفورنيا (California Adult Teaching Credentials). للمؤلفة خبرة طويلة في تدريس الإنكليزية للطلبة الأمريكان والعرب ضمن برامج محو الأمية بالمدارس والكليات، وصاحبة خبرة في تدريب المعلمين الأمريكان على أفضل الطرق لتدريس القراءة والتهجي بالإنكليزية. نالت العديد من شهادات الدعم من مؤسسات تعليمية أمريكية وعربية ومن أساتذة لغة إنكليزية ومن طلبة لتميزها كمكتشفة لغوية متفردة مع الإشادة بفعالية برنامجها عند التطبيق. للمؤلفة أيضا سلسلة كتب لتعليم اللغة العربية لمتكلمي الإنكليزية.

2. اكتشافات الباحثة اللغوية كاميليا صادق

اكتشفت الباحثة اللغوية كاميليا صادق، ولأول مرة في تاريخ اللغة الإنكليزية، أكثر من مائة قاعدة جديدة تتحكم بالأصوات phonics التي تتكون منها الكلمة الإنكليزية وبالتهجي المتعدد لكل صوت حيث يطبق الطالب قاعدة ويحفظ قراءةً وتهجياً من خمسين إلى مائة كلمة مرة واحدة. وأنتجت الباحثة برنامجا للقراءة الفورية يفيد حتى الحالات المستعصية مثل حالات الدس لكسيا، وابتكرت طريقة فريدة من نوعها للنطق الفوري والاستمرار بالتكلم باللغة الإنكليزية منذ الدرس الأول. وترجمت لفظ كل صوت إنكليزي إلى العربية بدقة لم يسبق لها مثيل.

3. نتاج المكتشفة اللغوية (برنامج شامل يدعى كاميليا لتعلم الإنكليزية)

بعد جهود دامت أكثر من اثني عشر عاما من بحث واكتشاف وتدريس وكتابة وإعادة الكتابة، لخصت الباحثة اللغة الإنكليزية بأربعة مؤلفات ضخمة وقدمتها في طبق جاهز للطالب ليقرأ هذه الكتب الأربعة بصوت عال ويحفظ اللغة ويتقنها في غضون أيام أو أسابيع أو أشهر. ولا يتطلب تطبيق كاميليا أي حفظ إجباري، فالطالب يفهم القاعدة ويطبقها على خمسين أو مائة كلمة في تمارين معينة ثم يقرأ ويتذكر كل ما يقرأه فورا ويحفظ المعنى واللفظ والتهجي واستعمال 50 إلى 200 كلمة مرة واحدة-في ثلاث ساعات أو أقل- كل حسب مستواه.

المراكز الأمريكية التي يدرس بها كاميليا

❖ يُدرس كاميليا لكافة المستويات في أمريكا. وتلقي الباحثة محاضراتها للبالغين من الأمريكان والعرب بكلية Cuyamaca College بكاليفورنيا، وفي بعض السجون الأمريكية ضمن برامج محو الأمية، وفي مدارس ابتدائية وثانوية متعددة للحالات المستعصية مثل حالات أَلْدِسْ لَكْسْيا dyslexia وحالات الـ ADD. وتحاضر المؤلفة أيضا في مؤتمرات للمُدرسين لتدربهم على كيفية تطبيق كاميليا الذي هو أفضل السبل لمحو الأمية في أمريكا وأحدثها. إذ تؤكد الإحصائيات على أن أكثر من 60% من سكان أمريكا وبريطانية هم ما بين أميين أو شبه أميين، فمنهم من يعاني من مشكلة تهجي صوت واحد بعدة طرق ومنهم من لا يستطيع القراءة نهائيا.

❖ سلسلة الكتب الأربعة للمؤلفة

السلسلة الأولى: كتابان بعنوان الإنكليزية لمتكلمي العربية
English for Arabic Speakers

السلسلة الثانية: كتاب بعنوان اقرأ الإنكليزية فوراً
Read Instantly

السلسلة الثالثة: ستة كتب بعنوان تعلَّم تهجي 500 كلمة باليوم
Learn to Spell 500 Words a Day

السلسلة الرابعة: كتابان بعنوان مائة قاعدة للتهجي
100 Spelling Rules

❖ ولا يتطلب البرنامج إجبار الطالب على الحفظ لأنه يحفظ دون عناء. ولا يتطلب برنامج التكلم الفوري بالإنكليزية التحدث بجُمل مركبة وصعبة، فكل ما يحتاجه هو قراءة تمارين الكتاب بصوت عال، مركزا فقط على تكوين الجمل البسيطة ثم يتكلم بسلاسة إذ تأتيه الجمل المركبة تلقائيا -مثلما تأتي للطفل- ومن حيث لا يدري.

نُبذة مختصرة عن سلسلة الكتب الأربعة لـ **برنامج كاميليا™** الشامل لتدريس اللغة الإنكليزية

1. *English for Arabic Speakers*

ألكتاب الأول بعنوان "**الإنكليزية لمتكلمي العربية**" وهو **بجزأين** مع نِسخة CD لتعليم اللفظ الصحيح

يركز هذا الكتاب على السلاسة في الكلام وسرعته وعلى اللفظ الصحيح، وقد ابتكرت المؤلفة برنامجا فريدا من نوعه تُضمِن فيه تكلم الطالب باستمرارية منذ الدرس الأول مستخدما لأكثر من 600 نموذج (sentence patterns) لجمل بسيطة وأساسية، ويتعلم الطالب اللفظ الصحيح لكل صوت بالكلمة كما في "كُكِنْ cook·ing" وبالجملة كما في "ويي وَنْ هـوم We went home" ويتعلم معان وألفاظا واستعمالات لأكثر من عشرة آلاف كلمة دارجة، ويتعلم كافة الأفعال المتداولة والطرق المتعددة لاستخدام كل فعل، ويتعلم العشرات من قواعد التهجي المائة لينطلق متهجيا كل الكلمات التي تنطبق عليها القاعدة المعينة.

2. *Read Instantly*

الكتاب الثاني: بعنوان "**اقرأ الإنكليزية فورا**"

يركز هذا الكتاب على تعليم القراءة الفورية والسَلِسَة بصوت عال وبثقة تامة، ومنه يتعلم الطالب قراءة كافة الحروف والأصوات الإنكليزية التي هي 26 حرفا وأكثر من 180 صوتا "phonics" فبعد الانتهاء من قراءة هذا الكتاب يتمكن الطالب أن يقرأ أية كلمة إنكليزية مهما كانت صعوبتها، واثبت هذا الكتاب بأنه يحل كافة صعوبات القراءة حتى في حالات الدس لكسيا وفي حالات ألـ ADD. عدد صفحات هذا الكتاب هو 152 صفحة.

3. *Learn to Spell 500 Words a Day*

الكتاب الثالث: بعنوان "***Learn to Spell 500 Words a Day***" وهو **بستة** أجزاء

يطور هذا الكتاب **قراءة** نفس الأصوات ألـ 180 في جمل ضمن قصص كما يعلم **تهجي** 10 آلاف كلمة خلال أيام أو أسابيع، حسب الاستيعاب، إذ يطبق الطالب قاعدة تخص الأصوات مع تمارين ثم يحفظ صوت وتهجي أكثر من 100 كلمة دفعة واحدة. وهذا الكتاب هو شامل إذ يحتوي الأصوات كلها وقواعد جدا مهمة تتحكم بهذه الأصوات "phonics" وبالتهجي المتغير لكل صوت، وفيه يكمن صُلب اللغة الإنكليزية. إن مجموع عدد صفحات هذا الكتاب هو 912 صفحة وهو بستة أجزاء، كل جزء هو 152 صفحة. وأسماء الأجزاء هي:

1. *The Vowel **A***
2. *The Vowel **E***
3. *The Vowel **I***
4. *The Vowel **O***
5. *The Vowel **U***
6. *The **Consonants***

4. *100 Spelling Rules*

الكتاب الرابع بعنوان "***100 Spelling Rules***"

يعلم هذا الكتاب تهجي 15 ألف كلمة طويلة، ذات مقاطع متعددة، وهو موجه للمتقدمين في اللغة، ويحتوي على أكثر من مائة قاعدة جديدة من قواعد التهجي التي اكتشفتها المؤلفة مع تمارين لحفظ كل الكلمات التي تتبع القاعدة المعينة. عدد صفحات هذا الكتاب هو 250 صفحة.

يُعلم **برنامج كاميليا™** الكامل 30 ألف كلمة منتقاة ومستعملة في جُمل شائعة الاستعمال أي ما لا يقل عن 99% من اللغة الإنكليزية المتداولة في الشارع، في العمل والتجارة والمراسلات، في العلوم والآداب والمدارس والجامعات، وفي امتحانات القبول كامتحان التوفِل وغيره، وفي كل مكان ومجال، وخلال فترة زمنية قصيرة –من شهر إلى سنة.

How to order books by Camilia Sadik

كيفية طلب كتب المؤلفة كاميليا صادق

من خلال الانترنت Via Internet

إما بزيارة الموقع www.Amazon.com ثم طباعة اسم المؤلفة: Camilia Sadik

أو بزيارة الموقع www.BarnesAndNoble.com ثم طباعة اسم المؤلفة: Camilia Sadik

أو بزيارة الموقع Web site: www.SpellingRules.com

ومن ثم إرسال طلب أو استفسار من خلال: E-mail: books@SpellingRules.com

وأيضا ممكن شراءه من أي مكتبة تبيع كتب مثل Barnes & Noble

وأيضا من خلال المؤتمرات أو أثناء ورشات العمل التي تقيمها المؤلفة بمناطق مختلفة من العالم

كما تباع هذه الكتب والبرامج جملة وتجزئة في مكتبات وأسواق دول مختلفة للأفراد والمؤسسات

نعتذر عن عدم تمكننا من إرفاق السي دس مع الكتاب لان دار النشر هذه لا ترفق السي دي مع الكتاب ولكنه معروض للبيع بمعزل عن الكتاب من خلال amazon.com أو من خلال موقعنا الالكتروني SpellingRules.com

إقامة دورات مكثفة Offering Intense Courses

تعقد المؤلفة أو من ينوب عنها دورات مكثفة لمدرسات ومدرسي اللغة الإنكليزية في أنحاء العالم كافة؛ على ألا يكون عدد الحضور اقل من مائة، فغالبا ما تكون مدة الدورة أسبوعا واحدا أو أقل من ذلك، وتضمن المؤلفة تغيير المفاهيم القديمة كافة في دراسة اللغة الإنكليزية وتدريسها، وأن يكتسب المتلقي من الدورة إمكانيات هائلة في ممارسة اللغة الإنكليزية وفي أساليب تدريسها؛ وتضمن -كذلك- أن المتلقي يتعلم في يوم واحد أكثر مما يتعلمه في عام من الدراسة في المدارس التقليدية.

تعمل المؤلفة على تدريس أفراد أو مجموعات صغيرة من الطلبة كعينات (من واحد إلى عشرة مثلا) وعلى مدى يوم أو أسبوع وفي أحيان أخرى أكثر من ذلك؛ على أن يتم اختبار الطلبة قبل التدريس وبعده، إذ تكون النتائج مذهلة. فعلى سبيل المثال، خريج أية جامعة ممن له القدرة على الاستيعاب والرغبة الحقيقية في التعلم، من الممكن أن يتعلم اللغة خلال شهر وبعده من الممكن أن يظهر في مقابلة تلفزيونية مع CNN -مثلا- من دون حاجة لمترجم.

الناشر

Visit our Web site: SpellingRules.com

لماذا **برنامج كاميليا™** الشامل؟

♦ **للتهجي بـ 100 قاعدة:** اكتشفت المؤلفة –ولأول مرة في تاريخ اللغة الإنكليزية– أكثر من مائة قاعدة جديدة تتحكم في تهجي الكلمات الإنكليزية وفي قراءة الأصوات "phonics". حيث يطبق الطالب قاعدة من هذه القواعد، على سبيل المثال، ويحفظ تهجيا لخمسين إلى مائة كلمة مرة واحدة. وفسرت أسباب تهجي الصوت الواحد كصوت **k** في عدة حروف هي: **ch, c, k, x, q**. كما رتبت كل صوت في تمرين خاص يسهل الحفظ للمتلقي، وفي القواعد المائة يحفظ الطالب كل الكلمات التي تحمل الصوت المعني بعد تطبيقه للقاعدة المعينة في التمارين التي تتبعها.

♦ **للقراءة بثقة تامة:** يتعلم الطالب قراءة كافة الحروف والأصوات الإنكليزية التي هي 26 حرفا وأكثر من 180 صوتا. وبعد الانتهاء من كتاب "إقراء الإنكليزية فورا" يتمكن الطالب من القراءة الفورية والسلسة لأية كلمة إنكليزية مهما كانت صعوبتها وبثقة تامة حتى في حالات الدس لكسيا.

♦ **للنطق الفوري:** في هذا الكتاب أكثر من 600 نموذج "sentence patterns" لجُمل متداولة وأساسية وبها يطبق الطالب **برنامج كاميليا™** على كل نموذج ثم ينطق فورا ويستمر بنطق وترديد أكثر من 3 آلاف جُملة أساسية، ويتكلم باستمرارية منذ الدرس الأول، ويستمر بالكلام السلس –بطريقة تلقائية– مثلما يستمر الطفل في الكلام.

♦ **لاختيار المعاني الدارجة:** توجد معان لأكثر من 4 آلاف كلمة جوهرية ومتداولة في الحياة اليومية، مع طريقة لحفظ تلفظ ومعاني وأصوات هذه الكلمات كلها دون عناء.

♦ **لدقة اللفظ:** إدخال الألف المقصورة في داخل الكلمة من أجل ترجمة صوت إنكليزي للعربية، كما في ترجمة صوت **au** في كلمة "ى كْ شِن **au**ction". وإدخال الحركات العربية في ترجمة كل كلمة بهذا الكتاب كما في "كَـيْك ca*k*e".

♦ **لتفكيك الكلمة:** هناك قواعد مهمة جدا تخص تركيبة الكلمة الإنكليزية، وهي مختلفة –تماماً– عن القواعد التي تخص تركيبة الجملة. وفهم هذه القواعد يُسَهِل عملية لفظ الكلمة وقراءتها وحفظ معانيها وتهجيها. ويبقى **برنامج كاميليا™** فريد من نوعه لان البرامج الأخرى معنية بقواعد تكوين الجملة الإنكليزية فقط، وليس في تفكيك الكلمة ثم بنائها.

♦ **لمزايا أخرى فريدة من نوعها:** يوفر البرنامج عشرات القنوات لتوصيل المعلومة الواحدة إلى الدماغ، فلو فشلت قناة ما في إيصال المعلومة، فلا بد من نجاح القناة أو القنوات الأخرى. مثلا، هذا البرنامج هو الوحيد الذي يقسم كل كلمة إلى مقاطع "win·dow" ويجعل رسم كل حرف صامت "غير ملفوظ" مائلاً "re·cei*p*t"، ويلون الحروف المعنية بالأحمر، ويكبر حجم الحروف في التمارين كلها، ويعزل الحالة الواحدة في فصل كأن يجمع كافة الحروف الصامتة في اللغة الإنكليزية ويلونها ويجعلها مائلة ليقدمها للطالب في فصل واحد. فضلاً عن كونه البرنامج الوحيد الشامل للغة الإنكليزية برمتها، وهو –أيضا– الوحيد الذي يقدم هذا العدد الهائل من قواعد التهجي مع تمارين مبسطة لحفظ تلقائي للكلمات التي تتبع كل قاعدة.

الضمانات التي يقدمها **برنامج كاميليا™** الشامل لتعليم اللغة الإنكليزية

يضمن البرنامج بأن يتعلم المتلقي –حتى في حالات الدِس لكسيا وحالات الـ ADD:

1- القراءة الشفوية بسلاسة لأي كلمة إنكليزية مهما كانت صعوبتها والانتهاء من مرحلة القراءة في فترة **30** ساعة أو أقل.

2- تهجي 15000 كلمة إنكليزية في **200** ساعة أو أقل.

3- تهجي 15000 كلمة طويلة في **100** ساعة أو أقل.

4- ويضمن أيضا أن يشرع المتلقي بالتكلم بالإنكليزية منذ الدرس الأول ثم الاستمرار بالتكلم حتى يتقن الإنكليزية تماما –ويظهر مثلا في مقابلة تلفزيونية ويفهم ويتحدث مع الآخر من دون مترجم– في فترة ما بين **100** ساعة إلى **400** ساعة، كل حسب مستواه.

اكتشفت المؤلفة أكثر من مائة قاعدة للتهجي مثل هذه القاعدة: متى نكتب **cial** كما في (so**cial**) أو **tial** كما في (substan**tial**)؟
ملاحظة: إن صوت (شِل) موجود فقط في **37** كلمة إنكليزية.

1 يكتب صوت (شِل) بـ **cial** بالـ c بعد حرف علة، و **cial** هذا موجود فقط في هذه الـ **12** كلمة إنكليزية:

عِرقي	اجتماعي	خاصّ
ra·**cial**	so·**cial**	spe·**cial**

رَسمي	جَليدي	خاصّ بالوَجه
of·fi·**cial**	gla·**cial**	fa·**cial**

سَطْحي	اصطناعي	مُفيد
su·per·fi·**cial**	ar·ti·fi·**cial**	ben·e·fi·**cial**

اشتراكي	حاسِم الأهمية	قَضائي
so·**cial**·ist	cru·**cial**	ju·di·**cial**

2 يكتب **tial** بالـ t بعد الحرف الصحيح، و **tial** هذا موجود فقط في هذه الـ **18** كلمة إنكليزية:

مؤهِلات	سَكَني	رِئاسي
cre·den·**tial**s	pres·i·den·**tial**	res·i·den·**tial**

جَوهَري	سِرّي ومؤمَّن عليه	مُتَعَقِّل
sub·stan·**tial**	con·fi·den·**tial**	pru·den·**tial**

وجود	إمكانية كامِنة	مُتعلِق بالظروف المحيطة
ex·is·ten·**tial**	po·ten·**tial**	cir·cum·stan·**tial**

جَوهَري	مُمكِن الإشارة إليه	مؤثِّر/ ذو جاه
es·sen·**tial**	ref·er·en·**tial**	in·flu·en·**tial**

جُزئي	ذو نَتائج	مُتَسَلْسِل
par·**tial**	con·se·quen·**tial**	se·quen·**tial**

ما قَبل الزواج	زَفاف	مارشال عسكري
pre·nup·**tial**	nup·**tial**	mar·**tial**

⊠ هذه ألكلمات الـ (7) لا تتبع القاعدة، وكلمة **controversial** هي الوحيدة التي تنتهي بـ **sial**:

إعلان تِجاري/ تِجاري	مالي	أوَّلي
com·mer·**cial**	fi·nan·**cial**	in·i·**tial**

واسِع	ذو مساحة كبيرة	خاصّ بالمُحافظات
pa·la·**tial**	spa·**tial**	pro·vin·**cial**

قابل للنقاش/ لم يحسم بعد
con·tro·ver·**sial**

جدول الصوت الإنكليزي والرمز العربي له

الصوت الإنكليزي	الرمز العربي له	كما في هذه الكلمات الإنكليزية
short ĕ	فتحة	كما في: سَت set
long ē	إيْ	ميـيْت meet
short ĭ	كسرة	سِت sit
long ī	آي	تـاي tie
short ŏ	ى (ألف مقصورة)	مــىپ mop
long ō	و (موز)	نــو no
short ă	آ	مــاد mad
long ā	فتحة + يْ	مَـيْن main
short ŭ	ءَ	ءَپ up
long ū	يــوو	كْيــووت cute
long oo	وو	بــووت boot
oo	ضمه	بُك book
r + vowel	وْر (أوْراق)	وْرايْت write
ar	ى	كـــى car
ou	ى	بـــىت bought
au	ى	تـــىت taught
aw	ى	لـــى law
al	ى	مـــىل mall
ow ou	آو	آوْت cow out
oy oi	ءوي	ءويَل oil
p	پ	وْروپ rope
ch	چ	چِپْس chips
hard g	گ	گْلاس glass
si	ژ	ڤِـژن vision
v	ڤ	سَـيْڤ save

Second Edition, 2009 الطبعة الثانية

حقوق الطبع وبراعة الاختراع محفوظة عالميا

حقوق الطبع © الكاملة مع براعة الاختراع لكل قاعدة اكتشفتها المؤلفة محفوظة للمؤلفة كاميليا صادق ومسجلة باسمها قانوناً في أنحاء العالَم كافة، وتمنع هذه القوانين نسخ هذا الكتاب أو أي جزء منه بأي شكل من الأشكال، فعلى المدارس والمدرسين احترام الجهود المبذولة للمؤلف وحقوقه، وذلك بالامتناع عن استنساخ الورق أو الأفكار وعن مخالفة القانون، فقوانين حقوق الطبع وبراعة الاختراع العالمية والمحلية شديدة في معاقبة المخالفين.

إن هذا الكتاب متوفر بتكلفة الاستنساخ نفسها أو أقل، فلا موجب لمخالفة القانون، ومن ثم تتحمل العقوبات القانونية المادية والمعنوية، وكذا برنامج كاميلياTM في تدريس اللغة الإنكليزية هو -أيضا- ماركة مسجلة، ولا يجوز التلاعب بها.

Worldwide Copyright and Patents

WARNING: Copyright © by Camilia Sadik 1998. All rights are reserved. No part of this publication may be reproduced or distributed in any form or by any means. Each rule that governs English, which is discovered by Camilia Sadik is patented under her name worldwide. Teachers may not copy any pages or ideas from this book to distribute to students. Please note that these books are for sale at a discounted rate, whereby teachers and students, each uses a copy to teach or to learn.

www.ingramcontent.com/pod-product-compliance
Lightning Source LLC
Chambersburg PA
CBHW051207290426
44109CB00021B/2370
9780982614600